やわらかアカデミズム・〈わかる〉シリーズ

よくわかる観光社会学

安村克己・堀野正人・遠藤英樹・寺岡伸悟 編著

ミネルヴァ書房

はじめに

■よくわかる観光社会学

　本書は，観光社会学がこれまでに集積した研究成果の全体像と，これから展開する研究の方向性とを紹介する，初学者向けのテキストです。ただし本書には，新しい学問である観光社会学の挑戦的な理論や事例が盛り込まれているので，本書はあらゆる読者が観光研究の新たな〈知〉に接するのにも役立ちます。

　観光社会学の研究主題である社会現象としての「観光」は，社会学において今までほとんど看過されてきました。しかし，年間に9億人が国際移動する現代において，「観光」は世界や時代の動向にさえ重大な影響を及ぼす社会現象とみなせます。こうした重大な意味をもつ「観光」の研究に，観光社会学はまだ取り組みはじめたばかりなのです。

　執筆者一同は，本書を観光社会学の本格的な研究の出発点にしたいと考えています。すなわち本書は，観光社会学の〈知〉が体系的に整理されるテキスト第一号となるはずです。

　そのために，本書は観光社会学の〈知〉全体を俯瞰して，読者が観光社会学の研究成果を的確に理解できるように「もくじ」を立てました。本書は，4部11章から構成され，そこに94項目の研究課題が配置されています。「もくじ」の第1部は「観光社会学とは」です。ここでは，観光社会学が観光を捉える視点や方法が解説され，特に研究主題となる現代観光の構造的な特徴が説明されます。第2部の「現代観光のかたち」は，研究対象の新しい観光と多様化する観光形態を現代社会の動向に絡めて紹介します。第3部の「観光社会学の体系」では，観光社会学が取り扱う主要概念や隣接学問との関係などが議論されます。そして最後の第4部は「事例を読み解く」です。ここでは，観光社会学の事例研究の成果が解説され，また観光社会学の代表的な研究者が紹介されます。

　このような本書を読者が観光社会学の入門書として活用し，これを契機に新たな〈知〉を挑戦的に追究されること期待しています。そして，本書が観光社会学の発展の一助となれば，それは執筆者一同にとって望外の幸せです。

　最後になりますが，いまは軽視されがちな観光社会学の本来の「意義」と本物の「魅力」を世に広く知らせたいという編者の「意固地」な思いを汲み取られ，本書を「よくわかるシリーズ」に加えてくださったミネルヴァ書房に感謝します。そして編集部の涌井格氏は，編者の無理難題に最後までおつき合いくださり，本書を編者の「意固地」な思い以上のレベルに仕上げてくださいました。心より深謝の意を表する次第です。

　　2011年春

　　　　　　　　　　　　　　　　　　編者を代表して　安村克己

もくじ

■よくわかる観光社会学

第1部 観光社会学とは

I 観光社会学の輪郭

1 社会学と観光……4
2 観光社会学の現状と課題……8
3 観光社会学の射程……12
4 現代観光の理論と実践……14

II 社会現象としての観光の構造と変遷

1 観光の構成要素と構造……16
2 観光研究の土台からみる現代観光の変遷……18
3 マス・ツーリズムの出現とその弊害……20
4 持続可能な観光の模索と実践……24

第2部 現代観光のかたち

III 新しい観光のかたち

1 新しい観光の登場……30
2 エコツーリズム……32
3 コミュニティ・ベースド・ツーリズム……34

IV 多様化する観光

1 スペシャル・インタレスト・ツーリズム……36
2 グリーン・ツーリズム……38
3 産業観光……40
4 都市観光……42
5 フィルム・ツーリズム……44
6 巡礼観光……46
7 アニメと観光……48

第3部 観光社会学の体系

V 観光社会学の視座

1 観光経験……52
2 感情労働……54
3 文化資本……56
4 擬似イベント……58
5 観光客のまなざし……60
6 真正性……62
7 シミュラークル……64
8 パフォーマンス……66
9 観光における文化の商品化……68
10 伝統の創造……70

- 11 聖−俗−遊 …………………… 72
- 12 ポスト・コロニアリズム ………… 74
- 13 ディズニーランド化 …………… 76
- 14 構築主義 ……………………… 78
- 15 ツーリスティック・ソサイエティ … 80

VI　観光社会学の領域

- 1 メディアと観光 ………………… 82
- 2 文化と観光 …………………… 84
- 3 産業と観光 …………………… 86
- 4 ジェンダーと観光 ……………… 88
- 5 家族と観光 …………………… 90
- 6 宗教と観光 …………………… 92
- 7 環境と観光 …………………… 94
- 8 政治経済と観光 ……………… 96
- 9 福祉と観光 …………………… 98
- 10 まちづくりと観光 ……………… 100
- 11 エスニシティと観光 …………… 102
- 12 遊びと観光 …………………… 104
- 13 ポストモダン社会と観光 ……… 106
- 14 社会構想と観光 ……………… 108
- 15 社会調査と観光 ……………… 110

VII　隣接する学問領域

- 1 人類学における観光 ………… 114
- 2 カルチュラル・スタディーズ
における観光 ………………… 116
- 3 地理学における観光 ………… 118
- 4 経済学における観光 ………… 120
- 5 歴史学における観光 ………… 122

第4部　事例を読み解く

VIII　観光施設の社会性

- 1 ホテル ………………………… 126
- 2 博物館・美術館 ……………… 128
- 3 動物園・水族館 ……………… 130
- 4 ショッピング・モール ………… 132
- 5 映画館 ………………………… 134
- 6 テーマパーク・遊園地 ………… 136

IX　観光の文化装置

- 1 B級グルメと郷土食 …………… 138
- 2 ツアー・ガイド ………………… 140
- 3 旅行記 ………………………… 142
- 4 ガイドブック――その変遷と可能性 … 144
- 5 みやげ ………………………… 146
- 6 写真 …………………………… 148
- 7 温泉 …………………………… 150
- 8 博覧会 ………………………… 152
- 9 音楽イベント ………………… 154
- 10 スポーツ ……………………… 156

11 ホスピタリティ ……………… 158
12 鉄道 ……………………… 160
13 世界遺産・文化遺産 ………… 162

X 観光社会学の舞台

1 秋葉原・池袋・日本橋 ………… 164
　　──「おたく」趣味の観光パフォーマンス
2 沖縄──海のイメージ，観光のまなざし … 166
3 京都──庭園，文化遺産 ………… 168
4 高知・札幌
　　──鏡の中の地域アイデンティティ …… 170
5 遠野──ふるさとイメージと語り部 …… 172
6 奈良──古代イメージの卓越 ………… 174
7 由布院──まちづくりの批判的読み解き … 176
8 横浜──創られる観光の都市空間 ……… 178
9 インド──聖地巡礼，聖-俗-遊 ………… 180
10 韓国──分断の観光化 ……………… 182
11 グアム──マス・ツーリズムの「楽園」… 184
12 タイ ……………………… 186
　　──トレッキング・ツアー，エスニシティと観光
13 ニューヨーク ……………… 188
　　──場所のパフォーマンス
14 ベトナム──文化の商品化 …………… 190
15 香港──ポスト・コロニアリズム，ホテル … 192

XI 研究者紹介

1 ダニエル・ブーアスティン ……… 194
2 ヴァーレン・スミス ……………… 196
3 ディーン・マキャーネル ………… 198
4 エリク・コーエン ………………… 200
5 ジョン・アーリ ………………… 202
6 エドワード・ブルーナー ………… 204
7 バーバラ・キルシェンブラット
　　－ギンブレット ……………… 206

さくいん ………………………… 208

やわらかアカデミズム・〈わかる〉シリーズ

よくわかる
観 光 社 会 学

第1部 観光社会学とは

Ⅰ　観光社会学の輪郭

 社会学と観光

1　近代化・社会学・観光

　社会学と観光は，ともに近代化の所産である。近代化とは，いまも私たちの生活や社会，そして世界全体に決定的な影響を及ぼす趨勢のことをいう。その近代化する社会の形態や変動を探究する学として，19世紀中葉に「社会学」は誕生した。同時期に「観光」も近代社会に典型的な社会現象として出現している。それらの背景にあったのは，近代化の衝撃である。すなわち近代化は，経済の発展と政治の混乱で衝撃的な社会全体の変動を惹き起こし，その社会変動は当時の学者に近代社会の現状の実証的認識と将来の科学的予測を急き立て，社会学を生み出した。こうした社会と経済の発展が，近代観光も生み出したのだ。以下に，近代化で社会学と観光が誕生し展開する経緯について，もう少し詳しくみよう。

2　近代社会の成立と社会学の誕生

　社会学は，近代社会の様相が顕著になった19世紀中頃に西欧諸国で誕生した。当時，西欧全体に資本主義経済が浸透し，市民革命を経て政治が混乱するなかで，近代国民国家が形成された。このとき，フランスのA.コントは，フランス革命以降の混乱する近代社会の行方を予見するため，社会の全体像を実証的に認識する「総合社会学」を構想した。同様な学問の構想は，やや遅れてイギリスのH.スペンサーからも提唱される。こうして社会学は，近代化の先進国とされるフランスとイギリスに成立したのである。

　近代社会の基本的特性について，コントとスペンサーはともに「進歩」を基調とする「産業社会」と特徴づける。両者は，経済発展を最優先の目標とする近代社会の本質を看破していた。コントとスペンサーの研究成果は，現在ではほとんど顧みられないが，西欧の近代化は世界中を巻き込み，彼らがいうように「経済発展」は永続的な「進歩」として人間社会全体の目標に定められた。

3　近代化と近代観光の出現

　観光という社会現象も，社会学の誕生と同時期の19世紀中頃に西欧社会に出現する。近代観光の発生には，T.クックが重要な役割を果たした。クックは工場労働者の飲酒問題に取り組み，禁酒運動に力を尽くした人物で，飲酒に代

▷1　清水幾太郎編，1970，『世界の名著36コント・スペンサー』中央公論社。

▷2　ブレンドン，P.，石井昭夫訳，1995，『トマス・クック物語』中央公論社。

わる健全な娯楽として観光を奨励し，鉄道で日帰りの団体旅行を企画し実施する。これが好評を得たためクックはその後に旅行会社を開業し，国内旅行ばかりでなく，世界一周のパッケージ・ツアーも実施した。このツアー参加者の大多数は中産階級である。当時，女性の旅行は男性との同伴が慣行であったが，そのツアーには女性だけで参加できたといわれる。こうした旅行業の成功を契機に，近代観光という社会現象が発生した。クックは「近代観光業の父」といわれ，クックの旅行業以降が「近代観光の時代」と呼ばれる。

旅行業が発展し，観光が市民の間に普及した背景には，新富裕層の出現，社会生活における仕事と余暇の分離，高速移動手段である鉄道の発展などに特徴づけられる近代社会の出現がみられる。そしてその社会状況には，資本主義経済の発展が通底する。こうして近代社会の成立とともに観光客が現れ，観光は近代の典型的な社会現象のひとつとなった。

4 近代化の定着と社会学の確立

社会学の誕生後，近代化は多くの社会問題を巻き起こしつつも，19世紀末から20世紀初めには西欧社会に定着した。この時期に次世代の社会学者が登場し，社会学の学問的地位を築きあげる。なかでもフランスのÉ.デュルケームとドイツのM.ヴェーバーは，それぞれ独自に社会学の認識論と方法論を検討し，さらに理論的・経験的研究の成果を多く残した。ふたりの業績は，現代社会学にも多大な影響を及ぼしている。彼ら以降の社会学は，近代社会の全体像を解明する「総合社会学」から，近代社会の制度や現象を綿密に分析する「特殊社会学」へと移行した。

その後，ヨーロッパが第一次大戦の戦禍に見舞われ，諸学問の中心地はアメリカに移る。社会学も例外ではない。アメリカの社会学は，コントやスペンサーの影響を受けていたが，19世紀末になるとアメリカ独自の哲学思想の**プラグマティズム**に基づいた社会学が次第に開花した。1892年にはシカゴ大学社会学部が開設され，やがて**シカゴ学派**は社会学界の一大勢力となる。20世紀の社会学は，アメリカン・サイエンスと呼ばれるほど，アメリカで盛んに研究された。

5 近代化の定着と観光の発展

19世紀末，西欧が衰退の風潮に覆われるなか，新大陸のアメリカは世界一の経済大国となった。当時，欧米列強は植民地獲得競争を繰り広げて世界の支配を拡大する一方，国内では民主主義の進展を背景に都市賃金労働者階層としての「大衆」が政治的勢力として抬頭する。アメリカの1920年代には，その大衆にも経済的豊かさが浸潤し，大衆はアメリカ経済で大量消費を担う消費者となった。**大衆消費社会**の登場である。

同時期の欧米社会では観光が中産階級に普及し，海水浴，日光浴，登山，ハ

▷3 尾高邦雄編，1968，『世界の名著47デュルケーム・ジンメル』中央公論社。

▷4 尾高邦雄編，1975，『世界の名著50ウェーバー』中央公論社。

▷5 **プラグマティズム**
1870年代初めからアメリカでパース，ジェームズ，デューイらが展開した哲学思想とその運動。大前提として，行動の有効性が思考や真理を決定する，と指定される。シカゴ学派にも大きな影響を与えた

▷6 **シカゴ学派**
A. W. スモールやW. I. タマスらが創始したシカゴ大学の社会学学派。社会過程の実証研究から都市社会学を中心にアメリカ社会学の伝統を築いた。

▷7 **大衆消費社会**
大衆が消費者となり，大量生産・大量消費の経済に特徴づけられる社会形態。II-3参照。

第1部　観光社会学とは

▷8　フラヌール
19世紀の近代都市に出現した遊歩者。都市をあてもなく歩き回る知的都市生活者をいう。

▷9　Ⅷ-1 参照。

イキング，スキーなどのレクリエーション活動も社会全体に普及し始めた。また，パリなどの近代大都市では，当時発明された写真機を携えて都市観光を楽しむ**フラヌール**も出現した。さらには大型豪華客船でアメリカ―ヨーロッパ間を往来する欧米人の観光旅行も盛んとなり，アメリカの大西洋岸都市には近代ホテルが建設された。このように欧米諸国では近代化の進展で国際観光も普及したが，1929年にアメリカ発の大恐慌の発生で世界経済が不況となると国際観光の勢いは衰え，その後第二次大戦を迎えて中断した。しかしこの時期に，欧米社会で観光が市民生活に定着したのである。

6　第二次大戦直前から戦後の社会学

▷10　田野崎昭夫編，1975，『パーソンズの社会理論』誠信書房。

1930年代後半から第二次大戦を経て70年代末まで，アメリカ社会学，特にT. パーソンズの社会学が世界の社会学研究を先導した。パーソンズは，古典的な社会学の業績を踏まえて統一社会理論を模索し，社会システムの機能的要件から誘導された AGIL 理論を提唱した。AGIL 理論は戦後の世界の社会学界を席巻し，日本の社会学界も AGIL 理論の研究に明け暮れた。

▷11　パーソンズ後の主要な社会理論については，那須寿編，1997，『クロニクル社会学』有斐閣を参照。

パーソンズが逝去（1979年）すると，AGIL 以前に提唱されながらその陰に隠れていた現象学的社会学，シンボリック相互作用論，ドラマツルギー，エスノメソドロジー，批判理論などが一斉に注目される一方で，統一社会理論の系譜はルーマンの社会システム論やギデンスの構造化理論で批判的に継承される。以降，現在に至るまで，社会学理論の方途は袋小路に迷い込んだ状況にある。

7　第二次大戦後の観光の大衆化

世界中で多くの国が第二次大戦の戦禍を被った状況で，終戦から10年ほどでまず経済復興を遂げたのは，19世紀末までに近代国民国家を構築した日米欧諸国であった。なかでも国土が戦場となるのを免れたアメリカは，世界経済が復興する主導的役割を果たした。日米欧の先進諸国は，1950年代後半から高度経済成長を遂げ，高度近代社会の形成を実現する。そして，大多数の国民が観光を享受できる「大衆消費社会」の社会的経済的状況が拡大し，実際に多くの観光客が発生した。**マス・ツーリズム**の誕生である。

▷12　マス・ツーリズム
1960年代の先進諸国に出現した，大衆が観光をする社会現象。Ⅱ-3 参照。

やがてマス・ツーリズムは当時就航したジェット旅客機で国際化を加速し，大勢の団体観光客が国際観光に出かけた。年間の国際観光客数は，1960年の7000万人から1980年には2億5000万人へと急増する。大勢の観光客が世界中を駆けめぐるマス・ツーリズムは，社会，経済，文化，環境などの領域で地球規模の影響をもたらす社会現象となった。それは，世界中に大きな経済効果を及ぼすと同時に，観光地の社会，経済，文化，環境に深刻な負の影響も与えた。

▷13　Ⅱ-3 参照。

それでも，世界の観光産業は，以降も右肩上がりの発展をつづけ，いまや「観光は21世紀の基幹産業」といわれる。

マス・ツーリズムが世界中に影響力を及ぼす社会現象となったにもかかわらず，社会学は観光に着目していない。1970年代には，国際観光から生じる開発途上国や観光地の環境破壊のような深刻な問題を考察する学際的な観光研究の成果が次第にみられ始め，人類学をはじめ地理学や社会学も観光地の実地調査で観光研究に着手した。その後の観光研究は，マス・ツーリズムの問題の解決を図る，「新しい観光」の研究を開始する。しかしいまなお，社会学者の視線は観光研究に向けられていない。

▷14 Ⅱ-4 Ⅲ-1 参照。

8 高度近代化と現代社会学

AGIL 理論が社会学者の支持を失って以降，特定の社会学理論が世界の社会学界を主導する状況はない。1980年代に社会学は，ソシュールの構造言語学，レヴィ＝ストロースの構造主義，あるいはフーコーの近代批判論などを摂取して新たな認識論や方法論を模索したが，有力な社会学理論はいまだ登場していない——社会学に理論は無用だという社会学者さえいる。物理学者 H. ポアンカレは20世紀初頭に，社会学は方法の数が最も多く，挙げる結果が最も少ない科学であると指摘したが，この状況は現代社会学でも変わらない。

しかし現在の社会学は，現代社会の多岐にわたる領域を研究の射程に収めている。例えば，「社会学」に研究対象領域の冠をつける，K. マンハイムが「連字符社会学」と呼ぶ「特殊社会学」を列挙すると，社会機能の領域では，経済，政治，文化，教育など，そして社会形態の領域では，科学，技術，知識，宗教，芸術，メディア，記号（言語），ジェンダー，人口，家族，地域（農村・都市），集団，職業，産業，組織，社会病理……など，数えきれないほどの研究領域が挙げられる。こうみると，社会学研究の多様さと幅広さが窺えよう。また1980年代以降，**ポストモダン論**などの影響から脱-近代や反-近代の立場で，近代社会後の新たな社会構想を議論する社会学者も増えてきた。

▷15 1980年代の社会学研究の動向については，橋爪大三郎，1988，『はじめての構造主義』講談社現代新書を参照。

▷16 ポアンカレ, H., 吉田洋一訳，1953，『科学と方法』岩波文庫，p. 21。

▷17 高橋徹編，1971，『世界の名著56 オルテガ・イ＝ガセー・マンハイム』中央公論社。

▷18 **ポストモダン論**
近代の機能主義や合理主義を疑問視し，近代社会を批判する思想。ジェンクスの近代建築批判に端を発し，ファッションや芸術などのさまざまな分野に広がり，その後，哲学思想や社会学にも影響を与えた。

9 社会学と観光社会学の課題

観光は，社会学の誕生と同時期に出現した近代の典型的な社会現象である。ところが，近代社会を研究する社会学の歴史を振り返っても，観光が社会学研究の主題となった時期は皆無にちかい。社会学界で注目された観光研究の成果は，1970年代以降の2，3の業績を例外として，現時点までほとんどない。観光社会学は，特に日本の社会学界ではまったく等閑視されてきた。

しかし現代観光は，これから本書が読み解くように，現代社会に多大な影響をもたらす，社会学にとって有意味な社会現象である。それは，社会の未来にも重大な影響を及ぼす社会現象と推察される。本書は，社会学が社会現象としての観光の研究に本格的に取り組むための嚆矢になろう，と目論んでいる。

▷19 Ⅰ-2 参照。

（安村克己）

第1部　観光社会学とは

I　観光社会学の輪郭

 観光社会学の現状と課題

1　観光社会学と観光研究

　観光社会学とは，社会現象としての観光の本質を探究し，その成果を手がかりに社会の本質をも考察する社会学の一分野である。それは，脱近代の社会構想の理論と実践にも示唆を与える。

　20世紀末になってようやく観光社会学は社会学界で少しずつ関心を集めはじめたが，いまだその研究成果はほとんど顧みられない。とりわけ日本の社会学界では，観光社会学の現状と可能性がほとんど看過されてきた。

　現在の観光社会学は，社会学の特殊領域というよりも，むしろ学際的な観光研究の一分野として評価されている。現行の観光研究の学術的業績は1970年代から次第に増え始め，観光研究はいまや多くの研究者が集う学界となった。観光研究の学界において，社会学は人類学や地理学と並んでその業績を多く生み出す研究分野である。

観光研究学界の発展と社会学

　第二次大戦後の観光研究は，**マス・ツーリズム**[1]の世界的拡大に伴い，それを研究対象として1960年代後半からアメリカで着手された。当初の中心的な研究課題は，観光事業関連の実務的問題であった。その後，マス・ツーリズムのもたらす諸問題が顕在化すると，それらの問題を考察する学術的研究が1970年代以降に散見され始める。そして，アメリカの人類学者 V. L. スミス[2]が編集した *Hosts and Guests* の出版を契機に，その成果に触発された欧米の社会学者や地理学者が学術的観光研究に取り組み始めた。

　観光研究の国際学界は，1988年に「国際観光研究アカデミー」（International Academy for the Studies of Tourism）の創設で組織的に発進した。このアカデミーには，観光の本質とその国際的影響を理論的に研究する学術機関として，世界中から75名の学者が選出された。それは創設以来，観光研究の方向性を先導する存在として現在に至る。創設時の会員のなかの社会学者には，E. コーエン[3]と D. マキャーネル[4]のふたりがいる。

　こうして観光社会学は，学際的な観光研究の一領域としてその存立意義がみいだされるが，社会学界で注目された観光社会学の業績としてマキャーネルの業績は観光社会学の古典とみなされる。また J. アーリ[5]の研究も，観光社会学

▷1　**マス・ツーリズム**
1960年代の先進諸国に出現した，大衆が観光をする社会現象。 I-1 参照。

▷2　Smith, Valene L. ed., 1989, *Hosts and Guests: The Anthropology of Tourism*, University of Pennsylvania Press. XI-2 参照。

▷3　XI-4 参照。

▷4　XI-3 参照。

▷5　XI-5 参照。

の業績として社会学者に取り上げられた。こうした観光社会学の成果が，社会現象としての観光をいかに捉え，社会学理論にどのような意味を付け加えたかを次に概観しよう。

❸ 「近代人の儀式」としての観光：ディーン・マキャーネル

観光の実体は，マキャーネルによれば，近代人が近代社会の**真正性**（authenticity）を探し求める儀式である。近代社会の本質は分化であるため，その様相は断片的で無秩序にみえる。そのうえ近代社会には，疎外，浪費，暴力，浅薄，不安定，非真正などの特徴も自明である。そこで観光客は，こうした近代社会の表面下の「真正」な基盤を覗き見ようとする。その際，観光客を誘因する観光対象は近代社会の構造を表象するシンボルであり，その構成は未開部族の宗教的シンボリズムに同型だとみなされる。こうして観光は，観光客が近代の断片を統一的経験に統合する儀式となる。しかし，近代社会を映し出す観光対象の真正性は，提供者がときに観光客を欺くことで演出される。これをマキャーネルは，「演出された真正性」（staged authenticity）と呼ぶ。

このようなマキャーネルの議論は，歴史家D. J. ブーアスティンの観光論に対する反論であった。ブーアスティンは，マスメディアが製造する出来事を「疑似イベント」（pseudo events）とみなして厳しく弾劾するなかで，観光も典型的な疑似イベントだと指摘した。かつての冒険的な旅行者は，メディアがつくる観光対象のイメージを追認する浅薄な観光客となったのだ。これに対してマキャーネルは，観光客が近代人の典型的類型であり，観光は近代社会の構造と不可分な社会現象だと主張したのである。

❹ 「まなざし」としての観光：ジョン・アーリ

観光は，アーリによれば，白昼夢や空想で非日常的な願望を充たす余暇活動・消費活動である。アーリは，観光を社会構造と結びつけるマキャーネルの主張に反対する。そして，観光を日常的な労働の対立項とする視点に，観光の社会学的考察の意義をみいだす。このように捉えられた観光の本質は，「まなざし」（gaze）の性質に帰する。「観光のまなざし」とは，日常と非日常の差異から表出される記号の集積として成り立つ。それは，M. フーコーの「医学のまなざし」に倣い，社会的に構成・組織化された「まなざし」である。

アーリは，時代とともに社会文化が変容するのに応じて観光のまなざしが変遷し消長する事態を，主にイギリスの事例から分析する。イギリスでは19世紀中頃に，労働者階級が都市の日常的な労働場面から海辺の非日常的な余暇場面へとまなざしを向け，海辺リゾートを楽しんだ。海辺リゾートの盛況は20世紀前半まで続いたが，1970年代には急速に衰退する。その後，**ポストモダニズム**の出現で，観光のまなざしはノスタルジア，消費主義，地域主義などに向けられ，

▷6 MacCannell, Dean, 1999, *The Tourist: A New Theory of the Leisure Class*, University of California Press. XI-3 参照。

▷7 **真正性**（authenticity）もともとは博物学や民俗学の美術品・工芸品の鑑定で「本物」を表す用語。V-6 参照。

▷8 XI-1 参照。

▷9 Urry, John, 2002, *The Tourist Gaze*, 2nd., ed., Sage. V-5 参照。

▷10 フーコー, M., 神谷美恵子訳, 2000, 『臨床医学の誕生』みすず書房。

▷11 **ポストモダニズム**
モダニズム（近代主義）の閉塞性を打開する芸術・文化の動向だが，1980年代の世界的思潮を概括する概念となった。

まなざしの対象は，それぞれ歴史遺産や博物館，テーマパークやモール，地域文化に定められる。またポストモダニズムでは，観光のまなざしに対応して都市の景観や商業施設の外観などが「観光化」すると指摘される。

アーリは，ポスト・ツーリスト（post-tourist）にも言及する。それは，遊戯性，脱分化，パスティーシュなどで特徴づけられるポストモダニズムから発生する，観光客の特性である。ポスト－ツーリストは，観光で真正性を探し求めるような真剣さをもたず，心底から遊びを楽しむ観光客である。そうしたポストモダニズムやポスト－ツーリストの出現は，ディズニーランドに代表される大規模なアミューズメント・パークやテーマ・パーク，ウォーターフロント開発，モール，歴史遺産，博物館などの観光対象を生み出した。

5 社会的行為としての観光：エリック・コーエン ◁12

コーエンは，上のふたりほど社会学界では注目されていないが，観光研究では知られた人物で，観光社会学の体系的な構築にも尽力してきた。コーエンによれば，観光社会学の主題は，①観光客の動機づけ，役割，社会関係，②観光システムや観光制度の構造とダイナミクス，③観光対象やその表象の本質，そして④ホスト社会への観光のインパクト，という4つの事項である。

コーエンは，観光客とその社会的行為に関する研究が観光の社会学理論を構成する起点になると主張し，まず「観光客類型」を提示する。それは，「目新しさ」（strangeness）・対・「なじみ深さ」（familiarity）を両極とする連続軸から誘導される。コーエンによれば，近代社会の観光は，観光客が慣れ親しんだ狭い安全な環境を離れ，見知らぬ土地で目新しい環境を体験したいという態度から発生する。そして，観光客類型は「目新しさ」志向の観光客と「なじみ深さ」志向の観光客を両極とする連続軸上に，「目新しさ」から「なじみ深さ」に向けて放浪者（drifter）→探検者（explorer）→個人参加型マス・ツーリズム客（individual mass tourist）→団体参加型マス・ツーリズム客（organized mass tourist），の順に配置される。

さらにコーエンは，観光社会学の主要概念を厳密に定義し，それらを体系的に構成して，観光開発の過程を定式化する。例えば，「真正性」と「**商品化**」◁13（commodification, commoditization）の概念によって地域文化の観光開発の過程が定式化される。コーエンは，マキャーネルの「真正性」概念を観光研究の重要な概念と位置づけるが，思弁的で粗雑だと批判し，社会学的分析に適合するように精緻化した。

そのうえで，「真正性」と「商品化」の概念に基づき，未開発地域の観光開発の過程が2通りに定式化される。一方の観光開発の定式化は，観光が地域文化の崩壊と地域そのものの破壊を招く過程を表す。すなわち，観光を通して地域文化が「商品化」され，そのために文化の「真正性」の喪失や「演出された

▷12　Cohen, Erik, 2004, *Contemporary Tourism: Diversity and Change*, Elsevier. XI-4 参照。

▷13　商品化
事物や事象が市場で商品，つまり「売買の対象」とされること。観光は，生活，文化，自然などを「商品化」する。V-9 参照。

真正性」が発生して文化が崩壊する。また「商品化」は，地域の相互扶助的な社会関係を切断する。結果として観光対象の文化の魅力が消失し，観光客が当地を訪れなくなって地域は崩壊する。こうした観光開発過程の定式化は，1970年代以降の開発途上国の観光地に関する事例研究で裏づけられる。

もう一方の観光開発の定式化は，観光が地域文化の保全や再構成，さらに地域の持続可能性をもたらす過程について描く。すなわち，観光による地域文化の「商品化」から，地域文化に新たな誘因が付加され，それによって観光客が地域文化に惹き寄せられる。こうして地域文化は，観光で保全されるだけでなく，再構成・創出もされる。またこの地域文化に誇りを抱く住民の地域アイデンティティは，観光開発と地域開発を通じて高揚する。このとき，観光客用の「観光文化」が，観光地住民の生活文化に浸透し，当該社会の「真正」な文化となる場合さえある。そうした真正性をコーエンは，「創発的真正性」（emergent authenticity）と呼ぶ。この観光開発の定式化は，バリ観光などの事例で検証される。

コーエンは，以上のような観光社会学理論の構築にくわえ，タイの高地部族のフィールドワークや，ガイドの事例研究など，多くの経験的研究も積み重ねている。観光社会学の体系化に最も貢献する社会学者のひとりとして銘記されるのが，コーエンである。

6 観光社会学の新たな課題

3人の観光社会学者の業績をみただけでも，社会学が捉える観光の実像がいかに多様かがわかる。社会現象としての観光の本質の解明は，きわめて困難である。というのも観光は，社会学の対象次元，つまり社会的行為，社会関係，社会システム，グローバル社会という次元のすべてに複雑に絡む社会現象だからだ。けれどもそれだからこそ，観光は個人と社会に多大な影響力をもつ社会現象となり，社会学にとって有意味な研究対象となるのである。

さらに現代観光の現実を俯瞰すれば，その形態は「マス・ツーリズム」から**「持続可能な観光」**へと転換した。持続可能な観光は，従来のマス・ツーリズムが破壊した観光地の文化や自然を観光によって再構成し，観光地の**持続可能な開発**をめざす。それは，国際機関が主導する外発的実践だけでなく，**観光まちづくり**のように，住民主体の内発的実践でもなされる。この事実は，観光が持続可能性の社会構想に示唆を与える事例とみなせよう。

このように，3人の社会学者が言及していない観光研究の新たな課題は，これからたくさん見つかるにちがいない。観光社会学の存立意義と現代観光の本質は，社会学であらためて議論されねばならない主題である。今後の社会学には，これまでの観光社会学の業績を踏まえながら，さらに本格的な観光の社会学的考察が求められる。そうした観光の社会学的考察は，社会学理論と社会構想に有意義な知見をもたらすであろう。

（安村克己）

▷14 Ⅰ-3 参照。

▷15 **持続可能な観光**
観光地と観光の持続可能性をめざす観光形態。観光が，観光地の自然を保護し，文化を保全・再構成する。Ⅱ-4 参照。

▷16 **持続可能な開発**
国連 WCED（環境開発世界委員会）が1987年に提唱した，環境問題と南北問題を国際的連携で解決するための理念と方策。Ⅱ-4 参照。

▷17 **観光まちづくり**
持続可能な観光による住民の内発的地域振興。Ⅱ-4 参照。

（参考文献）
須藤廣・遠藤英樹，2005，『観光社会学――ツーリズム研究の冒険的試み』明石書店。
安村克己，2001，『観光――新時代をつくる社会現象』学文社。

第1部　観光社会学とは

I　観光社会学の輪郭

　観光社会学の射程

1　観光社会学の射程をみる枠組み

　観光社会学の研究主題は多種多様で，それらの主題を包括する観光社会学研究の射程は広範囲にわたる。そこで，これまでの研究主題をまとめて研究の射程を明らかにするために，社会学の研究領域を表す四次元の社会空間の枠組みを用いる（図I-3-1）。社会学の研究領域の社会空間は，通常，「行為者」を起点として，「社会関係」，「社会システム」，そして「グローバル社会」の四次元で表される。これらの四次元の社会空間に生起する観光現象の社会学的研究を概観する。

2　「行為者」の次元：「観光客類型」の研究

　社会学の「行為者」研究は，行為者が他者と環境を客体化して実践する「社会的行為」[1]の研究である。観光社会学では観光客の観光行動を社会的行為として分析し，観光客を類型化することである。E. コーエン[2]やV. L. スミス[3]が提示した観光客類型によれば，それは対蹠的な観光行為形態に両極化される。一方の観光客類型は，個人や少人数で主体的に観光地を訪れ，当地の文化や環境に順応しつつ観光する。また他方の類型は，旅行会社が設定した旅程で観光地を団体旅行し，当地の規範には無頓着で，当地でも自国の生活の快適さを要求する。

3　「社会関係」の次元：「ゲスト-ブローカー-ホスト」関係の研究

　社会学の「社会関係」研究は，行為者間の相互作用を分析する[4]。観光の社会関係は，ゲスト＝観光客，ホスト＝観光地住民，ブローカー＝観光事業者，という三類型の行為者間の相互作用で成り立つ。初期の観光社会学の研究では，E. デュカ[5]やUNESCO[6]がホスト-ゲスト関係を調査した。それによれば，ゲストとホストの関係は，設定された場面での一時的な出会いと表面的な交流によって特徴づけられる。

　観光開発過程のゲスト-ブローカー-ホスト関係の社会関係については，G. V. ドクシー[7]やR. W. バトラー[8]が研究している。ドクシーによれば，当初ホストはゲストとブローカーを歓迎するが，ゲストが増えると苛立ちを感じ，やがて敵対する。またバトラーは，ホストとゲストの相互作用を多面的に分析し，

▷1　ウェーバー，M.，清水幾太郎訳，1972，『社会学の根本概念』岩波文庫，p. 35。

▷2　XI-4 参照。

▷3　XI-2 参照。

▷4　ウェーバー，M.，清水幾太郎訳，1972，『社会学の根本概念』岩波文庫，p. 42。

▷5　de Kadt, E., 1979, *Tourism: Passport to Develpment?*, Oxford University Press.

▷6　UNESCO, 1976, "The Effect of Tourism on Socio-Cultural Values," *Annals of Tourism Research*, 4 (1): pp. 71-105.

▷7　Doxey, G. D., 1976, "When Enough's Enough: The Natives Are Restless in Old Niagara," *Heritage Cananda*, 2 (1): pp. 26-27.

▷8　Butler, R. W., 1975, "Tourism as an Agent of Social Change," *Tourism as a Factor in National and Regional Development*, Occasional Paper 4, Department Geopgraphy, Trent University.

12

ホストの態度を，熱烈な開発支持，猛烈な開発反対，諦めの開発受容，暗黙の開発反対の四類型に分けて説明した。

④ 「社会システム」の次元：「観光と地域社会」関係の研究

社会学の「社会システム」研究は，一般システム論に基づき社会を**システム**◁9という統一体として理論化し，その理論から現実社会を分析する。観光社会学◁10では，観光地が社会システムとみなされ，**マス・ツーリズム**◁11がそのシステムの外部要因として犯罪や買春といった社会問題を誘発し，文化変容や環境問題も惹起する事態が考察される。また，観光ホストが地域の文化や自然を保全しながら観光開発に取り組む，観光地の内発的な社会システム形成の事例も研究されている。しかし，高度近代化から生まれたマス・ツーリズムがもたらす観光地の文化や自然の崩壊という現実は深刻で，そこには高度近代化から生じた地球規模の南北問題と環境問題という**近代世界システム**◁12の難題が投影されている。

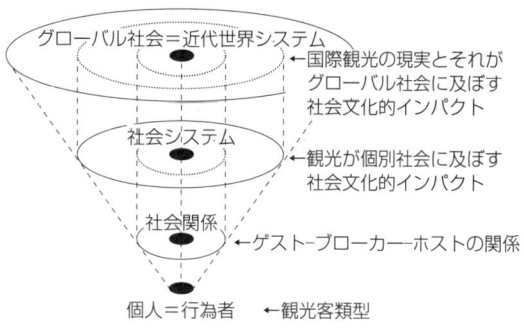

図Ⅰ-3-1 社会学の研究領域と観光社会学の主題

⑤ 「グローバル社会」の次元：「国際観光−グローバル社会」関係の研究

社会学のいう「グローバル社会」とは，資本主義経済が世界中に浸透して形成された「近代世界システム」とみなされる◁13。そしてその構造的問題が南北問題と環境問題である。この南北問題と環境問題の発生した原因は，近代世界システムの歴史的形成過程で，近代化を達成した先進諸国が搾取，浸透，分断，辺境化などを通じて未達成の発展途上国に社会的な不平等や不正義をもたらす，J. ガルトゥングが「構造的暴力」と呼ぶメカニズムに由来する。高度近代化の産物であるマス・ツーリズムにも南北問題と環境問題が内在する。観光のホスト‐ゲスト関係には，貧しい観光客受入国と豊かな観光客送出国という南北問題の構図が投影され，特に開発途上国の観光地は，近代世界システムの縮図となる。観光社会学には，マス・ツーリズムの弊害を克服する**持続可能な観光**◁14の理論と実践の研究が求められる。

⑥ 枠組みからみた観光社会学の射程

社会学の研究の射程と観光社会学研究の主題はぴたりと重なる。観光社会学の射程には，すでに有意義な研究成果が蓄積されている。しかし観光社会学と社会学との間にはこれまで有効な連携がない。今後より多くの社会学者が，観光社会学に関心を寄せることが期待される。それによって，観光社会学の知見は社会学の理論構成や社会構想に多くの示唆を与えるであろう。

（安村克己）

▷9 **システム**
複数の要素が相互作用して成り立つ集合。その内部には境界線が引かれ外部から分離され，外部環境に応じて均衡を保つ性質をもつ。内部が自己組織化の機能をもつ場合もある。

▷10 安村克己，2001，『観光——新時代をつくる社会現象』学文社，pp. 182-185。

▷11 **マス・ツーリズム**
1960年代の先進諸国に出現した，大衆が観光をする社会現象。Ⅱ-3参照。

▷12 **近代世界システム**
資本主義世界経済が中心（開発国）−半周辺（開発途上国）−周辺（低開発国）の三層に世界を構造化すると主張したI. ウォーラーステインの概念。

▷13 川北稔，2001，『知の教科書ウォーラーステイン』講談社選書メチエ参照。

▷14 **持続可能な観光**
観光地と観光の持続可能性をめざす観光形態。観光が，観光地の自然を保護し，文化を保全・再構成する。Ⅱ-4参照。

第1部　観光社会学とは

I　観光社会学の輪郭

 ## 現代観光の理論と実践

① 理論と実践の意味

「理論」と「実践」の用語は，それぞれに多義的である。しかし，それらが一対で「理論と実践」と用いられると，一般に「考え，行う」という意味合いになる。ここでは理論を「知識の提示」，実践を「方策の実施」と理解しよう。この理解に基づいて，観光研究における現代観光の「理論と実践」の関係を整理する。そのさい，理論と実践はそれぞれふたつのタイプに整理できる。理論は，現実を科学的に考える「科学理論」と，その科学理論から方策を考える「批判理論」◁1とに区分される。また実践は，生活者が自然発生的に方策を行う「自発的実践」と，権限機関が政策として行う「介入的実践」とに区別できる。観光社会学を一分野とする学際的な観光研究は，マス・ツーリズム◁2の「科学理論」を構成し，そこから持続可能な観光の「批判理論」を策定して，その「介入的実践」を成功させた。その経緯を以下にみる。

② 「マス・ツーリズム」の理論と「新しい観光」の自発的実践

マス・ツーリズムが観光地に惹き起こす深刻な環境問題や社会文化問題について，観光研究は1970年代後半から世界の観光地で事例研究を開始し，やがて多くの「科学理論」を提供している。例えば「観光開発論」によれば，観光地の環境問題は，大規模な観光開発が自然を破壊し，あるいは観光資源となる自然に観光客が雲霞の如く侵入して発生した。また観光地の社会文化問題では，ホスト文化の変容を説明する観光デモンストレーション効果◁3論や，観光の南北問題を分析する観光囲い込みモデル◁4などの科学理論が提供された。

これら科学理論の成果から，政府や自治体は観光開発の実態と問題を認識した。そして70年代末になると，開発途上国の観光地では，マス・ツーリズムを否定する観光開発の「自発的実践」の動向が散見され出す。それらは，外資による大規模な観光開発を拒否し，地域の文化や自然に配慮する小規模な観光開発を推進した。しかし，その「自発的実践」の多くは，政治的ならびに経済的理由で成就されなかった。

③ 「持続可能な観光」の批判理論と「持続可能な観光開発」の介入的実践

観光研究は，1980年代後半に「科学理論」をさらに蓄積し，それに基づき，

▷1　**批判理論**
M. ホルクハイマーが唱えた，理論と実践の統合をめざす方法論。その後，それはフランクフルト学派の方法論的立場となった。

▷2　**マス・ツーリズム**
1960年代の先進諸国に出現した，大衆が観光をする社会現象。[I-3]参照。

▷3　**デモンストレーション効果**
J. S. デューゼンベリーの説。低所得者が高所得者の消費行動をまねる傾向。[I-3]参照。

▷4　**囲い込みモデル**
西洋の観光産業が，第三世界（開発途上国）の観光地のホストとゲストを物理的・社会的・経済的に分離し，西洋型スタイルで観光地を支配的に経営する実態を表すモデル。Britton, S. G., 1982, "The Political Economy of Tourism in the Third World," *Annals of Tourism Reseach*, 9 (3): pp. 331-358参照。

▷5　**エコツーリズム**
観光で自然環境を保護する持続可能な観光の一形態。[III-2]参照。

14

マス・ツーリズムの問題を解決する「批判理論」を模索した。こうして、「新しい観光」政策の「批判理論」が生み出され、観光関連の国際機関は、マス・ツーリズムに代わる「新しい観光」政策の「介入的実践」に取り組んだ。「新しい観光」は、開発途上国でのエコツーリズムやPPT (Pro-Poor Tourism) として実践される。この「新しい観光」は1980年代末からオールタナティヴ・ツーリズムと呼ばれ、その実践は次第に世界中の観光地に普及した。

「新しい観光」政策の「介入的実践」がそのように成功した背景には、環境問題や南北問題への関心が世界中の市民の間で高まった事実がある。1980年代には地球規模の問題を議題とする国際会議が頻繁に開催され、その解決策が議論された。1987年にWCEDがその報告書 Our Common Future で提唱した「持続可能な開発」構想は、世界の注目を集めた。そうした環境問題や南北問題についての国際的な議論や危機感が、オールタナティヴ・ツーリズムによる観光地の環境問題や南北問題の解決を後押ししたのだ。

持続可能な開発構想の実践は、1992年にリオデジャネイロで開催された地球サミットで世界各国に承認された。しかしその後、「持続可能な開発」政策の実践は滞った。その理由は、南北問題や環境問題の責任論と実践をめぐり、開発途上国と先進国が対立したり、大国間で利害が衝突したりしたことである。

ところが、観光の「持続可能な開発」政策の実践は、相対的に順調であった。エコツーリズムやPPTの「介入的実践」は、観光地の環境問題や南北問題に対処して、その持続可能な開発を実現した。20世紀末には観光研究における「新しい観光」政策は次第に持続可能な観光と呼ばれるようになる。「持続可能な観光」政策は、世界観光機関が主導して世界中の観光地で実践され、現在では「持続可能な開発」政策の数少ない成功事例のひとつとして注目される。

ただし、「エコロジー」や「持続可能性」の普遍的にみえる価値観が、実は先進国の市民が近代化の後遺症ゆえに傾倒する価値観だ、という指摘もある。すなわち、「持続可能な観光」政策の実践は、結局、先進国が経済的優位性からその価値観を一方的に開発途上国に押し付ける圧制とも考えられるのだ。

❹ 観光社会学の理論と社会構想

観光研究は、「持続可能な観光」政策の「批判理論」を生み出し、「介入的実践」を成し遂げた。さらに、住民が観光開発で地域の内発的発展をめざすコミュニティ・ベースド・ツーリズムや観光まちづくりといった「自発的実践」には、「持続可能な観光」の理念が見え隠れする。かくして、観光研究の成果は、「持続可能性」に関わる社会学の理論と社会構想とに有意義な示唆をもたらす。観光社会学は、観光研究の「科学理論」と「批判理論」の構築に関与した実績から、社会学と観光研究を結び合わせる役割を果たせるだろう。

(安村克己)

▷6 PPT (Pro-Poor Tourism)
開発途上国の地域の貧困を観光で解決する持続可能な観光の一形態。Ⅲ-1参照。

▷7 オールタナティヴ・ツーリズム
マス・ツーリズムに「代わる」という意味をもつ「新たな観光のあり方」。

▷8 WCED (World Commission on Environment and Development)
国連環境と開発に関する世界委員会（1983年設置）。

▷9 持続可能な開発
国連WCEDが1987年に提唱した。環境問題と南北問題を国際的連携で解決するための理念と方策。Ⅲ-1参照。

▷10 地球サミット
国連環境と開発に関する会議。Ⅲ-1参照。

▷11 持続可能な観光
観光地と観光の持続可能性をめざす観光形態。観光が、観光地の自然を保護し、文化を保全・再構成する。Ⅱ-4参照。

▷12 世界観光機関
世界の観光振興を推進する国際機関として1975年に設立。本部はマドリード。2003年に国連の専門機関となり、1995年設立の世界貿易機関（WTO : World Trade Organization）と区別するため、"UNWTO"（United Nations World Tourism Organization）と表記される。Ⅲ-1参照。

▷13 コミュニティ・ベースド・ツーリズム
住民主体で内発的に開発される観光。Ⅲ-3参照。

▷14 観光まちづくり
持続可能な観光の理念による住民の内発的地域振興。Ⅱ-4参照。

Ⅱ 社会現象としての観光の構造と変遷

 **観光の構成要素と構造**

1 観光の構造

「観光」は，一般に「楽しみを目的とする旅行」であると同時に，その旅行に関わる事象の総体と捉えられる。そうした観光の構造について，N. リーパーは「観光システム」モデルを図Ⅱ-1-1のように表す。◁1 この図には，観光客が旅行者として家を離れ，観光地を訪れ，家に戻る，という「観光」の構造が，「観光客」を中心に描かれている。ところが観光客が観光地を訪れると，そこには「観光地住民」がいて，観光は観光地住民の生活や地域全体に多くの影響を与える。また「観光事業者」が，観光客と観光地を媒介する。観光研究では，観光客を「ゲスト」，観光地住民を「ホスト」，そして観光事業者を「ブローカー」と呼ぶ。これら3つの要素とその結び付きから，「観光の構造」を考えよう。◁2

2 レジャー活動としての観光

旅行の目的は，商用，宗教（巡礼），教育（留学），軍事などと多様だが，「楽しみ」(pleasure) を目的とする旅行が「観光」である。そこで観光は，観光客の「余暇活動」とみなせる。また観光客は，その余暇活動の過程で「消費」をするので，観光は「消費活動」ともいえる。こうしてみると，観光客となるには，「可処分所得」と余暇「時間」という条件が充足されねばならない。この2つの条件に，V. スミス◁3は社会が観光や余暇活動を容認する**サンクション**◁4を加える。この場合の「サンクション」は，ある個人が観光を楽しむのは「よい」こと，あるいは「悪くない」ことと社会的に認識され，レジャー活動としての観光が社会的に許容される状況をいう。したがって，社会の誰もが観光できる**マス・ツーリズム**◁5という社会現象の出現は，個人の生活に経済的豊かさとゆとりがあり，余暇活動が日常的に許容される社会に限られる。

3 ホスト-ゲスト関係としての観光

観光客にとって観光は余暇活動だが，観光客が訪れる観光地の住民にとっては，当然，観光は余暇活動でない。観光地住民は，混雑，騒音，ゴミなどの観光公害で迷惑を被る。また住民が観光客相手に商売をすれば，住民にとって観光は労働活動となる。こうして，観光地には観光客と観光地住民の多様な関係

▷1 Leiper, N., 1979, "The Framework of Tourism: Towards a Definition of Tourism, Tourist, and the Tourist Industry," *Annals of Tourism Research*, 6 (4): pp. 390-407.

▷2 観光構造の研究では，とき「観光対象」が付け加えられる。ここでは，観光構造の「社会関係」に着目し，それを除外する。「観光対象」は，「観光アトラクション」(tourist attraction) とも呼ばれる。

▷3 Smith, V. L. ed., 1989, *Hosts and Guests : The Anthropology of Tourism*. 2nd. ed., University of Pennsylvania Press, p. 1. スミスについては，XI-2 参照。

▷4 サンクション
個人の行為に対して是認ないしは否定する社会（他者）の反応。

▷5 マス・ツーリズム
1960年代の先進諸国に出現した，大衆が観光をする社会現象。Ⅱ-3 参照。

が生まれ，それが観光の一側面として観光研究の対象となる。

観光客と観光地住民の関係に初めて研究の焦点をあてたのは，人類学者V.スミスである。1970年代に文化人類学者は，研究対象である未開のフィールドへと観光客が侵入する事態に戸惑った。団体旅行に飽き足らない観光客が，冒険観光を求めて未開部族が暮らす地域を訪れ始めたのだ。人類学者は観光客を避けながら研究を続けたが，スミスは未開部族と観光客の接触という現実も人類学の研究対象と考え，これを観光のホスト-ゲスト関係とみなした。こうして1970年代後半に「観光人類学」が誕生する。以来，観光のゲスト-ホスト関係は，観光社会学をはじめ観光研究の重要な視点となった。

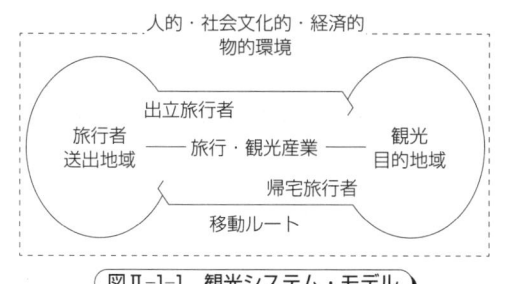

図Ⅱ-1-1　観光システム・モデル

4　観光関係者全体の社会関係から成り立つ観光構造

観光人類学のホスト-ゲスト論では，後にホストとゲストを媒介する観光の構成要素として，ガイドや研究者などの「文化ブローカー」加えられた。また一般的な観光の形態においてホストとゲストを媒介する構成要素としての旅行業，宿泊業，交通業などの観光事業者や，政府・自治体などは，「ブローカー」と総称される。こうして観光構造は，ゲスト，ホスト，そしてブローカーという3つの観光関係者（stakeholder in tourism）で成立する。そして，この観光構造から観光の多様な事態が社会現象として発現するのである。

5　観光構造の均等化

現代観光の構造には不均等問題がある。マス・ツーリズムの観光地経営では経済効果だけを追求するため，豊かなゲストの立場は貧しいホストに対して優位となり，ブローカーもゲストの立場を優先する。しかも，先進国間の観光ではゲストとホストの関係は交替するが，先進国-開発途上国間の観光では，先進国のゲスト-開発途上国のホストという関係が固定化する。そのため，両者の相互作用は不均等となる。とりわけ開発途上国の観光地では，ホストがゲストに対して社会的経済的に従属する観光「新植民地主義」の問題が発生した。その後，この問題について**世界観光機関**は，**持続可能な観光**の実践による解決をめざし，観光関係者が相互の立場を尊重し合い，各自の役割を果たすための10項の基本原則から成る**世界観光倫理規定**を制定した。

（安村克己）

▷6　アメリカ人類学会は，1974年に観光人類学のシンポジウムを開催している。

▷7　安村克己，2001，『観光——新時代をつくる社会現象』学文社，pp. 63-72.

▷8　Matthews, H. G., 1978, *International Tourism: A Political and Social Analysis*, Shenkman.

▷9　世界観光機関
世界の観光振興を推進する国際機関として1975年に設立。本部はマドリード。2003年に国連の専門機関となり，1995年設立の世界貿易機関（WTO：World Trade Organization）と区別するため，"UNWTO"（United Nations World Tourism Organization）と表記される。

▷10　持続可能な観光
観光地と観光の持続可能性をめざす観光形態。観光が，観光地の自然を保護し，文化を保全・再構成する。Ⅱ-4 参照。

▷11　世界観光倫理規定
持続可能な観光の実践のため，ゲスト，ホスト，ブローカーの観光関係者それぞれが観光活動で果たすべき基本原則。

Ⅱ 社会現象としての観光の構造と変遷

 ## 観光研究の土台からみる現代観光の変遷

1 観光研究の土台とは

観光研究の土台（Platform）は，J. ジャファリ[1]が提示した，観光文献を整理するための枠組みである．文献整理のさい，ジャファリは観光研究の基盤となる，観光に対する研究者の価値判断，つまり研究者の観光「観」に着目した．研究者の観光「観」は，ジャファリによれば，ある時期の社会一般の観光「観」に規定される．そして研究者の観光「観」は，その研究成果に反映する．このとき，研究者の観光「観」が，観光研究の土台となる．その土台は，ある時期の観光の現実を鮮明に描き出すのである．ジャファリは，観光研究の文献が，擁護→警告→適正→知識ベース，という順の土台で整理されると考えた[2]．ここでは，ジャファリの意図とは逆方向に，ある時期の観光研究の土台の特徴から，当該時期の観光の現実の特徴を浮かび上がらせよう．

2 擁護の土台とマス・ツーリズムの経済効果

擁護（Advocacy）の土台は，文字通り，観光の現実を「擁護」する研究の基盤である．擁護という肯定的な観光「観」は，1960年代に**マス・ツーリズム**[3]が経済的効果を産み出す現実から生まれた．マス・ツーリズムによって観光客が世界中に拡散すると，観光事業の興隆から波及的な経済効果が発生した．そこで観光研究の焦点は，観光の経済的領域にあてられ，観光開発事業の経済効果などの主題が考察された．その研究結果では，観光が観光地に及ぼす影響は楽観視され，特に開発途上国では，観光が外貨獲得ばかりでなく，環境保全，伝統再興，文化振興にも有効だと考えられた．これを受けて，多くの開発途上国が**観光立国**[4]（tourism nation）政策を標榜する．ところが観光立国政策には先進国の観光事業者が参入し，大規模な観光開発を実施することになった．

3 警告の土台とマス・ツーリズムの弊害

警告（Cautionary）の土台は，マス・ツーリズムが観光地に及ぼす弊害を調査研究し，観光の諸問題を「警告」して，ときに厳しく批判する研究の基盤である．この否定的な観光「観」は，マス・ツーリズムの負の効果が顕在化した1970年代初めに生じた．この時期の観光研究の着眼点は，経済的領域よりも，社会的文化的，そして環境的領域にある．マス・ツーリズムの発現当初に期待

▷1　**J. ジャファリ**
アメリカで活躍する観光研究者，ウィスコンシン大学スタウト校教授．国際観光研究アカデミーの創設や学術雑誌 *Annals of Tourism Research* の創刊に尽力し，観光研究の組織化に主導的役割を果たした．

▷2　Jafari, J., 1990, "Research and Scholarship: The Basis of Tourism Education," *Journal of Tourism Studies*, 1 (1) : pp. 33-41.

▷3　**マス・ツーリズム**
1960年代の先進諸国に出現した，大衆が観光をする社会現象．Ⅱ-3 参照．

▷4　**観光立国**
国際観光を国家経済の基盤に位置づける国家目標．国が観光事業を基幹産業とし，外国人観光客誘致の関連環境を整備する．

された開発途上国の観光開発は，開発主体の外資系事業者に経済的利益が吸収され，途上国には経済効果をもたらさなかった。この経済効果の漏出問題ばかりか，観光地では自然環境の汚染や破壊，地域文化の変容や崩壊という問題も深刻化した。その現実に関する調査や議論から，マス・ツーリズムの負の効果が批判され，それに代わる「新しい観光」のあり方を求める気運が醸成された。

❹ 適正の土台と新しい観光の模索

　適正（Adaptancy）の土台は，マス・ツーリズムの弊害に対処し，新しい「適正」な観光形態を模索する観光研究の基盤である。負の側面をもつマス・ツーリズムの現実に対して，特に開発途上国の観光地は，1980年代から少しずつ観光開発や観光運営のあり方を修正しはじめた。観光関連の国際機関も，マス・ツーリズムに代わる「新しい観光」形態を模索した。その「新しい観光」の特徴は，地域中心志向，地域資源の活用，施設やインフラのハードよりも文化や自然のソフト重視，などで特徴づけられる。観光研究は，そうした「新しい観光」形態の実践を調査研究しながら，ソフト・ツーリズム，責任を伴う観光，適正観光などの**オールタナティヴ・ツーリズム**・モデルを提言した。しかし，それらの提言は，観光形態の一部を修正するにとどまる。ジャファリは，観光研究が観光現象の全体像を「科学的」に捉えるべきだと考えた。

❺ 知識ベースの土台と持続可能な観光の実践

　知識ベース（Knowledge-base）の土台は，観光現象の全体を「科学的」に分析し，観光「知識」構成体を構築する観光研究の基盤である。それは，これまでにみた擁護，警告，適正という3つの土台を架橋する役割も果たす。こうした，研究の客観性を重視する土台に基づく研究成果は，すでに1970年代末から散見されたが，90年代になると顕著に増大しはじめた。ただし，観光研究には上述のように，観光現象の価値評価が常につきまとう。なお，知識ベースの土台の今後の研究課題は，**持続可能な観光**の理論と実践にある。

❻ 観光の現実の変遷と観光研究の展開

　ジャファリが観光研究の土台という枠組みで簡潔に整理した通り，観光の現実は1960年代からほぼ10年毎にその形態を変容させ，その変化に応じて観光研究も新たな視座に転換した。そして同時に，観光研究の新たな成果が観光の現実を変容させた。ここに看取されるように，観光研究には，他の社会科学の研究と同様に，研究者の価値判断が常につきまとう。観光社会学もまた，理想的な観光振興や社会構想の主題に取り組むので，そのとき観光社会学者には，M.ヴェーバーのいう，事実認識と価値判断を峻別する**価値自由**（Wertfreiheit）の研究姿勢が強く求められる。

(安村克己)

▷5　オールタナティヴ・ツーリズム
マス・ツーリズムに「代わる」という意味をもつ「新しい観光」のあり方。Ⅱ-4 参照。

▷6　持続可能な観光
観光地と観光の持続可能性をめざす観光形態。観光が，観光地の自然を保護し，文化を保全・再構成する。Ⅱ-4 参照。

▷7　価値自由
社会科学の研究には価値評価が常につきまとうが，社会科学者は事実認識と価値判断を峻別すべきだとする，M.ヴェーバーの主張。

第1部　観光社会学とは

II　社会現象としての観光の構造と変遷

3　マス・ツーリズムの出現とその弊害

1　マス・ツーリズムとは

「マス・ツーリズム」とは、英語の"mass tourism"の訳語で、豊かな社会の大衆が余暇活動としての観光を享受する社会現象である。「大衆」を表す英語の"mass"はもともと「塊」を意味する。そこで、「大衆」には個人の顔はみえず、人々の「大きな塊」がイメージされる。そのためマス・ツーリズムには、観光地に大衆が「大きな塊」となって押し寄せる、という含意がある。実際、1960年代初頭の初期マス・ツーリズムでは観光経験の少ない大衆が、パッケージツアーで観光地へと大挙して訪れた。

このマス・ツーリズムは、第二次大戦の戦禍から経済復興した日米欧諸国で、1960年代前半に発生した。大戦以前の19世紀末から国際観光が盛んであった欧州諸国では、すでに1950年代後半から国際観光客が次第に増大しはじめていた。その欧米の国際観光客は、「4つのS」(Sun, Sand, Sea and Sex)を目的として、夏には地中海、冬にはカナリア諸島やカリブ海、あるいは通年でハワイなどに出かける傾向があった。

世界観光機関◁1 (UNWTO)によれば、1960年に欧米諸国を中心とする年間国際観光客数は7000万人だったが、10年後の1970年には1億7000万人に急増する。さらに1980年には日本人観光客の増加も加わり3億人に増大し、2000年になると7億人に達する◁2。2000年当時の国内観光も含む世界の年間観光客数は、70億人と推測される。こうしたマス・ツーリズムという社会現象はまさに、観光客の「爆発的増大」と特徴づけられる。そして、かつては特権階級に独占されてきた観光が社会の大半を占める大衆に普及した現実は、歴史上はじめてのことといえる。

2　出現の時期と地域

マス・ツーリズムは、第二次大戦終戦から十数年をへて、日本、アメリカ、西欧諸国のいわゆる先進国で最初に出現した。第二次大戦後の戦禍から経済復興したこれら先進国は、1950年代後半から高度な経済成長を遂げ、未曾有の経済的豊かさが社会全体に浸透した。先進国のその経済的豊かさが「大衆の観光」を生み出したのだ。やがてジェット旅客機が就航すると大衆は世界中の有名な観光地を訪れる国際観光客となった。こうして1960年代にマス・ツーリズ

▷1　世界観光機関
世界の観光振興を推進する国際機関として1975年に設立。本部はマドリード。2003年に国連の専門機関となり、1995年設立の世界貿易機関(WTO：World Trade Organization)と区別するため、"UNWTO"(United Nations World Tourism Organization)と表記される。

▷2　2008年の年間国際観光客数は、9億1900万人であった(UNWTO)。その後世界的な不況で観光客数はやや減少したが、2000年代に入ってからは、年間8億人以上の海外旅行客を数えている。世界観光機関(UNWTO)は、2015年までに年間海外旅行客が15億人を超えると予測する。

ムという社会現象が日米欧諸国に出現したのである。

ただし，マス・ツーリズムが出現した時期と地域については，ときに異論も唱えられる。J. アーリなどの主張によれば，マス・ツーリズムは，近代化が顕著になる19世紀後半のイギリスに登場したという。例えば，イギリス北部の労働者階級の海水浴観光や，イギリス南部を中心に T. クックが創業した旅行業がその端緒だといわれる。たしかに，それらの事実は近代観光の誕生であった。しかし「大衆」とは19世紀末から20世紀初めに近代社会の政治的勢力として登場し，やがて消費者として社会的・経済的勢力となるという史実を考慮すれば，やはり社会の大勢力である「大衆」が生み出すマス・ツーリズムは，1960年代の日米欧諸国に観光客が「爆発的」に出現した歴史的現象を指す。

マス・ツーリズム以前の「庶民」観光の隆盛は，むしろ江戸時代の日本に看取できる。江戸時代には，参勤交代による街道と宿場町の整備，治安の向上，貨幣経済の発展など，旅行の条件が整った。そのため「伊勢参宮」という庶民の「観光」旅行が日本全国に普及する。18世紀後半には道中記や旅行案内書も流布し，当時の人口の9割を占める農民も「講」制度などで旅費を捻出していた。東北地方の農民が数ヶ月に及ぶ社寺参詣の団体旅行に出かけた例もある。徳川幕府は信仰と医療以外の旅を厳しく禁じたので，伊勢参宮とは庶民が信仰にかこつけた「観光」旅行であり，そこには庶民に自由のない時代の制約が刻印されている。そうであるにせよ，「伊勢参宮」はマス・ツーリズム以前の「庶民」観光として，観光研究の刮目すべき史実である。

▷3 I-1 参照。

▷4 金森敦子, 2002, 『江戸庶民の旅』平凡社。

3 出現の背景

大衆が自由に観光を楽しむマス・ツーリズムは，高度近代化の産物といえる。高度近代化とは，1950年代後半に日米欧に始まる近代の高度化である。それは，経済的豊かさが国民全体に浸潤する，「大衆消費社会」の成立から出現した。大衆消費社会の原型は1920年代のアメリカにみられ，大衆が求める耐久消費財の大量生産・大量消費の産業構造に特徴づけられる。この産業構造の高度化した社会形態が，1960年代初めに石油工業文明を基盤とする急激な経済成長によって日米欧諸国に出現する。その大衆消費社会の形成と相俟って，都市化，高等教育の拡大，科学技術や交通通信情報網の高度化，マス・レジャー化などの特性をもつ高度近代社会が始動した。

▷5 常松洋, 1997, 『大衆消費社会の登場』山川出版社。

こうした高度近代社会の成立が，マス・ツーリズムの発生の背景にある。先進国では高度近代社会の形成によって個人の社会生活は急速に変容した。そのなかで特にマス・ツーリズムの誕生に影響を与えたのは，可処分所得の増大，休暇の増加や長期化，レジャー活動を許容する社会意識などの社会的経済的要因であった。その結果，1960年代にマス・レジャー化，つまり「余暇の大衆化」という社会現象が現われ，先進国ではレジャー活動は個人の日常生活の一

部となる。なかでも観光はすべての先進国で最も人気のあるレジャー活動となった。マス・レジャー化からマス・ツーリズムの現象が生まれたのである。

1980年代以降になるとアジア諸国などが目覚ましい経済発展を遂げ，経済動向に紆余曲折もあったが，新興中進国と呼ばれるようになり，次第に大衆消費社会を形成した。これらの国でもマス・ツーリズムが出現し，大規模な国際観光が発生した。つまり大衆消費社会を形成する経済発展が，その社会にマス・ツーリズムを発生させるのだ。21世紀になるとBRICs（ブラジル，ロシア，インド，中国）が大衆消費社会を形成しつつあり，国際マス・ツーリズムも生成すると予想される。中国では21世紀初めに国際観光客が増加し始めている。

④ 観光の経済効果と観光立国政策

マス・ツーリズムにおける「観光客の爆発的増大」によって旅行業，交通業，宿泊業などの観光事業が急成長し，観光の経済効果が世界中に波及した。国際観光客数は，UNWTOによれば，1950年の2500万人から2005年の8億600万人へと，年平均増加率6.5％で急速に拡大した。それに伴い，2005年の世界の観光関連事業の収入は，石油産業，食料品産業，自動車産業の収入に匹敵する6800億ドルにのぼった。こうしていまや「21世紀の基幹産業は観光」と世界中で喧伝されている。

このように高い収入が見込める国際観光は，貿易の輸出と同等な外貨獲得の手段となる。つまり，観光受入国は，財やサービスを輸出せず，訪れる観光客の消費で収入を得られる。観光の経済効果は，「見えざる輸出」（invisible export）とみなされる。そこで，工業化による成長という基盤を築けない開発途上諸国は，1960年代から70年代に，観光で経済成長の離陸をはかる**観光立国**政策に着手する。この政策は，マス・ツーリズムに対応する大規模な観光開発を計画した。そうした開発は，UNESCOや世界銀行といった国際機関に支援され，また外資系観光関連企業も参入して実践された。この観光立国政策は開発途上諸国の経済成長の処方箋と期待されたが，多くは失敗に終わっている。その主たる原因は，観光の経済収入が地域や国内に循環せず，当地の外資系観光関連企業の利益となって国外に漏出した事実にある。

⑤ 観光の社会的文化的問題

観光は，観光地に経済的効果を与えると同時に，多くの弊害も惹き起こす。例えば観光地に混雑，騒音，ゴミ，犯罪，買春といった，住民の生活環境の悪化につながる諸問題を発生させる弊害は，「観光公害」と呼ばれる。観光公害を発生させる張本人は，多くの場合，観光地の事情に配慮しない，無責任な観光客である。

こうした観光公害にくわえて，マス・ツーリズムでは，高度近代化による

▷6 余暇開発センター，1985，『7ヶ国国際比較レジャー調査』余暇開発センター。

▷7 観光立国
国際観光を国家経済の基盤に位置づける国家目標。国が観光事業を基幹産業とし，外国人観光客誘致の関連環境を整備する。

「環境問題」と**近代世界システム**[8]による「南北問題」を反映する深刻な弊害が観光地に発生する。すなわち，観光地における環境の汚染・破壊の問題と豊かな観光客と貧しい観光地住民の間の支配-従属問題である。

　一方の観光地の環境問題については，マス・ツーリズムの観光開発と観光客が惹き起す。都市化をまぬがれ，豊かな自然環境が残る観光地では，マス・ツーリズムの経済効果を期待して，宿泊施設やリゾート地の大規模な観光開発がなされる。そのために森林や海岸が開発され，当地の環境が汚染・破壊される。また，自然環境や生態系を観光資源とする観光地では，そこに観光客が団体旅行で大挙して自然環境に侵入することによって自然環境が破壊される。このように，観光の経済効果だけが追求され，無計画・無秩序に実施された観光開発は，観光地に環境問題を招いたのである。

　他方で，マス・ツーリズムを通して南北問題が観光地に投射される社会文化的問題が，豊かなゲストと貧しいホストとの間に生じる。一般に観光地では，豊かなゲストが貧しいホストに対して優位な立場にたち，当該地域にゲスト-ホスト間の支配-従属的な社会関係が成立しがちとなる。こうした観光地の社会状況は，観光の「新植民地主義」と呼ばれる。その顕著な事例は，外国人観光客が独占的に利用し自身の居住地にありながら，観光地住民は入場できない「囲い込み」観光施設にみられる。また，観光地住民，特に若者が観光の**デモンストレーション効果**[9]によって豊かな観光客の消費行動や生活様式を模倣し，それを契機に地域の固有の文化の変容や崩壊が惹き起こされる現実もみられる。これらの社会文化的諸問題は，事例研究でときに激しい非難をこめて報告されてきた。

6　マス・ツーリズムのふたつの意味

　マス・ツーリズムは，世界中の観光地に及ぼす甚大な悪影響のため，1970年代には世界中で「悪い」観光と認識され，厳しく批判された。本来，マス・ツーリズムには「大量の観光客」の発生という含意があるなかで，「マス・ツーリズム」の名辞には，「大量の観光客」と「悪い観光」というふたつの概念が混在することになった。このように意味が混線する「マス・ツーリズム」の概念は，観光研究においてさえ明確に整理されていない。

　こうした「悪い」マス・ツーリズムに代わる「よい」観光の形態を新たに模索し実践する動向が，1970年代後半からみられた。ただし，「よい」観光としての「新しい観光」形態が実践されても，観光客が毎年増大し続ける状況に照らせば，「大量の観光客」の発生という意味で，「新しい観光」もまた「新しい」マス・ツーリズムとみなされよう。

（安村克己）

▷8　近代世界システム
資本主義世界経済が中心（開発国）-半周辺（開発途上国）-周辺（低開発国）の三層に世界を構造化すると主張したI.ウォーラーステインの概念。

▷9　デモンストレーション効果
J. S. デューゼンベリーの説。低所得者が高所得者の消費行動をまねる傾向。

参考文献
ブルーナー，E. M.，安村克己他訳，2007，『観光と文化——旅の文化誌』学文社。
安村克己，2001，『観光——新時代をつくる社会現象』学文社。
Turner, L. and J. Ash, 1976, *The Golden Hordes: International Tourism and the Pleasure Periphery*, St. Martin's Press.

Ⅱ 社会現象としての観光の構造と変遷

 持続可能な観光の模索と実践

1 マス・ツーリズムから新しい観光へ

マス・ツーリズム◁1は，1960年代から70年代にかけて観光地に大きな弊害をもたらしたので，世界中で「悪い」観光と批判されるようになった。そのため1970年代後半から，より「よい」新しい観光が模索されはじめる。マス・ツーリズムの弊害は，観光地外部の観光事業者が経済効果を求めて無計画・無秩序に大規模な観光開発を進めたせいだ，と反省された。そこで「新しい観光」では，住民主体の小規模で計画的・管理的な観光開発が提唱される。そうした新しい観光開発の事例は，1980年代初めから開発途上国に散見されたが，当該諸国の不安定な政治的経済的状況のために成功しなかった。

1980年代後半に**世界観光機関**（UNWTO）◁2が新しい観光形態の実践を世界中の観光地で先導しはじめる。同時期に新しい観光に関する研究も盛んになされ，その研究成果は次第に世界中で注目を集めるようになり，その成果は，新しい観光の実践を直接的・間接的に後押しした。実際に，観光研究が関与した**エコツーリズム**◁3のいくつかの成功事例が，1980年代後半に現われている。こうして「新しい観光」の動向が世界中で注目され，それは「悪い」マス・ツーリズムに代わる「よい」観光と評価された。このように，マス・ツーリズムから新しい観光への転換には，観光現象の価値評価が常にまとわりついている。

2 「新しい観光」の呼称

「新しい観光」には当初，「ソフト・ツーリズム（soft tourism）」，「適正な観光（appropriate tourism）」，「責任ある観光（responsible tourism）」，「**オールタナティヴ・ツーリズム**◁4（alternative tourism）」などといった，たくさんの呼び方があった。これらのどの言葉にも，マス・ツーリズムに代わる「よい」観光という意味合いが看取できる。その後1980年代末以降になると，「オールタナティヴ・ツーリズム」の呼称が定着した。

「オールタナティヴ・ツーリズム」は，キリスト教団体の**ECTWT**◁5が最初に用いた言葉である。ECTWT は，開発途上国のマス・ツーリズム被害を厳しく批判し，「観光の新たなあり方（tourism alternatives）」を提唱した。その後「オールタナティヴ・ツーリズム」は，1989年に開催された国際観光研究アカデミー◁6第一回会議の主題となる。この会議では「オールタナティヴ・ツーリズ

▷1 **マス・ツーリズム**
1960年代の先進諸国に出現した，大衆が観光をする社会現象。Ⅱ-3 参照。

▷2 **世界観光機関**
世界の観光振興を推進する国際機関として1975年に設立。本部はマドリード。2003年に国連の専門機関となり，1995年設立の世界貿易機関（WTO：World Trade Organization）と区別するため，"UNWTO"（United Nations World Tourism Organization）と表記される。

▷3 **エコツーリズム**
観光で自然環境を保護する持続可能な観光の一形態。Ⅲ-2 参照。

▷4 **オールタナティヴ・ツーリズム**
マス・ツーリズムに「代わる」という意味をもつ「新たな観光のあり方」。

▷5 **ECTWT**
世界教会協議会（WCC）が1982年に設立した第三世界観光超教派教会連合（Ecumenical Coalition on Third World Tourism）。本部はバンコク（タイ）。

▷6 1988年に WTO の後援で創設された観光研究者の国際的学術機関。

ム」という語の曖昧さが批判され,「新しい観光」は別の用語で表現すべきだと結論づけられた。しかしこの会議で主題となったのを契機として,皮肉なことに「オールタナティヴ・ツーリズム」の用語は世界中に普及し,観光研究でも「新しい観光」の呼称として流通するようになったのである。

③ 「持続可能な観光」の呼称

「新しい観光」は,21世紀になると「オールタナティヴ・ツーリズム」から「持続可能な観光（sustainable tourism）」へと次第に代わっていった。「持続可能な観光」という用語は,1980年代末から観光研究ですでに用いられていたが,「オールタナティヴ・ツーリズム」がより広範に適用されていた。1990年代後半になると同程度の頻度で互換的に用いられ,2000年以降「持続可能な観光」が「新しい観光」形態の呼称となっている。「持続可能な観光」は,いまや世界中で人口に膾炙する言葉となった。

「持続可能な観光」を世界中に普及させたのは,UNWTO である。その1990年代初めの報告書では,"sustainable tourism development"（持続可能な観光開発）と表記されたが,それ以後の声明などには "sustainable tourism" が使用されている。UNWTO はこの「持続可能な観光」の理念のもとに,「観光」は全世界の「人間の権利」という前提を掲げ,観光の「持続可能性」の実現を追求する。そのために UNWTO は,すべての観光関係者（stakeholder in tourism）,すなわちゲスト,ホスト,そしてブローカーの三者が,各人の役割を果たさなければならないと主張する。その理念と方策は,UNWTO が1999年に制定した「**世界観光倫理規定**（Global Codes of Ethics for Tourism）」に示されている。

④ 観光の「持続可能な開発」

「持続可能な観光」の用語は,「持続可能な開発」の概念から創出された。「持続可能な開発（sustainable development）」は,WCED（環境と開発に関する世界委員会）が1987年にその実践を提唱した概念である。「持続可能な開発」は,未来世代の欲求充足を犠牲にした従来型の開発政策から転換し,現在世代の欲求充足を「持続可能」に実現しようとする。そのために,自然・生態系の保護,南北問題の解決,生物多様性,地域文化の保全などの実践が提唱された。

持続可能な開発の提唱は,高度近代化がもたらす地球規模のふたつの問題,すなわち環境問題と南北問題への処方箋といえる。このような持続可能な開発の理念は,1992年のリオデジャネイロ「地球サミット」で世界中の賛同をえた。そのさい各国は,「持続可能な開発」の理念に基づく開発政策を実践する「環境と開発に関するリオ宣言」や行動計画「アジェンダ21」などを批准した。これは,世界中の先進国も開発途上国も,直面した共通の問題に対処する政策を

▷7 世界観光倫理規定
持続可能な観光の実践のため,観光関係者がそれぞれの観光活動で果たすべき10項目の基本原則。

▷8 Ⅰ-4 参照。

▷9 環境と開発に関する世界委員会,大来佐武郎監修,環境庁国際環境問題研究会訳,1987,『地球の未来を守るために』福武書店。

共有し，それを協働して実践するという決定に合意した画期的な歴史的出来事である。

しかしその後，持続可能な開発の理念は実践されなかった。持続可能な開発を実践するための国際会議では，環境問題と南北問題が発生した責任をめぐる開発途上国と先進国の対立や大国間の利害の衝突によってその実践目標が否決されたり，先送りされたりしてきた。持続可能な開発は，その理念が世界全体に共有されたとはいえ，いまだに実現されていない。

ところが「持続可能な観光」は，エコツーリズムやPPT (Pro-Poor Tourism) などで実践され，成果をあげている。こうした「持続可能な観光」の成果は，2002年に開催されたヨハネスブルグ「地球サミット」でも報告された。それによれば，「持続可能な開発」についての国際公約の履行が滞るなかで，「観光」において「持続可能な開発」が実践されており，「観光」は「持続可能な開発」の数少ない実践事例のひとつなのだというのである。

❺ 「オールタナティヴ・ツーリズム」と「持続可能な観光」の関係

ここであらためて，「オールタナティヴ・ツーリズム」と「持続可能な観光」の関係について，「持続可能な開発」の理念と実践の観点から考える。実は，「観光の持続可能な開発」は，「持続可能な観光」の呼称が普及する以前から実践されていた。すなわち，マス・ツーリズムの弊害に対処する新しい観光は，「オールタナティヴ・ツーリズム」として，1970年代末から持続可能な開発に着手していた。「持続可能な開発の提唱」は1987年であるから，オールタナティヴ・ツーリズムはエコツーリズムの形態を先取りしていた。

実際，「持続可能な観光」の典型的形態であるエコツーリズムやPPTは，観光地に限られるとはいえ，当該地域の「持続可能な開発」に成功している。それらは，観光地の自然や文化を保全したり再構成したりしながら，地域に循環的な経済活性化をはかり，地域の持続可能性を実現した。特にエコツーリズムは，1980年代初めからコスタリカなどの発展途上国で実践が着手され，1980年代後半にはその成果が世界中で注目されている。このように，「持続可能な観光」の一形態であるエコツーリズムは，「持続可能な開発」構想の以前から「持続可能な開発」を実践していた。

こうしてみると，「オールタナティヴ・ツーリズム」と「持続可能な観光」という用語は同一の事象を指示しており，それらの概念の区別についてはあまり意味がない。ふたつの用語はともにマス・ツーリズムに代わる「新しい観光」を表わす。すなわちふたつの用語の異同は，同一対象を指示する「呼称」の相違にすぎないのだ。新しい観光による開発政策は，その名称が「オールタナティヴ・ツーリズム」から「持続可能な観光」に変更されたが，「持続可能な開発」の理念が提言される以前から，その理念を実践していたのである。

▷10　PPT（Pro-Poor Tourism）
開発途上国の地域の貧困を観光で解決する持続可能な観光の一形態。Ⅲ-1 参照。

▷11　ただし，「持続可能な観光」の概念には「持続可能な開発」の理念が加味されるため，その概念はより広い視座から構成されている。

6 持続可能な観光と観光まちづくり

　エコツーリズムやPPTによる持続可能な観光は，マス・ツーリズムの弊害がとりわけ深刻な開発途上国で最初に実践されたが，先進国にも持続可能な観光を活用する地域再生の事例があらわれる。それは，欧米諸国で"community-based tourism development"と呼ばれ，1980年代後半から欧米諸国に散見される。日本では同様な地域再生が，「観光まちづくり」と呼ばれる。

　「観光まちづくり」は，文字通り「観光」による「まちづくり」である。この言葉が用いられたのは1990年代末頃からだが，その事例は1990年代初めから注目を集めた。1990年代は，80年代末に日本経済のバブル景気が破綻し，その後の長期にわたる深刻な不況がいよいよ実感され，閉塞感が日本を覆いはじめた時期である。その時期に観光によって活性化に成功したいくつかの地域が，口コミで次第に評判となった。やがてそれをマスコミがとりあげ，「観光まちづくり」は広く注目を集めた。観光まちづくりの主な事例としては，遠野，高柳，小布施，足助，長浜，出石，内子，由布院，竹富島などがよく知られる。

　これらのどの地域も，日本がバブル景気に浮き立つ時期でさえ，経済状況は低迷していた。そのため衰退する地域に危機感をもつ住民が，地域固有の文化や生態系を観光資源とした「観光まちづくり」に取り組んだ。ただし，このまちづくりは，地域の経済成長だけを目的とするのではなく，地域の文化や生態系の重要性を再認識し，それらを保全し活用する，内発的で持続可能な地域・観光振興である。「観光まちづくり」にも，「持続可能な観光」の理念が看取されよう。

7 社会学における「持続可能な観光」研究の意義

　「持続可能な観光」は，観光社会学という社会学の一領域にとどまらず，社会学全体の理論と実践に有意味な研究対象となりうる。というのも，「持続可能な観光」という社会現象は，21世紀の社会科学でキーワードのひとつとなる「持続可能性」が実践される可能性をもつ数少ない事例だからである。観光は，上述の通り，それ自体が「持続可能な開発」を実践する社会事象であり，さらに「観光まちづくり」のように，地域の「持続可能な開発」にも関係する社会事象なのだ。しかし社会学において，観光研究は等閑視されてきた。また観光社会学でも，「持続可能な観光」や「観光まちづくり」は，十分に研究されていない。社会学の「観光」研究と，観光社会学の「持続可能な観光」および「観光まちづくり」研究は，焦眉の急な課題といえる。社会現象としての「観光」に注目が集まることが期待される。

（安村克己）

▷12　Hall, D. and G. Richards eds., 2000, *Tourism and Sustainable Community Development*, Routledge.

▷13　安村克己, 2006, 『観光まちづくりの力学——観光と地域の社会学的研究』学文社。

参考文献
スミス, V. L.・W. R. エディントン編著, 安村克己他訳, 1996, 『新たな観光のあり方——観光の発展の将来性と可能性』青山社。

第2部 現代観光のかたち

III 新しい観光のかたち

1 新しい観光の登場

1 新しい観光が生まれたふたつの経路

　新しい観光は，**持続可能な観光**◁1と**スペシャル・インタレスト・ツーリズム**◁2というふたつの類型に整理される。これらの類型は，「新しい観光」の個別の観光形態を「発生の仕方」で分類する包括的概念である。観光形態の「発生の仕方」には，二通りの経路が考えられる。一方は，公的機関が観光関係者（ゲストとホストとブローカー）の活動に介入し，管理的・規制的に成立する，いわば「上から下へ」の発生経路による観光形態である。もう一方は，公的機関が発生時に介在せず，観光関係者の活動で自発的・任意的に生成する，いわば「下から上へ」の発生経路による観光形態である。「持続可能な観光」は「上から下へ」の経路，「スペシャル・インタレスト・ツーリズム」は「下から上への」の経路で発生すると分類される。

　それぞれの観光類型には，いくつかの具体的な観光形態が代表的事例としての整理できる。一方の「持続可能な観光」の事例としては，エコツーリズム，コミュニティ・ベースド・ツーリズムなどがあり，またもう一方の「スペシャル・インタレスト・ツーリズム」の事例としては，教育観光，巡礼観光，冒険観光，グリーン・ツーリズム，ヘルス・ツーリズムなどがある。その他に近年新たに注目される事例として，産業観光，都市観光，フィルム・ツーリズム，アニメ観光などがあげられる。ただし，これら実際の観光形態の発生経路は複雑で，ふたつの類型にぴたりと当てはまるわけではない。

2 持続可能な観光と開発途上国

　「持続可能な観光」とは，マス・ツーリズムによる観光地への悪影響を解決し，観光の持続可能な発展のために，**世界観光機関**◁3（UNWTO）が1980年代後半から主導した管理的・統制的な観光諸形態の総称である。当初は**オールタナティヴ・ツーリズム**◁4と言われたが，1990年代後半から次第に「持続可能な観光」と呼ばれた。UNWTOは，特に開発途上諸国の観光地の文化変容や自然破壊を問題視し，変容や破壊を阻止する観光形態の実践を提唱した。

　なかでも実践の成果から注目を集めたのは，エコツーリズムとPPT（Pro-Poor Tourism）である。エコツーリズムとは，近代化されずに残る開発途上国の豊かな自然・生態系を観光資源として，観光の開発と運営を管理的・統制的

▷1 **持続可能な観光**
観光地と観光の持続可能性をめざす観光形態。観光が，観光地の自然を保護し，文化を保全・再構成する。II-4 参照。

▷2 **スペシャル・インタレスト・ツーリズム**
観光客の特殊な関心や興味から動機づけられる観光形態。IV-1 参照。

▷3 **世界観光機関**
世界の観光振興を推進する国際機関として1975年に設立。本部はマドリード。2003年に国連の専門機関となり，1995年設立の世界貿易機関（WTO：World Trade Organization）と区別するため，"UNWTO"（United Nations World Tourism Organization）と表記される。

▷4 **オールタナティヴ・ツーリズム**
マス・ツーリズムに「代わる」という意味をもつ「新たな観光のあり方」。II-4 参照。

に実践するものである。またPPTとは，開発途上国の貧困問題を解消するために，地域住民が主体となり，公的機関が支援しながら，地元の文化や自然を観光資源にして，内発的な観光開発を実践する観光形態である。こうした「持続可能な観光」のどの形態にも，観光の経済効果が地域経済に循環する仕組みが組み込まれている。こうした，国際機関の援助を受けて開発途上国が統制・管理する観光開発が，「持続可能な観光」の起源といえる。

❸ スペシャル・インタレスト・ツーリズムは持続可能な観光か？

「スペシャル・インタレスト・ツーリズム」は，持続可能な観光とは対称的に特にゲストのニーズから自然発生的に現れた観光形態である。観光経験の豊かなゲストは，観光目的を自身で予め設定し，主体的に観光を楽しむ志向性をもつ。その主な観光目的は各自の興味や関心に基づくが，教育志向と体験・冒険志向に大別され，そうしたゲストのニーズから，「スペシャル・インタレスト・ツーリズム」が誕生した。この観光を楽しむゲストは，「スペシャル・インタレスト・ツーリスト」と呼ばれる。

経済的に豊かなスペシャル・インタレスト・ツーリストは一般に先進国の出身者なので，スペシャル・インタレスト・ツーリズム向けの観光地は，先進国と開発途上国の両方に開発される。例えば，ヘルス・ツーリズムやスポーツ・ツーリズムは先進国内にも観光地が多い。またグリーン・ツーリズムは，エコツーリズムと混同され，ときに持続可能な観光と分類されるが，グリーン・ツーリズムは，先進国の農業が多角経営化して生まれた商業主義志向の観光形態なので，「スペシャル・インタレスト・ツーリズム」とみなされる。

▷5 Ⅳ-2 参照。

このように，ゲストの個人的なニーズが生み出す「スペシャル・インタレスト・ツーリズム」は，マス・ツーリズムの弊害を解決する「持続可能な観光」となりうるのだろうか。調査研究の結果によれば，スペシャル・インタレスト・ツーリストは一般に，「持続可能性」に高い関心をもち，その観光行動は観光地に適応する傾向を有する。そのため「スペシャル・インタレスト・ツーリズム」には，「下から」持続可能な観光と結びつく可能性が考えられる。

▷6 Weiler, B. and C. M. Hall eds., 1992, *Special Interest Tourism*, Belhaven Press & Halsted Press, p. 4, pp. 200-201.

「持続可能な観光」と「スペシャル・インタレスト・ツーリズム」の境界は，いまや曖昧になりつつある。スペシャル・インタレスト・ツーリストは「持続可能な観光」にも参加し，両方の観光形態が似通ってきているので，「発生の仕方」による観光地の分類はもはや無用かもしれない。しかし，マス・ツーリズムの弊害の解決は，まず「上から下へ」と「持続可能な観光」から出発し，持続可能性の志向をもつ観光客が，「下から上へ」と「スペシャル・インタレスト・ツーリズム」を生み出し，その観光形態が「持続可能な観光」の特性を帯びてきた。観光関係者が主体的に推進する「下から」の「持続可能な観光」が，いよいよ実現する可能性がある。

（安村克己）

参考文献
遠藤英樹，2007，『ガイドブック的！ 観光社会学の歩き方』春風社。

Ⅲ 新しい観光のかたち

2 エコツーリズム

1 エコツーリズムとは

エコツアーは「環境に優しい旅行」だといわれ，自然を楽しむガイドつきの旅行である。特に国内観光地で「着地型観光」◁1 を推進する際に，自然を観察する「体験型観光」やオプショナルツアーとして行われている。

エコツーリズムと同じ意味で使われることも多いが，エコツアーは「エコツーリズムの考え方に基づいてつくられた旅行あるいは旅行商品」◁2 である。そしてエコツアーをつくり出す考え方や仕組みがエコツーリズムであり，最近では多様な自然環境や遺産を対象とした「環境に配慮した観光」だとされている。このようにエコツアーとエコツーリズムは区別して使いたい。

エコツーリズムは環境保全だけが目的ではなく，観光振興や地域振興とのバランスをとることが特徴であり，◁3 従来は希薄だった地域社会への配慮も重視されている。そのため観光地の社会や経済に悪影響を与えてきたマス・ツーリズムの弊害を解消すると期待されている。

2 エコツーリズムの誕生と普及

エコツーリズムの創始は1960年代である。初期のエコツアーは，ガラパゴス諸島や原生自然を誇る国立公園など，価値の高い自然に関心がある特定の人々による旅行であった。しかしその後，観光地への影響を顧みないマスツアーへの不満から，自然環境や地域社会に配慮する旅行としてエコツアーは注目されてきた。

エコツーリズムの普及は，世界的には1980年代後半，日本では1990年代からで，その背景には，環境意識の高まりと環境教育の普及，またメディアによる環境情報の流布がある。また1992年の国連環境開発会議（リオデジャネイロ「地球サミット」）など，環境意識のグローバルな高まりによって，サステイナブル・ツーリズム（持続可能な観光）としてのエコツーリズムが注目されるようになった。そして，最近では，持続可能な社会への移行が世界的課題となり，観光における持続可能性もテーマになってきた。エコツーリズムはサステイナブル・ツーリズムのモデルだと考えていいだろう。

3 多様化するエコツーリズム

エコツーリズムの普及とともに，エコツアーは特定の人々による原生自然や

▷1 着地型観光の定義は多いが，一般的には観光地側で企画・創出する観光のこと。

▷2 国際エコツーリズム協会（TIES; the International Ecotourism Society）では，エコツーリズムとは「自然環境保全地域に旅行して地域住民も豊かにできる責任ある旅行」だと定義している。

▷3 ブーによれば，エコツーリズム普及の背景には，自然保護に対する経済的支援の要望と，観光産業による観光資源としての自然環境の再評価，そして自然環境体験への観光客の志向あったとされている。Boo, E., 1990, *Ecotourism: The Potentials and Pitfalls Volume1*, World Wildlife Found Publications, p. 72.

秘境を訪ねる旅行から，一般の観光客も気軽に参加できる自然体験ツアーのひとつになった。最近は「カーボンオフセットツアー」[4]などもエコツアーに含められている。しかし，自然体験さえできればエコツアーであるとされることもある。対象となる自然を直接消費しない観光は，森林伐採などと比較すれば「環境にやさしい」行動だと思われるからだ。

エコツアーが環境に配慮した旅行であるのか，エコツーリズムが本当に観光地の環境保全や地域振興に貢献できるのかは，まだ明らかにされていない。こうしたエコツーリズムの持つイメージと実態の差は，今後解決しなければならない課題である。

4 エコツーリズムの二重性

エコツアーが，マスツアーのもたらす悪影響を緩和する反面，エコツアーは「免罪符」にもなる。貴重な自然環境や保全地域への旅行者のアクセスを促進し，かえって環境破壊を招く恐れもある。エコツーリズムが環境保全につながるという言説が定着しつつある現在，エコツアーによる自然環境へのアクセスや利用を再考しなければならない。

エコツーリズムの普及は，世界的な環境意識の高まりやそれを共有した国連環境開発会議などの動きに支えられてきた。その点ではグローバリゼーションの中で生み出されてきた観光でもある。そのため，地域の環境の維持を，エコツーリズムというグローバルな考え方に依存して進めるという「矛盾」ももっている。人と自然がどのように関係するかは，その地域社会ごとに多様であるはずだが，エコツーリズムというステレオタイプでしか自然との関係をもてないということは問題である。

5 地域にとってのエコツーリズム

エコツーリズムも，地域にある自然環境を含む地域資源を利用することに変わりはなく，オーバーユース（過剰利用）のリスクもある。無差別なエコツーリズム振興が，いままで保全されていた地域の自然を破壊することにもなりかねない。さらには，林業や農業など，いままで地域の自然を利用してきた利用者との利用や権利をめぐる対立も想定される。

しかし，地域資源に手を触れない「保護」にこだわり，観光客に利用させないという選択は，地域社会の孤立につながり，経済的にも維持できないだろう。そこで，地域関係者が地域資源の価値を評価したうえで，エコツアーを効果的に生かしながら，地域にその成果や利益を還元するエコツーリズムの可能性がある。エコツーリズムの推進とは，観光振興だけではなく，地域にとって重要な「地域資源戦略」であると考えることができる。

（敷田麻実）

▷4 カーボンオフセットとは，二酸化炭素排出量を認識し，その上で，植林や二酸化炭素排出の少ない交通手段の選択，排出権の購入などによって排出量を相殺（オフセット）したり削減したりする努力を行うことをいう。ツアーの形態はさまざまだが，近年旅行商品としての販売も行われている。カーボンオフセットツアーのような，二酸化炭素排出量を間接的に削減する旅行商品は，すでに旅行会社によって販売されている。

参考文献

敷田麻実ほか，2011，『地域資源を守っていかすエコツーリズム——人と自然の共生システム』講談社．

敷田麻実・森重昌之・高木晴光・宮本英樹，2008，『地域からのエコツーリズム——観光・交流による持続可能な地域づくり』，学芸出版社

敷田麻実，2010，「生物資源とエコツーリズム」『季刊・環境研究』157：pp. 81-90．

敷田麻実・森重昌之，2001，「観光の一形態としてのエコツーリズムとその特性」『国立民族学博物館調査報告』23：pp. 83-100．

第 2 部　現代観光のかたち

Ⅲ　新しい観光のかたち

3　コミュニティ・ベースド・ツーリズム

1　コミュニティ・ベースド・ツーリズムとは？

　国家や外部資本による大規模な観光開発が自然環境やホスト社会の生活文化に大きなインパクトを与えてきたことの反省の上にたって，地域コミュニティが主体的に観光開発・運営に関与していくべきであるという，コミュニティ・ベースド・ツーリズム（Community Based Tourism；以下，CBT）と呼ばれる観光実践が，先住民をはじめとする人々の社会で広まってきている。

　CBT とは，ホスト社会である地域コミュニティの立場を尊重し，地域コミュニティが観光の運営に積極的に関わり，観光からの経済的利益を地域コミュニティに適正に分配すべきであるという観光開発のひとつの理念である[1]。

2　コミュニティ・ベースド・ツーリズムと観光社会学

　観光研究のなかで CBT が取り上げられる際には，こうした理念が強調されるあまり，その理念をいかに実現するのかという実践的・応用的側面に主眼が置かれてきた。もちろん，こうした研究の一部は，特定の地域における実践的な活動と結びついており，観光開発の現場でそれなりの成果を残してきた。しかし他方で，CBT という観光実践をめぐって生じているミクロな社会変化やコミュニティの動態については，十分検討されてこなかったといえる。

　こうした点を踏まえると，観光社会学の視点から CBT を考える際には，CBT やその受け皿としてのコミュニティという概念を自明のものとせず，CBT をめぐってコミュニティという社会空間において生起する行為者の交渉・協働という相互行為に着目することが重要である。なぜなら，こうした作業を通じて，理念のもとに覆いかぶさってしまうであろう多様で複雑な現実を理解することが可能になるからである。

　いうまでもなく，あるコミュニティが観光事業を展開するにはある種の知識や技能が不可欠である。ここでいう知識とは，ホスト社会の文化や慣習のなかで何が潜在的に商品価値をもちうるのかということに関する知識であると同時に，自分たちの文化を観光客のまなざしに応じて改変・修正していく創造性としての知識でもある。こうした知識は，コミュニティの成員間で異なると同時に，NGO などのよそ者を媒介として習得されていくケースもあるだろう[2]。

　例えば，メキシコの先住民社会における織物産業について調査を行った

▷1　須永和博，2008，「『学習』という実践，あるいは『アイデンティティ化』の民族誌」人の移動と文化変容研究センター編『国際的な人の移動と文化変容』ハーベスト社，pp. 238-255。

▷2　▷1の文献。

J. コーエンによれば，観光事業に必要な「知識へのアクセス」がコミュニティ間あるいはコミュニティ内部でも異なり，そのことが結果として先住民社会内部に社会的・経済的不平等を生み出してきたことを明らかにしている。◁3

このようにコミュニティとは，決して静態的で一枚岩なものではない。それゆえ，CBTという現象を観光社会学的に分析する際には，コミュニティ内部における，あるいはコミュニティ間，そして外部のアクター（政府機関やNGO等）との関係を視野に入れた動態的な把握が不可欠である。

③ プロプアー・ツーリズムの窮状

CBTに隣接する概念として，プロプアー・ツーリズム（Pro-Poor Tourism）と呼ばれるものがある。プロプアー・ツーリズムとは，先住民をはじめとする貧困状況に置かれている人々に，観光を通じて貧困の改善や経済的自立を促すことをめざした観光開発のあり方である。

しかし，社会的弱者救済のために，観光を経済的自立の手段として導入する際には注意が必要である。なぜなら，観光の導入を契機として，既存の生業形態が変化し，観光という不安定な市場に従属するといういびつな構造をつくりだしてしまう危険性があるからである。例えば，エクアドルの先住民社会の観光開発について論じた千代勇一は，地域住民が観光に関わる投資を積極的に行った結果，観光というグローバルな資本主義に包摂され，それに従属していく状況が生まれていったことを指摘している。◁4

④ 多面的な観光理解へ

以上の点を考えると，次のような問いが重要であろう。先住民をはじめとする社会的弱者が，一定の自律性を確保しつつ観光に関わっていくことはいかにして可能か。

この問いを考えていくうえで，多田治のいう観光実践の「象徴的要素」という視点は興味深い。多田によれば，「象徴的要素」とは「モチベーションやアイデンティティ，名誉や誇りなどの感覚に関わるもの」であり，ローカルな人々が主役となるような観光のあり方を模索していくためには，観光の経済的側面だけでなく，象徴的側面も視野に入れることが肝要であるという。◁5

例えば，先住民社会のなかには，自分たちの文化や存在を外部にアピールするために，先住民運動の一環としてCBTを運営している人々もいる。こうした人々にとり，観光は単なる経済行為ではなく，さまざまな「象徴的要素」が埋め込まれた文化的・社会的実践でもある。◁6

先住民をはじめとする社会的弱者にとってのCBTの可能性を考える際には，観光を経済的現象としてだけでなく，「多様な意味や性格が埋め込まれた異種混淆的な活動」として捉え直す必要があるだろう。◁7

（須永和博）

▷3 Cohen, Jeffrey H., 2001, "Textile, Tourism and Community Development", *Annals of Tourism Research*, 28 (2) : pp. 378-398.

▷4 千代勇一, 2001,「エクアドル・アマゾンにおける観光開発のインパクト」石森秀三・真板昭夫編『国立民族学博物館調査報告』23 : pp. 199-210.。

▷5 多田治, 2008,『沖縄イメージを旅する――柳田國男から移住ブームまで』中公新書ラクレ。

▷6 Sunaga, Kazuhiro, 2010, "Ecotourism as an Indigenous Movement," *Encounters*, 1 : pp. 55-63.

▷7 松田素二・古川彰, 2003,「観光と環境の社会理論」古川彰・松田素二編『観光と環境の社会学』新曜社, pp. 211-239。

Ⅳ 多様化する観光

1 スペシャル・インタレスト・ツーリズム

1 スペシャル・インタレスト・ツーリズムとは

「スペシャル・インタレスト・ツーリズム (special interest tourism 以下，SIT)」の概念は多義的で，観光研究でも曖昧に用いられる。適切な語訳はなく，カタカナで表記され，SITと略されることもある。SITは，観光客の特殊な関心や興味から動機づけられる個人や集団の観光形態である。観光客の関心や興味は主に，目新しさ，真正性，クオリティ，体験，教育などに特徴づけられる。SITの典型的な事例は，教育観光，芸術観光，遺産観光，文化観光，巡礼観光，冒険観光，ヘルス・ツーリズムなどである。その他にも，農場観光やワイン・グルメ・ツアーなどの事例もある。SITの事例には多元的なレベルの目的や活動が混在して，それらを適正に分類する枠組みはないが，SITの傾向は，主に教育志向と体験志向に大別される。

2 教育志向のスペシャル・インタレスト・ツーリズム

1980年代の先進諸国に，学習や教育を観光目的とする観光形態が生まれた。その背景には，市民の間に教養や語学の自主学習や生涯学習の需要が高まり，その市場が拡大したため供給事業者が増えたという社会状況がある。観光にはもともと，修学旅行や**グランド・ツアー**にみられるような教育効果があるが，SITは観光客が主体的に学習や教育を観光目的とする。したがってSITは広義の「教育観光 (educational tourism)」とみなされる。教育観光の学習対象は観光客の関心や興味から多岐にわたるが，例えば，語学，歴史，文化，芸術，民俗，自然・生態系，動植物，景観，建築物などがある。

　教育観光の実践には，共通するふたつの特徴がみられる。一方の特徴は「教育者」や「指導者」の同行である。担当するのは学習テーマごとに招聘される専門家や大学教員が多い。もう一方の特徴は，教育観光の主催者自らがその「提供者」となることである。この場合の「提供者」は，学習テーマに応じて，旅行会社だけでなく，大学，博物館，非営利団体，一般企業，などとなる。

3 体験・冒険志向のスペシャル・インタレスト・ツーリズム

「体験観光」は，観光客が自らの関心を「実践」する観光形態である。そのなかでも「冒険観光」は，観光者が危険や困難を顧みず，その関心を実践する

▷1 **グランド・ツアー**
16世紀から19世紀末にイギリス上流階級の子弟の間で流行したヨーロッパ教育旅行。後にヨーロッパ全体の貴族子弟にも普及した。目的地はパリやローマなどのヨーロッパ大都市で，旅行期間は2年から8年に及ぶこともあった。

観光形態をいう。体験観光や冒険観光が成り立つのは，一般に都会環境の悪化や労働生活のストレスという「プッシュ要因」と，観光地の自然環境の豊かさという「プル要因」の組合せで説明される。体験志向のSITの事例には，トレッキングやスキーなどの「スポーツ・ツーリズム」，温泉やフィットネスなどの「ヘルス・ツーリズム」があり，さらに冒険志向の事例としては，登山，バンジージャンプ，ラフティングなどがあげられる。さらに，体験志向のSITには，農業や農場の労働を体験する農場観光やグリーン・ツーリズムもある。

▷2 Ⅳ-2 参照。

❹ スペシャル・インタレスト・ツーリズムの発生と観光客の特性

SITは，欧米の中流・上流階層観光客の間で，1980年代に誕生した。その社会背景には，M.ホールとB.ウィラーによれば，アウトドア志向，自然環境問題の意識，価値観・審美観の多様化，ライフスタイルの変化などがあった。またこの時期には，世界中が環境問題と南北問題という地球規模の難題を認識し，観光の領域でも，**マス・ツーリズム**に代わる**オールタナティヴ・ツーリズム**が模索され実践されはじめた。

日本でも欧米諸国と同様な社会背景から，1980年代後半にSITが現れている。この頃になると，日本人は各世代とも海外旅行経験を積み，旅程が設定されたパッケージ・ツアーを倦厭するようになって個人や少人数の主体的観光が国内観光でも国際観光でも増えはじめた。日本におけるSITは，「みる」観光から「する」観光へ，団体旅行から個人・少数旅行へ，**エデュテインメント**志向，などで特徴づけられる。

SIT観光客の特性は，2000年代から日米欧で注目を集めたロハス（LOHAS: Lifestyle Of Health And Sustainability）の特徴に重なる。ロハスは，1990年代末にアメリカで新たな消費市場の消費者類型としてつくられた。それは，健康維持や環境問題・社会問題に高い関心をもち，持続可能性を重視した消費を心がける人間像である。ロハスはSITの観光形態を選択するとみられる。

▷3 Weiler, B. and C. M. Hall eds., 1992, *Special Interest Tourism*, Belhaven Press & Halsted Press, p. 1.

▷4 マス・ツーリズム
1960年代の先進諸国に出現した，大衆が観光をする社会現象。Ⅱ-3 参照。

▷5 オールタナティヴ・ツーリズム
マス・ツーリズムに「代わる」という意味をもつ「新たな観光のあり方」。Ⅱ-4 参照。

▷6 エデュテインメント
「エデュケーション」（教育）と「エンターテインメント」（娯楽）の合成語。

❺ スペシャル・インタレスト・ツーリズムの展望

初期マス・ツーリズムの典型的な目的である4つのS（Sea, Sun, Sand and Sex）を志向する快楽主義的な観光客は減少し，1980年代以降の日米欧諸国には教育・体験志向のSIT観光客が増大したといわれる。しかし他方で，ディズニーランドやショッピング・モールなどの娯楽施設を積極的・意識的に楽しむ享楽主義的なポスト・ツーリストの増大もしばしば指摘される。現代観光では，観光客類型や観光形態が多様化し，それらを個人が随意に選択する傾向がみられるのだ。そうしたなかでSITは1980年代にその傾向が現れ，いまでは現代観光の主流形態となった。今後は，アジア諸国などの新興中進国の観光でもSITが顕著になると予想される。

（安村克己）

▷7 「スペシャル・インタレスト・ツーリスト」と呼ばれる。Ⅲ-1 参照。

▷8 Rojek, C. and J. Urry, 1997, *Touring Cultures: Transformations of Travel and Theory*, Routledge. Ⅰ-2 参照。

（参考文献）
前田勇編著，2003，『21世紀の観光——展望と課題』学文社。

Ⅳ 多様化する観光

2 グリーン・ツーリズム

1 グリーン・ツーリズムとは

　休日のある1日，友達と柿狩り。慣れないハサミを使ってもいだ果実をすぐ味わってみる。畑の向こうに森が広がりその上を見上げれば青空。今日は**農家民宿**◁1に泊まって静かな夜を味わおう——。観光・娯楽の目的地として都市が多くの人を集める一方で，グリーン・ツーリズム（アグリ・ツーリズム）と呼ばれるこうした観光も，人々を惹きつけている。

2 グリーン・ツーリズムの歴史

　グリーン・ツーリズムは戦後の西欧社会が起源とされる◁2。ドイツ・フランス・スイス・オーストリアなどで1970年代に提唱され始め，1980年代に普及をみた。安村克己は，その背景として都市居住者の脱都会志向，マス・ツーリズムの問題性の顕在化，農業・農村保護政策の展開などを挙げている◁3。日本でも，都市と農山村が交流することで農山村を活性化する手法としてグリーン・ツーリズムという言葉が使われた◁4。92年に出された農水省の報告書では，「緑豊かな農山漁村地域において，その自然，文化，人々との交流を楽しむ滞在型の余暇活動」と定義されている◁5。こうした背景には，80年代後半から全国の地方で進められ，90年初頭の経済停滞（バブル崩壊）によって頓挫したリゾート開発への反省がある。

3 各国のグリーン・ツーリズムの事例

　イギリスなどでは，農家民宿の質的な向上をめざしてさまざまな実践と施策が行われてきた◁6。複数存在した宿泊施設の評価基準の統一化が1990年代にはいって盛んに検討され，2000年代半ばには共通基準の設定が進んだ。この基準は農家民宿のような小規模宿泊施設や自炊宿泊施設なども適用されることとなった。農村ツーリズムにおいても，ホテル同様宿泊施設としての高品質・アメニティを確保することで，その魅力を高めていこうという方針が示されているといえる。韓国でも，1980年代から政府による農村観光（観光農業）の振興事業が開始された。現在，「緑色農村体験マウル」，「伝統テーマ・マウル」など関係省庁が農村開発の一環として農村観光事業を盛んに展開している（マウル（마을）＝ムラのこと）。

▷1　**農家民宿**
「農山漁村滞在型余暇活動のための基盤整備の促進に関する法律」に示された，体験活動を提供する特定の民宿。

▷2　青木辰司，2004，『グリーン・ツーリズム実践の社会学』丸善株式会社。

▷3　安村克己，2001，『社会学で読み解く観光——新時代をつくる社会現象』学文社。

▷4　1992年度（平成4年度）に農林水産省により「新農政プラン」と称する方針が打ち出されたことに端を発する。ここでは農業・農村への多面的機能への着目が謳われた。青木辰司，1998，「農の多元的価値を『引き出す』ツーリズムを目指して」日本村落研究学会編『むらの資源を研究する——フィールドからの発想』農文協，pp. 189-196。

▷5　農水省，1992，「グリーン・ツーリズム研究会中間報告」。

▷6　青木辰司，2006，『持続可能なグリーン・ツーリズム』丸善株式会社。

中国でも，1996年前後から「農家楽」と呼ばれるグリーン・ツーリズムが全国的展開を見せ始めた。宮崎猛の調査によると，現在中国で1万以上の村が農家楽を経営しているとされる。[7]

欧米ではツーリストが農村やリゾート地に長期滞在し，ゆったり過ごすということはよく耳にするが，日本では長期休暇が取りにくい労働環境のため，日帰りや短期滞在が多い。日本人の生活文化に適したグリーン・ツーリズムが模索されるため，あえて「日本型グリーン・ツーリズム」と呼ぶこともある。日本型グリーン・ツーリズムの始まりは，大分県宇佐市安心院町の「会員制農泊」である。法律上有料宿泊が難しいため，農家が「会員による農村文化体験（農泊）」という名目で滞在者を受け入れる方法を考案，やがてこの「農泊」方式が旅館業法簡易宿所の業務として認められるに至った事例である。これは安心院方式と呼ばれ，以後の日本国内でのグリーン・ツーリズムの拡大に大きなインパクトを与えた。

▷7 宮崎猛編，2006，『日本とアジアの農業・農村とグリーン・ツーリズム』昭和堂。

4 グリーン・ツーリズムと持続可能性

今日のグリーン・ツーリズムを考えるときに重要になるのが持続可能性（sustainability）だ。持続可能性とは，現在の活動が将来世代のニーズや可能性を損なうことなく持続できるかどうかを表す概念である。グリーン・ツーリズムの場合には自然環境に加えて，過疎化・高齢化などに直面することの多い農山村集落の持続可能性という視点も重要視される。[8]

しかし，観光は近代の大きな産業でもあり，そこにはマーケットの論理や資本の論理も作用する。人々の関心が高まり，グリーン・ツーリズムが有望なマーケットとして認識されれば，当然ながら既存の観光業者による「取り込み」もありえるだろう。もちろんそれがグリーン・ツーリズムの広報・集客などにとってプラスに働くことも考えられる。しかし一方で，そうした力は，農村コミュニティが主体となった持続可能性のための実践という側面と摩擦を引き起こす可能性もないとはいえない。

▷8 こうした観点からの学術雑誌も出されている。*Journal of Sustainable Tourism*, Routledge.

5 これからのグリーン・ツーリズムとグリーン・ツーリズム研究

繰り返しになるが，グリーン・ツーリズムは，現在，マス・ツーリズムへのオールタナティヴとしての意味合いをもつ。それが環境保護や農村の多元的価値の再評価といった，現代社会において共感の度を高める志向性と合致するだけに，現代ツーリズム全体の将来にとってもますます重要な位置づけとなってくるのではないだろうか。グリーン・ツーリズムは，農山村の将来について考える入口であると同時に，現代そして将来におけるツーリズムそのものに対する認識を深める入口でもあるといえるだろう。

（寺岡伸悟）

参考文献
日本村落研究学会編，2008，『グリーン・ツーリズムの新展開――農村再生戦略としての都市・農村交流の課題　年報村落社会研究』43，農文協。

第2部　現代観光のかたち

Ⅳ　多様化する観光

3　産業観光

1　産業観光とは

「産業観光」は，産業と関連する事物・事象を観光対象とする観光形態である。ここでの「産業」とは，商品の生産や販売に関わる事業全般であり，第一次から第三次産業までが含まれる。そしてそれらの施設や設備，その生産過程などを観光対象とするのが，「産業観光」である。ただしこの定義が観光研究で統一的に用いられるわけではない。日本では冒頭の定義が適用されるが，欧米諸国の"industrial tourism"は，"factory tourism"（工場観光）と同義である。この実状を踏まえ，産業観光の特徴と実態を以下にみる。

2　工場観光としての産業観光

「産業観光」は，欧米では「工場観光」や「技術観光」に限定される。それは，工場の生産工程，技術，就労過程などを見学・体験する視察ツアー（familiarization trip／fam trips）である。訪問先としては，例えば伝統工芸や最新設備の工場，鉱山，発電所，酪農場，酒造所，劇場などのさまざまな施設や設備があげられる。また企業の広報や宣伝の産業見本市としても実施される。この「工場観光」は，観光の主目的でなく，雨天時の訪問先のように，旅程の副次的目的の場合もある。それでも工場観光は，流行り廃りがなく，いつの時代にも一定の人気を保持している。その歴史は比較的新しく，20世紀後半からはじまったといわれる。その嚆矢は，フランスが1950年代に輸出振興や産業広報のために外国人に関連施設の視察を開放した事例とされる。

▷1　Ⅰ-2 参照。

こうした「工場観光」は，D.マキャーネルによれば，近代人が近代社会の舞台裏を覗き，その真正な仕組みを探る典型的な観光形態のひとつである。工場は観光客に対して，しばしば「演出された真正性」の観光空間を示すのだ。

3　遺産観光としての産業観光

近代「産業遺産」（industrial heritage）を観光対象とする観光形態も，日本では「産業観光」とみなされる。産業遺産とは，産業社会の発展に貢献したが，産業構造の転換や技術革新によって廃棄される施設や設備（建築物，構築物，機械，道具類等），あるいは関連のインフラ（工場・農場跡地，廃坑，鉄道，港湾，運河等）などの総称である。こうした近代産業の一部分を遺産とみなす「産業遺

産」の概念は、産業革命発祥地のイギリスで1980年代に提唱された。

やがて、その産業遺産を観光で保存・再利用する方策が模索され実践されはじめる。イギリスの政府や自治体は、観光や教育を目的とする産業遺産の活用を企図し、ヘリテージ・パークを創設した。これを契機に「産業遺産観光」がイギリス全土に流行しはじめ、他の欧州諸国にも広がった。それは、技術観光の場合もあるが、たいていは産業遺産の博物館化、ホテルや飲食施設への再利用、あるいは新施設やアトラクションとの組合わせなどで、学習・体験型施設となる。日本でも産業遺産観光は1990年代から定着した。ただし欧米諸国では、この観光形態は「産業観光」ではなく、「遺産観光」として分類される。

「産業遺産観光」出現の背景には、J.アーリによればポストモダニズムの文化変容がある。ポストモダニズムの一特性であるノスタルジアが、観光のまなざしを産業遺産に向けさせ、高度近代社会に産業遺産観光が流行したのである。

▷2 I-2 参照。

④ 近代産業遺産とウォーター・フロント再開発

近代産業遺産は、地域再開発の観光資源としても再利用・再構成される。その典型的な事例が、1980年代以降に話題となった「ウォーター・フロント再開発」である。かつては近代産業における輸出入の最前線として栄えたが、もはや利用度が低下し老朽化した港湾地区をいかに再開発するか。それがウォーター・フロント再開発の課題であった。この再開発の現象は世界の大都市に共通する。例えば、ニューヨークのバッテリーパーク、ロンドンのドックランズ、そして日本では神戸ハーバーランド、東京臨海副都心、横浜みなとみらい21などがその典型例である。なかでも先駆けは、ボルチモアのハーバー・プレース（ショッピング・センター）だといわれる。日本ではこのウォーター・フロント再開発による観光もまた、「産業観光」の一類型とされる。

⑤ 日本の産業観光の現状

日本では「産業観光」の理論と実践が、1990年代末に東海旅客鉄道株式会社（JR東海）初代社長の須田寛（現・相談役）によって提唱された。以来、須田は観光による交流や学習の観点から「産業観光」を構想し、その実践と普及に尽力してきた。この「産業観光」構想は、伝統産業から最新産業まで、工場観光、技術観光、産業遺産観光をすべて視野に収めている。構想は当初、中京圏を中心に実践されたが、やがて全国産業観光推進協議会の設立をへて日本全国に展開された。協議会は、産業観光フォーラムや近代産業遺産活用セミナーを開催し、産業観光の実践を振興している。また2005年には産業観光振興の国際化をテーマとする産業観光国際フォーラムが開催された。

（安村克己）

▷3 須田寛，1999，『産業観光──観光の新分野』交通新聞社。

参考文献
須田寛・徳田耕一・安村克己，2002，『新・産業観光論──近代産業遺産の活用と「交流の世紀」への歩み』すばる舎。

Ⅳ　多様化する観光

4　都市観光

1　都市観光への注目

　いま，人々が都市のさまざまな魅力を目的として，そこを訪れる都市観光が活発になっている。都市（特に大都市）のもつ諸要素——ショッピング・飲食・娯楽等の消費の中心，近代建造物，芸術鑑賞，スポーツ観戦などの施設や機能の集積，国際性，祝祭性，伝統と変化の両面性，情報・文化の発信地など——によって都市観光は成り立つ。都市には昔から名所旧跡・城郭などの歴史遺産や有名な繁華街といったものが存在し，常に人々を誘引してきた。しかし，近年着目されている狭義の「都市観光」は，先進国の大都市における旧都心（典型はウォーターフロント）の再開発とともに顕在化してきた現象を捉えた，比較的新しい概念である。これまで，都市観光を対象とした研究の多くは，それがもたらす経済的効果を達成するための地域資源の活用，インフラの整備，魅力の差別化，ネットワークの形成といった戦略について論じてきた[1]。しかし，都市観光の隆盛は，都市空間の変容と相互に連関しており，それ自体がさまざまな社会的・文化的現象を含んでいることにも注目すべきであろう。

2　都市空間の観光化の背景

　都市空間の観光対象化は，現代資本主義における産業の高度化あるいは消費社会化という大きな変化と密接に関わりあう構造的なものである。日本においても1980年代以降，旧都心のビジネス街や生産・物流基地が機能低下をきたし，従来の建築や構造物が陳腐化，不要化するなかで，それらは移転や用途変更を迫られ，商業（小売），文化，芸術，娯楽ならびに観光への機能転換が進んだ。そしてサービス機能が比重を増し，都市経済を支える要素として重要になってきた。なかでも，都市に立地して直接的な対人サービスを提供する諸産業の立地は，多くの外部人口の流入を伴い，観光スポットを形成するようになる。神戸ハーバーランド，東京のお台場や六本木ヒルズ，福岡のシーサイドももちや横浜のみなとみらい21などの大都市再開発において生み出されてきた，巨大な複合的商業空間はその具体的な姿である。

3　拡張する観光の都市空間

　消費の場としての都市機能への転換は，資本がそれらのサービスを提供する

▷1　例えば，ロー，C.,内藤嘉昭訳，1997,『アーバン・ツーリズム』近代文芸社を参照。

ために空間そのものに諸々のイメージや記号を付与して演出を施し，商品化せざるをえないことを意味する。大都市の再開発とともに，ショッピング・モール，ホテル，アミューズメント施設，国際展示場，ミュージアム，アリーナなどが建設され，その内部や周辺が装飾的なデザインや寓意的な記号で埋め尽くされていく。開発によって生まれる公園やプロムナード，そこに配されたオブジェも新奇な景観を演出する。

▷2 Ⅷ-4 参照。

さらに消費のための演出は，さまざまな姿形をとって都市に浸透する。忍者屋敷や監獄を模した居酒屋ダイニングや，昭和レトロをモチーフにした飲食店街が随所に現れる。実物大に再現された歴史的な街並みはテーマパークだけでなく，お堅いと見なされてきた公共の博物館にも拡張していく。都市はこうして空間の観光化の先端を切り開いて行く。

観光化する都市空間では，保存される歴史的な文化遺産も観光と無縁ではいられない。産業化の過程で形成されたビジネスビル，公館，工場，倉庫，ドックも観光の空間的記号として動員される。それらは，グッズ販売，レストラン，資料展示，ギャラリー，アトラクションの入れ物として格好の素材となってきた。

▷3 Ⅳ-3 参照。

現代資本主義のシステムのなかで，観光は都市を不断に更新し，新たな消費空間を生み出す原動力でもあるが，それは空間と人との関係を変化させる。めまぐるしく構築されていく観光の都市空間では，人々はその場所との歴史的な実定性のある土着的な関係を失っていく。観光化とともに場所にまつわる歴史のさまざまな「記憶」は単純化され，さらには脚色され，美化される傾向にある。

❹ 都市のイメージとまち歩き

都市空間は，消費志向の観光行動と連動して，連日のように「注目の新名所」，「お勧めスポット」，「隠れた名店」……としてメディアによって表象され，人々はそこにつくられたイメージを現実の都市空間で確認する。しかし，観光客は都市空間という舞台の上でメディアの筋書き通り演じるだけではなかろう。彼らは受動的にその場所を読み取るだけではなく，演出された空間であることを知りつつ遊んでもいる。例えば，まち歩きをテーマとする観光はすでに1990年代から流行の兆しをみせていた。特に東京・大阪の都心および周辺で，ビジネス街，商店街，市場，寺社，長屋，エスニシティなどの要素を内包しつつ発展を遂げてきたまちが，レトロブームと同調しながら観光地として注目を集めてきた——例えば，谷根千（谷中・根津・千駄木），神楽坂，築地，吉祥寺，堀江，鶴橋，空堀など。むろん，これとてもまち歩き系の雑誌やテレビ番組の用意する諸々のイメージから自由ではない。しかし，観光客はそれらを自分で切りはぎし，組み合わせて楽しんだり，ネットサーフィンをするような感覚で歩き回り，自分なりのお気に入りのまちを再構成することも不可能ではない。

（堀野正人）

第2部 現代観光のかたち

Ⅳ 多様化する観光

5 フィルム・ツーリズム

1 フィルム・ツーリズムとは

フィルム・ツーリズム（以下FT）とは、「映画やテレビドラマなどの撮影地を訪れ、映像の世界を追体験する観光◁1」である。FTが注目を浴びるようになったのは、不況と比較的安価な海外旅行の影響で国内観光地の集客に翳りが見られるようになった2000年頃からとされる。『世界の中心で愛をさけぶ』（映画・ドラマ2004）などの効果で、従来観光地ではなかったロケ地に多くの人々が訪れたことでさらに注目されることとなり、集客を見込んで、ロケの誘致や撮影協力を行う団体も各地でつくられはじめた。

こうした名称で呼ばれる以前から、FTは「ロケ地めぐり」として行われてきたし、人気の高いシリーズ映画については、自治体等によるロケ誘致も行われてきた。国内映画では『男はつらいよ』（1969-1997）がロケ地とともにしばしば語られてきた。また海外では、オードリ・ヘップバーン『ローマの休日』（1953）に登場するローマの街並み、特に「スペイン広場」「真実の口」などが観光スポットとなった。また韓国ドラマ『冬のソナタ』（2002）の舞台となったことで韓国北部の町、春川に日本の観光客が押し寄せたことも近年のFTの代表的事例である◁2。

2 フィルム・コミッション（FC）

フィルム・コミッション（以下FC）とは、映画、テレビドラマなどの撮影（通称ロケ）を誘致し、その準備・サポートを行う団体のことである◁3。日本では2001年に全国フィルム・コミッション連絡協議会（以下JFC）が設立され、2010年時点で約100の団体が加盟している◁4。2007年にJFCが行った調査によると、2006年公開映画の7割以上、全国公開作品では約9割にFCが協力しているという。

JFCは、FCの三原則として以下の点を挙げている。

・非営利公的機関である。
・当該地域での撮影に関する相談を一括して受ける。
・作品内容は問わない。

撮影のサポートは多岐にわたるため容易ではないにもかかわらず各地でFCがあいついで設立されてきた背景には、(1)映像作品を通した当該地域の情報発

▷1　中谷哲弥, 2007, 「フィルム・ツーリズムに関する一考察——『観光地イメージ』の構築と観光経験をめぐって」『奈良県立大学研究季報』18 (1・2)：pp. 41-56。研究的側面からFTに分析を加えており大変有益な論考。本稿執筆にあたり大変参考にさせていただいた。

▷2　『冬のソナタ』の事例については、遠藤英樹, 2007, 『ガイドブック的！観光社会学の歩き方』春風社を参照のこと。

▷3　このFCの定義以下、FCの活動や原則については、全国フィルム・コミッション連絡協議会のホームページに依拠している。(http://www.japanfc.org/film-com090329/index.html)。加盟しているFCの一覧を含め、FC活動についてより詳しく知りたい人は上記サイトを参照のこと。

▷4　JFC加盟団体の中には上記AFCIに加盟しているものや、アジア諸国のFC団体が加盟するAFCIに加盟しているものもある。

信，(2)撮影隊が支払う「直接的経済効果」，(3)作品（映画・ドラマ）を通じて観光客が増え，観光客が支払う「間接的経済効果」，さらに(4)映像制作を契機とした地域文化の創造や向上が期待されるからである。

しかしながら，例えば(3)の「観光客増加」への期待については，映像作品公開との関係は単純なものではない。中村哲は，NHK 大河ドラマ11作品の撮影地・主たる舞台への訪問者数の変化を，放映前・放映年・放映後（3年間）にわたって分析している。そして，訪問者の増加が放映年前後に限定される「一過型」，放映終了後も訪問者数が放映前の水準まで下がりきらずに持続する「ベースアップ型」，放映が舞台となった場所への訪問者数に大きな影響を与えない「無関係型」の3つに類型化できることを明らかにした。これはFT現象が決して単純なものではないことを物語っている。

❸ フィルム・ツーリズム研究の視野

ここまでFC，つまり撮影対象地域の受け入れ団体の視点からFTを語ってきた。しかしFT研究の視野はこれにとどまらない。まず，自立したメディアコンテンツとしての映像作品への分析視点が重要である。映画やドラマは，観光パンフレットなどと異なり，それ独自のストーリー性をもっているため，場合によってはロケ地が元々もっていたイメージをまったく異なるものに変化させてしまうこともありえる。

また，非映像メディアとの関連も見過ごせない。近年では，マンガやアニメの舞台となっている場所を探しあてめぐる「アニメ聖地巡礼」も盛んだ。これらの総称としてコンテンツ・ツーリズムという言葉も用いられる。

これらを整理すると，FT研究に際してはふたつの視野が必要であることがわかる。

まずひとつは，FTの全過程への視野である。言うまでもなく，FTは映像作品→ロケ地という過程だけでなく，例えば映像作品→ファンのブログでの感想・ロケ地情報→ロケ地訪問→ブログでの発信，というように，作品鑑賞者による感想や情報発信・解釈が常に介在する過程である。さらにFTに関する情報を提供する専門のメディアや観光セクターが出てきたことで，FTが対象とすべき過程は拡大している。

もうひとつはメディアコンテンツ自体への分析的な視野である。イメージや物語性が強いリアリティをもつとされる現代社会において，各メディア自体がもつ「文法」，他のメディアとの相乗効果，さらにそうしたコンテンツに対する人々の解釈など，FT研究の広がりと多層性がいっそう認識されなければならない。

（寺岡伸悟）

▷5 ▷3のJFCホームページより

▷6 中村哲，2003，「観光におけるマスメディアの影響」前田勇編著『21世紀の観光学──展望と課題』学文社，pp. 83-100.。

▷7 『世界の中心で愛をさけぶ』の場合には，映画化される以前に，小説としてベストセラーになっていた。

▷8 Ⅳ-7 参照。

▷9 コンテンツ・ツーリズムという観点からの近年の研究としては増淵敏之，2010，『物語を旅するひとびと──コンテンツ・ツーリズムとは何か』彩流社が詳しく参考になる。

▷10 専門誌として『LOCATION JAPAN』（株式会社地域活性プランニング発行）が知られる。

Ⅳ　多様化する観光

6　巡礼観光

1　巡礼と観光

あらゆる宗教において，聖地や宗教施設への巡礼は古来よりきわめて重要な宗教実践とされてきた。そして，観光の歴史が説明される際には，巡礼こそがその原型であるとして説明されることも珍しくはない。「巡礼観光」という表現が示す通り，両者は一体的に理解されてきた。ここではこうした観光と巡礼の関係性をめぐる議論を紹介しておきたい。

2　巡礼と観光におけるインフラの共有

巡礼は古来よりみられたものの，今日に至る拡大発展は近代以降の大量輸送できる交通機関の発達に負うところが大きい。この点は，いわゆるマス・ツーリズムの発展も同様である。近代以降の観光の発展は，鉄道をはじめとする，安くて安全な大量の輸送を可能とした19世紀以降の交通機関の発達に求められる。「旅行者は，それが巡礼者としてであれ，ツーリストとしてであれ，一般に同じインフラを共有している」のであり[◁1]，観光と巡礼は歴史的な発展の条件を共有してきたのである。

3　巡礼と観光の歴史的な連続性と転換

巡礼が観光の起源のひとつであるとして両者に歴史的な連続性を見いだす見方がある一方，巡礼がある時期に歴史的転換を遂げたものが観光であるとする見方もある。前者については，例えば橋本和也は観光と巡礼はまったく違った文化的文脈に所属するとしながらも，歴史的連続性を強調する立場からは，巡礼が「観光」の起源のひとつと考えられようと指摘する[◁2]。後者の議論は，西欧思想の系譜のなかである時点で巡礼から観光へと「転換」する契機が生じたと考えるものである。グラバーンはその契機をルネッサンスの時期に見いだし[◁3]，スミスは宗教改革からダーウィンの『種の起源』発刊の頃としている[◁4]。両者はともに，巡礼から観光への思想的な転換点を，あらゆる知識が中世的な唯一知としてのキリスト教的な神観念・信仰に収斂されていた状態から人々が脱却し，知識を信仰の外に求めるようになった時代に置いている。

4　巡礼における儀礼的構造

巡礼研究では，巡礼が果たす儀礼的役割が注目されてきた。ターナーは，

▷1　Smith, Valene L., 1992, "Introduction: the Quest in Guest," *Annals of Tourism Research*, 19 (1) : p. 2.

▷2　橋本和也, 1999, 『観光人類学の戦略——文化の売り方・売られ方』世界思想社, p. 57

▷3　グラバーン, N. H. H., 1991, 「観光活動——聖なる旅行」バレーン・L. スミス編, 三村浩史監訳『観光・リゾート開発の人類学』勁草書房, p. 39

▷4　▷3の pp. 5-13。

巡礼に「通過儀礼」的な特質を見いだした。一生の節目ごとに行われる通過儀礼では，それまでの社会的身分から離脱する「分離」，次の身分への移行期間としての「境界」，新しい身分への「再統合」というプロセスが伴う。彼は移行期間である「境界」すなわち「リミナリティ」に注目し，この状態では社会において構造化された地位や役割，常識的な価値観などは意味を失い，反構造的な世界としての「**コミュニタス**」が出現するとした。彼は巡礼にも同様の過程がみられるとして，巡礼をリミナリティ的な現象として捉えた。彼はその後，「リミノイド」という概念を用いて，リミナリティと区別し，巡礼はよりリミノイド的であるとした。リミナリティ的な現象は集合的・義務的で部族社会や初期の農業社会に見られるのに対し，リミノイド的現象はオープンで選択的であり，宗教的義務とはされず，余暇時間において個人の自発的活動として生成されるものであり，より大規模で複雑な社会に見られる。リミノイドはマス・ツーリズムが出現した近代以降の現代社会の実状に対応した概念であったためターナーによる概念は観光研究で広く援用されるようになった。

5 巡礼と観光の儀礼的側面の共通性

グラバーンは，ターナー同様に巡礼の儀礼的な側面に注目して「聖なる旅」としての観光という議論を展開し，観光にも通過儀礼のような宗教的・儀礼的機能があると説明する。すなわち，伝統的社会では日常（俗）の時間の流れは儀礼（聖）によって区切られ，俗—聖—俗というサイクルのなかで人々の社会的な時間は構成されているが，現代社会においては，観光が「聖／非日常的／観光」と「俗／就業日／在宅」というふたつの区切りの機能を果たすことで，その役割を担っているというのである。

6 巡礼と観光における経験の類似性

マキャーネルは，近代の観光者も経験の真正性を求めており，観光の裏にある動機は巡礼のそれと同様であると主張した。さらにコーエンは，観光者の経験を「レクリエーションモード」「気晴らしモード」「経験モード」「体験モード」「実存モード」の5つのモードに類型化し，マキャーネルの議論は他者の真正の生活を当人の身になって経験するような探求としての「経験モード」であると位置づけた。この類型では，より後者のモードになるほど観光者の経験は深いものとなるが，巡礼者にとっての中心は自分が信仰する世界の内部にあるのに対して，観光者にとっての中心は常に選択に基づく他者の世界にあるという相違が存在していると指摘する。今日，巡礼のスタイルは，より困難を伴うものからお手軽なものまで多様化しており，観光との結びつきや，両者の類似と相違についてあらためて議論を深める必要性があろう。

（中谷哲弥）

▷5 コミュニタス
「コミュニタス」とはターナーが儀礼の分析で用いた重要な概念である。儀礼の過程における境界状態では，既存の社会的秩序は後退し，より均質で平等な状況が生まれることを示唆した。

▷6 ターナー，V., 梶原景昭訳，1981，『象徴と社会』紀伊國屋書店，第3章。

▷7 Turner, Victor and Edith Turner, 1978, *Image and Pilgrimage in Christian Culture: Anthropological Perspectives*, Columbia University Press, p. 231.

▷8 ▷3の pp. 27-49。

▷9 MacCannell, Dean, 1973, "Staged Authenticity: Arrangements of Social Space in Tourist Settings," *American Journal of Sociology*, 79 (3) : p. 593, p. 600

▷10 Cohen, Erik, [1979] 1996, "A Phenomenology of Tourist Experiences," Apostolopoulos, Y., Leivadi S., and Yiannakis A., eds., *The Sociology of Tourism: Theoretical and Empirical Investigations*, Routledge, pp. 90-111.

IV 多様化する観光

7 アニメと観光

1 情報社会とアニメ

　近年，アニメを活用した観光振興や，アニメを動機とした旅行が盛んになっており，研究もされ始めている。以前から，旅行行動はメディアに大きな影響を受け，旅行者はメディアを媒介にして知覚を構成しているといわれてきた。例えば，人はメディアの影響を受けて，物事を見るまなざしを構成するという考え方がある。たしかにそうした側面はあるが，当然ながら観光はメディアのみによってつくられるわけではなく，メディアも取り巻く社会関係の影響も受ける。現在ではメディアが多様化しており，またこれまで受容者側とされてきた人々からの情報発信も容易になって，逆にそれがマスメディアに影響を与えたり，社会的に大きな動きにつながることも出てきている。

　このように状況が変化してきた背景として社会の情報化が挙げられる。2009年末の時点で日本におけるインターネットの利用者数は9400万人を超え，人口普及率は78％にのぼっている。インターネットに接続するための情報通信機器もさまざまな進化を遂げ，パソコンだけではなく，携帯電話，ゲーム機，スマートフォンなどが開発され，普及している。旅行の際にインターネットを情報源として利用する人々も増加している。

　こうした状況で，新たな旅行行動の特徴を捉えるためにはどのようなアプローチが必要であろうか。ここでは，アニメファンの旅行行動である「アニメ聖地巡礼」に着目したい。熱心なアニメファンは「オタク」と呼ばれ，その消費行動やコミュニケーションのあり方は現代日本における特徴を先鋭的に表しているとされている。それゆえ，アニメファンの旅行行動を扱うことで，情報社会における旅行行動の特徴が見えて来ると考えられる。

2 アニメ聖地巡礼

　アニメ聖地巡礼とは，アニメに描かれた場所を聖地とみなし，そこを訪れる行動を指す。では，以前からあるロケ地観光とは違うのだろうか。

　まず，アニメ聖地巡礼という行動は，開拓的アニメ聖地巡礼者（以下，開拓者）による舞台探訪から始まる。舞台探訪は，アニメの背景をさまざまな方法を用いて見つけ出す行為である。開拓者はそれぞれに舞台を探し出し，そこを訪ね，写真を撮影し，インターネット上にアップロードしたり，同人誌を作成

▷1　以下の文献に多数の事例が紹介されている。柿崎俊道，2005，『聖地巡礼』キルタイムコミュニケーション；ドリルプロジェクト編，2010，『聖地巡礼NAVI』飛鳥新社；サンエイムック，2011，『萌えコレ！』三栄書房。

▷2　北海道大学観光学高等研究センター文化資源マネジメント研究チーム編，2009，「メディアコンテンツとツーリズム」北海道大学観光学高等研究センター；山村高淑・岡本健編，2010，「次世代まちおこしとツーリズム」北海道大学観光学高等研究センター・鷲宮町商工会などを参照。

▷3　遠藤英樹，2010，「メディアテクストとしての観光」神田孝治編『観光の空間』pp. 166-175。

▷4　総務省，2010，『平成22年版情報通信白書』p. 160。

▷5　社団法人日本観光協会，2009，『平成20年度版観光の実態と志向』p. 9；財団法人日本交通公社，2010，「旅行者動向 別冊」p. 129。

▷6　東浩紀，2001，『動物化するポストモダン』講談社現代新書。

▷7　大河ドラマ観光とアニメ聖地巡礼の比較および聖地巡礼者の分類については，岡本健，2010，「コンテンツ・インダースト・ツーリズム——コンテンツから考える情報社会の旅行行動」『コンテンツ文化史研究』3：pp. 48-68に詳しい。

して頒布したりする。なかには、それらの情報をアーカイブ化する開拓者もいる。次に、開拓者が発信した情報を見て旅行に出かける聖地巡礼者がいる。これを追随型聖地巡礼者と呼ぼう。さらに、聖地巡礼の様子がテレビや新聞などのマスメディアに取り上げられ、それを見て聖地巡礼を行う二次的聖地巡礼者が出て来る。

こうした聖地巡礼のメカニズムを整理すると図Ⅳ-7-1のようになる。まず、アニメを視聴し、聖地に関する情報を得て、聖地巡礼を行う。聖地巡礼中は、現地の人々に出会ったり、ファン同士の交流がなされたりする。巡礼者の中には、**痛車**[8]に乗ってくる者や**コスプレ**[9]をする者、聖地に**痛絵馬**[10]やアニメグッズを残していく者、聖地に置かれた聖地巡礼ノートに書き込んでいく者がいる[11]。これらの行動に対して、地域住民や他の聖地巡礼者とのさまざまな相互作用が行われる。こうした現実空間での出来事が、巡礼中および巡礼後に、「巡礼記」としてインターネット上にアップされる。また、同人誌でガイドブックをつくる巡礼者もいる。こうした多様な情報が聖地に関する情報として情報空間上に蓄積されていく。つまり、旅行者が、旅行をしながら相互作用を行い、情報を収集・編集・発信することで観光情報の量が増え、リピーターや新規巡礼者の旅行のきっかけをつくるのである。インターネットの普及により、情報空間への情報の蓄積および参照が広く可能になったため、個人の情報発信の集積によってボトムアップ的に観光情報が構築されているといえよう。

3 今後の研究課題

ここでは、アニメを動機とした観光の中でも特に聖地巡礼に注目し、個人の情報の集積によって旅行が再生産されるメカニズムを明らかにした。ただし、アニメも観光も、さまざまな社会状況と関わる現象である。アニメと観光について研究を進めるには、地域住民やアニメ産業、観光産業の立場にたった議論も重要である。また、作品の内容に踏み込んだ議論も必要となってくるかもしれない。加えて、アニメは海外でも受容されている現状があり、外国人観光客誘致や異文化交流を考えるうえでも重要なコンテンツとなり得る。さらに、研究成果を社会に還元していくには、アニメやゲームなどを含めたコンテンツ全般に関わる観光研究の枠組みや分析の方法論が必要となる[12]。アニメと観光の研究はきわめて幅広い分野だが、研究はまだ緒に就いたばかりである。今後、数多くの学生や研究者が丁寧に調査をし、知見を積み重ね、理論を構築し、有用な成果を挙げることが期待される。

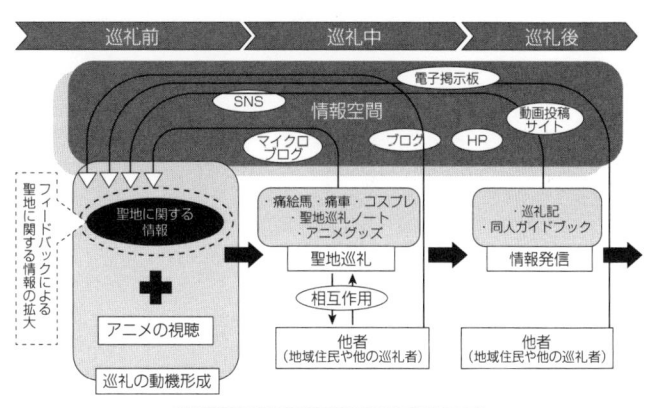

(岡本　健)

図Ⅳ-7-1　聖地巡礼のメカニズム

▷8　痛車
車体にアニメやゲームのキャラクターやロゴが描かれた自動車。

▷9　コスプレ
アニメやゲームのキャラクターに扮すること。

▷10　痛絵馬
アニメやゲームに関連する絵やセリフなどが書かれた絵馬。

▷11　こうした聖地巡礼の際に見られる行動については、以下の文献に詳しい。岡本健、2010、「現代日本における若者の旅文化に関する研究――アニメ聖地巡礼を事例として」『旅の文化研究所　研究報告』19：pp. 1-19.。

▷12　コンテンツ・ツーリズムの理論的枠組みを構築しようとする試みとして、岡本健、2010、「コンテンツと旅行行動の関係性――コンテンツ＝ツーリズム研究枠組みの構築に向けて」『観光・余暇関係諸学会共同大会学術論文集』2：pp. 1-8がある。

第3部 観光社会学の体系

V　観光社会学の視座

1 観光経験

1 観光経験のタイプ

　私たちは観光によってさまざまなものを見たり，聞いたり，体感したりしている。観光客が旅先で見たり，聞いたり，体感したりするものを「観光経験」という。イスラエルの社会学者エリク・コーエンは，こうした観光経験を「気晴らしモード」「レクリエーション・モード」「経験モード」「体験モード」「実存モード」の5つのタイプに分類している。[1]「気晴らしモード」と「レクリエーション・モード」は観光客自身の生き方や価値観の根幹にふれる部分，すなわち「中心（center）」から遠い観光経験として位置づけられており，「経験モード」「体験モード」「実存モード」は観光客自身の生き方や価値観の「中心（center）」に近い観光経験として位置づけられている。

　「気晴らしモード」とはただ日常の退屈さからのがれようとする観光経験のことを意味しており，旅行は単なる気晴らし，うさ晴らしだとされる。同様に「レクリエーション・モード」も，娯楽的な色彩の強い観光経験であるが，この経験のもとで人々は心身の疲労を癒し元気を取り戻す。そのため，この経験は単なるうさ晴らし以上の「再生（re-create）」の意味合いももっているのだとされる。

　次に「経験モード」とは，自分たちが訪問した場所で生きる人々の生活様式や価値観にあこがれ，それこそが本当に人間らしい生き方だと考えるに至る観光経験のことをいう。さらに「体験モード」における観光客は，他者の生活にあこがれるだけでなく，実際そこに参加し体験しようとするものである。最後に「実存モード」は，単なる「体験」にとどまらず自分たちの生活様式や価値観といったものを捨て去り，旅で知った人々の生活様式や価値観を永遠に自分のものにしようとする経験のことである。例えばバリに観光に行き，その文化や価値観を素晴らしいと考え，バリに暮らし続けようとする場合，「実存モード」の観光経験が濃厚であると言える。

　こうして「気晴らしモード」から，「レクリエーション・モード」「経験モード」「体験モード」を経て，「実存モード」へと移行するにつれて，観光経験はメディアによって仕組まれた人工的で擬似的なものから，観光地で暮らす人々の本物の暮らしや真正な文化にひたるものへと変わっていくとされる。[2]

▷1　コーエン，E., 遠藤英樹訳，1998,「観光経験の現象学」『奈良県立商科大学研究季報』9 (1)：pp. 39-58. XI-4 参照。

▷2　V-4 V-6 参照。

❷ 「語り」によって"構築"される観光経験

　以上のようにタイプ分けされる観光経験は，実は，最初から"存在"するものではなく，「語り」を通して"構築"されるものである。人は自分自身や誰か他の人に向けて話したり日記に書いたりしながら「語り」を通じて旅行中の出来事を意味づけ，それらを「経験」として構造化していく。

　例えばハワイへ海外旅行したとしよう。私たちは，ワイキキの浜辺を歩き，ダイヤモンド・ヘッドを見て，たくさんの買い物をし，アイスクリームを食べたりする。そうした出来事を，帰って写真を見せながら人に話したり，日記に書いたりするのではないか。ハワイでの観光経験が「気晴らしモード」や「レクリエーション・モード」の濃厚なものだとするならば，それは，旅行中に出くわした出来事を「気晴らしモード」や「レクリエーション・モード」に位置づけられるものとして，「語り」を通じて意味づけ構造化したからなのである。出来事（あるいはそれに関する思い）が何らかの意味を帯びたものとして構造化されてはじめて，私たちは経験を獲得できる。観光経験は，旅行しているときからずっと"存在"しているものではない。むしろ「語り」を通して"構築"されるもの，紡がれるものなのだ。

　バックパッカーと呼ばれる観光客たちの経験もまた，「語り」を通じて"構築"されている。バックパッカーとは，旅行会社が旅の行程や宿泊先を用意するパック旅行とは異なり，自分自身で旅の行き先やルートを決め，そのために必要な手続きや準備を行う観光客のことを言う。彼らの多くが「バックパック」というリュックサック型のかばんを背中に背負っているところから，その名で呼ばれるようになった。バックパッカーたちは格安航空券を利用し，アジアなどの海外におもむき貧乏旅行を楽しむ。彼らの観光経験は「経験モード」「体験モード」「実存モード」が濃厚なものだが，それは，出くわした出来事を旅行記などにしたため，「経験モード」「体験モード」「実存モード」に位置づけられるものとして意味づけ構造化しているからなのだ。

　このように考えてくるならば，「観光客とはいったい誰のことか」をいま一度，問いかけなくてはならないだろう。観光経験をしない観光客はいない。そして，その観光経験は「語り」を通して"構築"される。とするならば，観光客とは，観光の「語り」の中で形成されてくる自己像（セルフ・イメージ）にほかならないのではないか。そうだとすれば，観光客という存在は，イメージの領域に属していることになろう。ここには，観光客とは「観光する人」のことだという，観光客に関するナイーブ（素朴）な定義をこえた問題が含まれている。私たちは観光経験の考察を通して，より複雑な議論の展開が必要な観光社会学の問題群へと分け入らねばならなくなっているのである。

（遠藤英樹）

▷3　「語り」と結びつけながらバックパッカーたちの観光経験を考察した研究として，以下のものがある。Elsrud, T., 2001, "Risk Creation in Traveling: Backpacker Adventure Narration," *Annals of Tourism Research*, 23 (3) : pp. 597-617.

▷4　以下の文献も参照のこと。新井克弥, 2001,「メディア消費化する観光旅行——バックパッキングという日常」嶋根克己・藤村正之『非日常を生み出す文化装置』北樹出版，pp. 111-137；山口誠, 2010,『ニッポンの海外旅行——若者と観光メディアの50年史』ちくま新書。

▷5　沢木耕太郎の『深夜特急』（新潮文庫全6巻）をはじめとして，バックパッカーたちにとって，観光経験を「語る」ことは自分たちの中で重要な位置を占めているように思われる。

V　観光社会学の視座

2　感情労働

1　「心」を売り物にする社会

　ハンバーガーショップにおいてスマイルが0円で提供されるとき，そのコストを支払っているのは誰なのだろうか。そこでは，「営業スマイル」ではなく「ほんとうの」笑顔が求められるとすれば，ハンバーガーの他に何が売られていることになるだろう。

　アメリカの社会学者A. R. ホックシールドの著書『管理される心』[1]は社会学や心理学の領域に大きな波紋を投げかけた。従来，「心」や「感情」は神聖なものとして，社会システムの外部に位置づけられてきた。感情は，自然発生的で操作も管理もできないものと考えられてきたのだ。しかし，ホックシールドは，C. W. ミルズやE. ゴフマンの議論を援用しながら，感情が社会的産物であることを明らかにし，感情社会学という新しい扉を開いた。

　ホックシールドによれば，私たちは日々，感情を抑えて規範的なふるまいをしたり（表層演技），時には感情そのものを変更することでその場に適応したり（深層演技）することで，心を「管理」している。愛想笑いや嘘泣きは私たちの習慣であり，コミュニケーションを円滑に進める手段でもある。

　重要なのは，現代社会においては，このように適切に管理された感情が「商品」になっている点である。従業員の「まごころ」は，顧客満足度を上げ企業収益を高めるための経済資源なのだ。

2　客室乗務員の感情労働

　ホックシールドは，感情を資源にして行われる労働を「感情労働」と呼び，その典型として客室乗務員を挙げる。機内で微笑みを絶やさず，乗客からのどんな理不尽な要求にも適切に対応するよう，彼女たち（客室乗務員の多くは女性である）は訓練されている。客室乗務員は女性の憧れの職業であり，彼女たちの上品で機敏なふるまいは，あらゆる接客サービスにおける最高の模範とされている。

　しかし，客室乗務員には感情労働がもたらす独特の緊張感がつきまとうとホックシールドはいう。他人同然の乗客に対し，空の上ではまるで家族のような親密さで対応しなければならない。プロフェッショナルな笑顔を身につけるにつれて，こんどは自宅に戻っても客室乗務員らしさをやめることができなくなる。一般の労働者が勤務を終えると業務から解放されるのとは対照的に，彼

▷1　ホックシールド，A. R., 石川准・室伏亜希訳, 2000,『管理される心——感情が商品になるとき』世界思想社。

女たちは24時間365日，客室乗務員であり続けるのだ。

　自分の仕事を愛しているように見えることが仕事の一部となり，客室乗務員は，経済の論理から最も遠いところに温存されていると思われた「私的な感情」を，自身の最大の経済資源とするよう訓練されていく。

❸ 観光の現場と感情労働

　客室乗務員のみならず，新幹線のパーサーやバスガイド，旅館の女将，ホテルの客室担当係，ツアーコンダクターなど，観光サービス産業の従事者の多くが感情労働を行っている。心をこめた接客が顧客満足度を高め，社内における従業員評価にもつながるのだ。

　サービス産業において，近年，サービスとホスピタリティの区別が重視されつつある。サービスとはマニュアル化された接客を指す。有償であることが多く，顧客は代金を支払えば受けとることができる。それに対してホスピタリティとは「心のこもったおもてなし」とされ，顧客ひとりひとりの細かなニーズにあわせて，従業員が親身になって行う無償の応対である。ここでは，顧客の満足や感動をつくりだすことが従業員の最高のやりがいであり，その模範的な例をディズニーランドに見出すことができる。

▷2　IX-11 参照。

　ホスピタリティが「おもてなし」といいかえられることで，日本文化の特質とみなされる点にも注意が必要である。接客という業務上の行為が，「日本人らしさ」として本質化されるのだ。

❹ 感情労働の全域化

　感情労働が飛行機やテーマパークの外でも行われていることは，さらに重要である。観光地においては，すでに失われた伝統芸能や食文化，方言が，観光用に演出される。演出されるのは，目に見える文化だけではない。沖縄の「おばあ」やハワイの「先住民」に牧歌的イメージが期待され，スペイン人やイタリア人に「陽気」で「情熱的」というレッテルが貼られるとき，現地の人々は，期待（と経済的要請）に応えるため，ある種の感情操作を行う。

　日本政府による観光立国宣言や地域における観光化の進展は，感情労働の全域化という側面をもつ。特定の観光施設ではなく，風景や雰囲気といった全体的なものが観光資源となり，まちぐるみで地域の魅力を高めようとするとき，観光産業従事者のみならず，地域住民全員が観光の現場に立つことになる。「私たちは誰でも部分的に客室乗務員なのである」というホックシールドの言葉は，ここにきてさらなる説得力をもつ。

　感情労働の最大の問題は，ふるまいにおける経済的側面が，「やりがい」や「誇り」といった精神的な側面によって，見えづらくなることだ。それは，経済の論理が貫徹する瞬間でもある。

（高岡文章）

V 観光社会学の視座

3 文化資本

① 観光の民主化

　飛行機にはファーストクラスやエコノミークラス，新幹線にはグリーン車や普通車といった階層区分が存在している。にもかかわらず，これらの交通機関が旅行の民主化に果たした役割は大きい。なぜなら，ファーストクラスであろうとエコノミークラスであろうと，飛行機は同じ動力によって，同じ速度で同じ経路を移動し，乗客を等しく運搬するのだから。19世紀ドイツのとある王様が鉄道旅行について「靴屋や洋服屋がみんな，余と同じスピードで旅行できるなどいやなことだ」と嘆いてみても，もはや手遅れだった。鉄道は，移動を民主化し，旅を大衆化した。

　近代以前において，旅は特権的なものであった。徒歩や馬車での移動は危険を伴い，また多くの費用と時間を要した。旅先の文化や宿泊施設に関する情報が未整備ななかで旅をすることは，知識や教養を備えた上流階級の人々に限られていた。

　近代観光の発展は，観光の大衆化の歩みとして特徴づけることができる。19世紀，鉄道や汽船による移動が一般化し，旅は安価で安全なものになった。ガイドブックやポスターは旅先のイメージを喧伝し，ホテルチェーンのグローバルな展開や旅行会社の急速な発展によって，旅行は誰でも購入できる商品となった。観光の大衆化である。支配階級の空間であった城や宮殿が，観光施設として大衆に広く公開された。こうして旅は，知識や財力を備えた一部の人々の独占物ではなくなり，民主化された。

② ブルデューの「文化資本」論

　しかし，観光が大衆化されたことであらゆる階層間の差異が消失したわけではない。社会階層間の格差は，「観光をするか／しないか」ではなく，「どのような観光をするか」をめぐる差異として現れるようになる。社会の多くの場面においてそうであるように，観光という行為／現象にはさまざまな格差や不均等が潜んでいる。

　P.ブルデューは，現代社会における階層の問題を最も体系的に研究した社会学者のひとりである。彼によれば，人々の趣味や文化消費のありかたは，決して生得的／個人的ではなく，教育環境や家庭環境といった後天的／社会的な

▷1　レシュブルク，W.，林龍代・林健生訳，1999，『旅行の進化論』青弓社。

条件に左右される。ブルデューは，従来の社会科学が経済資本の再生産にのみ注意を傾けてきたことを鋭く批判する。そして，社会階層の区分をつくりだしているのは，経済的あるいは政治的のみならず，象徴的／文化的なものでもある点に着目し，経済資本，社会関係資本（人間関係・人脈）とならんで文化資本という概念を提起した。

▷2 ブルデュー，P., 石井洋二郎訳, 1990, 『ディスタンクシオンⅠ・Ⅱ──社会的判断力批判』藤原書店。

文化資本は身体化された文化資本（知識・教養・趣味・感性），客体化された文化資本（書物・絵画），制度化された文化資本（学歴・資格）の3つに区分される。これらの文化資本を所有しているかどうかは，その人が属する階層や集団によって規定されると同時に，特定の文化資本を所有していること自体が，その人に特定の集団への帰属感を抱かせるのだ。文化資本は，経済資本や社会関係資本がそうであるように，階層に密接に関連し，階層内で世代的に継承され，再生産されていく。

3 旅する資格

観光のスタイル（どのような旅をするか）は，決して「個人的な趣味」の問題ではない。それは，「身体化された文化資本」であり，観光者が自身の属する集団から受け継ぐ「遺産」なのだ。J. アーリは主著『観光のまなざし』のなかで，ブルデューの議論を援用し，専門職・管理部門特別職の観光者たちは，一般大衆が大挙して訪れそうな古典的な観光地を避け，秘境や穴場をめざす傾向があると指摘している。彼らを特徴づけているのは，大衆の一部とみなされることを避け，「自然」や「田舎」や「文化遺産」を好み，「本物」を志向する傾向である。

▷3 アーリ，J., 加太宏邦訳, 1995, 『観光のまなざし──現代社会におけるレジャーと旅行』法政大学出版局。

19世紀以来の大衆観光への反省／批判を踏まえ，1990年代から，オールタナティヴ・ツーリズムが提唱されてきた。この新しい観光形態の特徴は，滞在先の自然環境や文化に対する敬意と知識を前提としている点にある。観光者には，観光によって地域の資源を消耗させることのないよう，責任ある態度が求められる。ここでは，新しい時代の観光について理解し尊重する「特権的」な観光者が要請されているのだ。

▷4 Ⅲ-1 参照。

アーリが指摘した「趣味のよい」観光者や，近年のオールタナティヴ・ツーリストたちは，大衆観光から批判的距離をとるという点において，団体旅行客に対して非難の声をあげた19世紀のエリート知識人に接近する。昨今の「新しい」観光が要請する「よき旅人」には，旅行代金の支払いや（海外旅行であれば）パスポートの所持といった基本的条件に加えて，「旅する資格」のようなものが求められている。自然を愛でる心，地域の暮らしへの関心，歴史や文化に対する造詣，流行に対する敏感な感受性など……。

問題は，このような文化資本が，どのような選別や線引きを前提にし，またそれらをいかにして再生産していくのかという点にある。

（高岡文章）

Ⅴ　観光社会学の視座

4　擬似イベント

1　擬似イベントと現代社会

「まるで写真の通りのマッターホルンだ！」。観光先で同じようなフレーズを思わずつぶやいたことはないだろうか。写真を参照して実物を確認するというのは，ある意味で転倒した感覚である。私たちは観光の目的地に着く前に，多くのメディアを通して，すでに見るべきもののイメージを脳裏に焼き付けてしまっている。D.ブーアスティンは，こうした事態を著書『幻影の時代』の中で「擬似イベント（pseudo-event）」として説明した。擬似イベントとは，雑誌，テレビ，映画，広告といったメディアで描かれたイメージの方が，実際の出来事よりも現実感（リアリティ）をもつという現象である。現代社会ではメディアは報道されることを前提に，現実よりも本物らしくわかりやすい，インパクトのある新しい出来事を生み出している。大統領のインタビューや有名人の評判もメディアによってつくられる。複製技術の発達によって擬似イベントは急速に増大し，人々のイメージを支配するようになった。

ブーアスティンは，観光を擬似イベントの典型として捉えている。観光客は観光地の本当の姿や文化よりも，観光パンフレットや情報誌，映画，テレビなどのメディアによるイメージの方に惹かれるようになっており，そうしたイメージを確認するために現実の観光地へ出かけるのだという。

2　トラベルからツアーへ

ブーアスティンは，『幻影の時代』第3章で，旅行者から観光客への転換を鋭く描き出し，擬似イベントとしての観光がどのようにして成り立っているのかを述べている。そこでは，旅行を構成していた要素が失われ，便利で効率的で安全な観光のための仕組みができあがったことを次のように指摘する。

18世紀までの産業化される以前の観光は，直接的な現実体験としての「トラベル」＝旅行であった。困難を乗り越えた先に，絵画・彫刻・建築や優れた人物との出会いが待っており，人々はそこに驚きと喜びを発見した。しかし，近代の観光は，「あらかじめ作り上げられた」ものになってしまった。

それは快適さを提供する人工的な諸々のサービス商品によって構成されている。鉄道と汽船が旅行を快適なものとしたが，目的地までの途中の経験はかき消されてしまった。ホテルは，自分の国にあるホテルと同じようなものである

▷1　Ⅺ-1 参照。

ため滞在客は異国にいるのではないという安心した気分になれる。ガイドブックは観光客がいつ，何を期待したらいいのかや現地での服装やふるまいを親切に教えてくれる。それは，いわば観光客が見物する芝居の最新の脚本である。観光客は，旅行会社で交通手段・食事・宿泊・娯楽を予約でき，値段交渉で煩わされることはない。さらに，旅につきものの危険は保険の対象とされる。もはや観光旅行は，「擬似イベント」体験としての「ツアー」にすぎなくなった。

❸ 偽物を求めるツーリスト

観光客は旅先でいったい何を求めるのだろうか。ブーアスティンはこの点でも批判的である。擬似イベントである観光では，観光客は一包みの商品となったツアーを旅行代理店から買い，現地の文化をアトラクション（面白い催し物）として体験する。自然発生的な本当の儀式や祭りは思いのままにはならないし，売り買いもできない。代理店が保証できるのは，観光客用に作られたアトラクションだけである。観光客の要望に合わせて決まった時間にくり返されるためには，それは複製された人工の産物でなければならない。そこで，こうした期待を満足させるために，土地の人々は愛想よく彼ら自身の「物真似」をしてみせる。一番よい季節の一番つごうのよい時間にアトラクションを提供するために，彼らは最も神聖な儀式・祭日・祝典さえ戯画化してしまう。観光客は，正真正銘の異国の文化を求めるのではなく，メディアのイメージに依拠して提示されるアトラクションを体験して満足するのである。

❹ 擬似イベント論への批判

ブーアスティンは，観光客は本物を求めない受動的な存在だと批判し，**グランド・ツアー**◁2に代表されるような18世紀までの旅行こそ評価すべき本来の姿として捉える。しかし，これらの主張は後に批判を浴びる。マキャーネルは，現代の観光客も本物を捜し求めているのだと反論を展開し，◁3かつての旅行を賛美する姿勢はエリート主義だとして退けた。また，ブーアスティンの議論の背後には，擬似イベントと対比される「現実」が実在し，観光には「本質」があるという理解がある。だが，そもそも「現実」と「虚構」とが明確に区別できない擬似環境を前提に成り立っている現代社会の生活のなかでは，こうした考え方は説得力をもたない。例えば，ディズニーランドのようなアトラクションを，つくりものと十分知りながら楽しんでいる観光客の存在を説明することは難しい。

しかしながら，観光がメディアのイメージに構造的に依拠した虚構性を帯びた現象であり，そこで観光客が経験する「現実」とはいったい何であるのかを問うことは現在でも重要な研究課題であろう。その意味で，ブーアスティンが1960年代初頭に展開した「擬似イベント」の議論は，観光研究の起点となっているのであり，その先見性は高く評価されてよい。

（堀野正人）

▷2　グランド・ツアー
イギリス貴族の子息たちが教養を身につけるために行った欧州大陸の周遊旅行。

▷3　V-6 参照。

参考文献
ブーアスティン，D. J.，星野郁美・後藤和彦訳，1964，『幻影の時代——マスコミが製造する事実』東京創元社。

V 観光社会学の視座

5 観光客のまなざし

1 ジョン・アーリの「観光客のまなざし」への注目

「観光客のまなざし」は、ジョン・アーリ(John Urry)が1990年に著した書籍 The Tourist Gaze: Leisure and Travel in Contemporary Societies, Sage Publications Ltd. において議論した概念である。

アーリは「まなざし」に関する説明で、ミシェル・フーコーが『臨床医学の誕生』において議論した医学的まなざしに注目している。視覚は、過去数世紀にわたって、西洋の社会思想や文化において中心的な役割を担ってきたものであり、感覚のうちで最も地位が高く、近代的認識論の土台をなすものとみなされてきた。フーコーはこの視覚に注目し、臨床医学において、病をその真相を明らかにする可視的な徴候によって分類するという医学的まなざしが成立することにより、医師が観察し、識別し、認識し、比較し、治療することができるようになったことを明らかにした。アーリは、かかるフーコーの議論をもとに、「まなざし」に注目することによる観光現象の考察を試みたのである。

観光という体験の一部には、日常から離れた異なる景色、風景、街並みなどに対して、まなざしを投げかけることが含まれている。このような観光客のまなざしは、社会的に組織化されているもので、その点において医学的なまなざしと同じであるとアーリは指摘する。また彼は、観光客のまなざしには、それを構成し発展させることを後押しする多くの職業専門家がいることも、医学的なまなざしと類似していると論じている。

こうした認識をもとにしてアーリは、多様な歴史上の異なった社会集団における観光客のまなざしの発展と歴史的変遷を検討することで、観光現象の考察を行うことをめざしたのである。

2 観光客のまなざしを研究する意義

観光客のまなざしは、社会によっても社会集団によっても多様なものであるが、どんな時代のまなざしもその反対概念である非観光的形態との関係性から構成されるという特徴をもっている、とアーリは指摘する。そしてここから彼は、逸脱論を引き合いに出し、観光客のまなざしに関する研究の重要性について論じている。逸脱論は、異常で特異な社会的行為の研究を行うものであり、その研究の暗黙の目的は、なぜ種々の行為が逸脱として扱われるかを検討する

▷1 XI-5 参照。

▷2 アーリ, J., 加太宏邦訳, 1995, 『観光のまなざし——現代社会におけるレジャーと旅行』法政大学出版局。

▷3 The Tourist Gaze は、邦訳書のタイトルに従い「観光のまなざし」と訳されることが多い。しかしながら、「観光客のまなざし」と訳した方が、まなざす主体が観光客であることが明示されるので誤解がないであろう。邦訳書においても、文中では「ツーリストのまなざし」や「観光客のまなざし」と訳されている箇所がある。

▷4 フーコー, M., 神谷美恵子訳, 1988, 『臨床医学の誕生』みすず書房。

▷5 アーリ, J., 吉原直樹監訳, 2006, 『社会を越える社会学——移動・環境・シチズンシップ』法政大学出版局。アーリはこの書籍において、視覚やフーコーのまなざしに関する議論について詳述している。

ことによって,「正常な」社会がどのようにして機能しているのかを照らし出すことである。そこでアーリは,観光を日常生活からの逸脱行為と位置づけ,観光客のまなざしの形成について考察することは,非観光的形態によって構成される「正常な社会」でなにが生起しているのかを理解するために優れた方法であると,その意義を強調するのである。

❸ 観光客のまなざしの特徴

観光客のまなざしは,その反対概念である非観光的形態との関係性で構成されると先に記した。こうした特徴について,アーリは他にもいくつかの観点から説明を行っている。それらをまとめると,観光客のまなざしの対象とされるのは,日常との対称性を有する非日常のものであり,通常は労働と明確に対比されるものであって,強烈な楽しみが期待されるものである。そして,このような観光客のまなざしの対象は,アーリによれば3つの二項対立に分類される。孤独が重視されるロマン主義的まなざしの対象か,集合的まなざしの対象か。歴史的か現代的か。そして,対象が本物かまがい物か,である。

またアーリは,観光客のまなざしが記号を通して構築されるという点も強調している。映画やテレビといったメディアが生産する記号が,観光客のまなざしをつくり,強化しているのである。

❹ アーリによる観光客のまなざしの分析とその関心

観光客のまなざしに関するアーリの書籍は,理論的な検討がなされた第1章に続き,「大衆観光と海浜リゾート地の盛衰」,「変わりゆく観光産業の経済学」,「観光客のまなざしのもとで働く」,「文化変容と観光のリストラ」,「歴史へまなざしを向ける」,「観光,文化,社会的不均等」と題した章で構成されている。これらのタイトルからも伺われるように,アーリは観光客のまなざしの形成や歴史的変容に注目しながら,それに関係する行為,産業,権力,科学技術などの多様な領域を縫い合わせるなかで,さまざまな観点から観光現象について分析を加えているのである。

2001年に刊行された同著の第2版においては,「観光客のまなざしをグローバル化する」という章を加え,グローバル化による空間の変容とそこにおける移動の問題に注目し,それによる観光客のまなざしの再編について指摘している。アーリは近年,空間に焦点をあてた論考を多数発表し,なかでも移動の問題に関心を示している。観光は,まなざしが重要であると同時に空間的な移動の現象でもある。そのため観光客のまなざしは,移動に関する近年の議論とも関係づけて捉え直されるようになっているのであり,またそれゆえにアーリの主要な関心のひとつであり続けているのである。

▷6 XI-5 参照。

(神田孝治)

V 観光社会学の視座

6 真正性

1 観光状況における真正性（オーセンティシティ）

「真正性」は英語で「オーセンティシティ（authenticity）」という。心躍るような地域の祭り，農村における静かな暮らし，パノラマのように広がる雄大な自然など，観光客が見たり経験したりするものが観光業者や現地の人々によって観光用につくりあげられたものではなく，本来その観光地に存在する"本物"であることを，この用語は意味している。

ブーアスティンの「擬似イベント」論では，観光地の本当の姿，本当の文化よりも，観光パンフレット，観光情報誌，映画，テレビなどのメディアによるイメージの方に観光客は惹かれるようになっており，そうしたイメージを確認するために現実の観光地へ出かけるとされていた。しかし，観光客は旅で「擬似イベント」を経験しているだけなのだろうか。むしろ観光客たちは，メディアによってつくりあげられ飾り立てられた観光を望んではおらず，観光地で暮らす人々の本物の暮らし，本来の何も手が加えられてはいない本物の文化を経験したいという願望に駆りたてられているのではないのか。観光にでかけて，「これは真っ赤な偽物です」「メディアが仕組んだ嘘です」といわれて喜ぶ観光客がなどいるだろうか？ ディーン・マキャーネルという観光社会学者はブーアスティンを批判しこのようにいう。

彼によると，観光客は「真正性（オーセンティシティ）」を求めているとされる。マキャーネルはこのことを社会学者アーヴィング・ゴフマンの用語をかりて，観光客が「表舞台（表局域：front）」ではなく「舞台裏（裏局域：back）」を求めているのだと表現する。観光の「表舞台」とは，ゲストである観光客の誰もが見ることのできる場所であり，常に観光用にディスプレイされ飾りたてられている。それに対して，観光の「舞台裏」とは，観光用に演出されていない現地の人々だけが知っている場所，文化のことである。観光客は訪問した場所でそれを見たいと思っているのだと，マキャーネルは述べている。

2 真正性（オーセンティシティ）はメビウスの輪のように

このように「表舞台」と「舞台裏」というゴフマンの用語を利用しながら，マキャーネルは，観光客が現地の人たちの本物の暮らしといった「舞台裏」を希求していると主張するのだが，しかし観光客が見たり経験したりしたものが

▷1 以下の文献も参照。遠藤英樹，2007，『ガイドブック的！ 観光社会学の歩き方』春風社；遠藤英樹，2003，「観光のオーセンティシティをめぐる社会学理論の展開」山上徹・堀野正人編著『現代観光へのアプローチ』白桃書房, pp. 197-210。

▷2 V-4 参照。

▷3 XI-3 参照。

▷4 ゴッフマン, E., 石黒毅訳, 1974,『行為と演技──日常生活における自己呈示』誠信書房。なお Erving Goffman の表記は，ゴッフマンとゴフマンの二種類がある。上記翻訳書ではゴッフマンであるが，本文ではゴフマンで統一している。

はたして本物かどうかは，結局のところ確かめられはしない。これこそが本当の暮らしぶりや文化だと思っていたのに，実は観光客が訪問してもよいように演出された「表舞台」であるといった場合もある。

アメリカ・フロリダ州にある「ケネディ・スペース・センター」という観光地を事例に考えてみよう。「ケネディ・スペース・センター」はスペース・シャトルやロケットを打ち上げるための施設であり，現在も多くの人々がスペース・シャトル・プロジェクトのために働いており，その姿を間近に見ることができるツアーが組まれていたりする。実際に働いている姿を見るという意味では，観光客は「舞台裏」を観光しているのだが，しかし実のところ観光客が見ることのできるエリアは限られており，観光客が目にすることができるのは観光用にディスプレイされた場所だけである。このように現代の観光状況においては，本物（舞台裏）に触れたと思ったとしても，本物（舞台裏）風に演出されているだけである場合が少なくない。

観光とは言えないかもしれないが，大学のオープン・キャンパスも，わかりやすい具体例であろう。受験生は大学の本当のすがた（舞台裏）を知ろうと思ってオープン・キャンパスに参加するが，そこで彼らが見たり経験したりするのは，決して大学生活そのもの（舞台裏）ではない。そこでは常に演出がほどこされており，質問すると先生や先輩は何でも優しく教えてくれる。だがいざ入学してみると，あれほど優しかったはずの先生が気難しい顔で講義していたりする。大学生活の「舞台裏」を知ろうと思ってオープン・キャンパスに参加したのに，いつの間にか，それが演出された「表舞台」に反転している。とはいえ，それが"真っ赤な嘘"なのかと問われると，そういうわけでもない。そこにはある種の真実も含まれている。

マキャーネルはこうした状況を「演出された真正性（staged authenticity）」と呼ぶ。観光客は，擬似的な「表舞台」と真正性に満ちた「舞台裏」が交差する，メビウスの輪のようにねじれた空間を旅しているのだと彼はいう。真正な「舞台裏」が演出された「表舞台」へと反転し，逆に演出をほどこされた「表舞台」が真正な「舞台裏」につながっている。観光では「真正性（オーセンティシティ）」がとてもあやふやで不安定なものとなるのだ。

現代社会では事態はさらに複雑さを増す。現在，新たな観光のかたちとして「持続可能な観光」が展開されるようになっている。例えばエコツーリズムでは，演出がほどこされていない真正な自然が観光対象となっている。屋久島の天然杉を観光客が見に来るのは，それが真正（オーセンティック）だからである。つまりエコツーリズムでは，「自然を演出している」のではなく，「自然を"演出していない"ということを演出している」のである。それは「演出された真正性」ではなく，「『真正性』という記号性の演出」なのである。

（遠藤英樹）

▷5 MacCannell, D., 1976, *The Tourist : A New Theory of the Leisure Class*, Schocken Books. なお翻訳は安村克己他訳にて学文社より近刊予定。

▷6 Ⅱ-1 Ⅱ-2 Ⅱ-3 Ⅱ-4 Ⅲ-1 Ⅲ-2 Ⅲ-3 の各項目も参照。

▷7 こうした再帰的な事態が，現代の観光状況では現れてくるようになっている。このことについては，以下の論文を参照のこと。須藤廣, 2010, 「再帰的社会における観光文化と観光の社会学的理論」遠藤英樹・堀野正人編著『観光社会学のアクチュアリティ』晃洋書房。

V　観光社会学の視座

7　シミュラークル

▷1　V-4 参照。

▷2　V-6 参照。

3　V-13 参照。

1　本物でもなく，偽物でもなく

　ブーアスティンの「擬似イベント◁1」論にしろ，マキャーネルの「演出された真正性◁2」論にしろ，「本物／偽物」という区分のもとで観光状況を考えている点で両者は共通している。しかし，そもそも「本物／偽物」という区別をすることに意味があるとすれば，それは，どこかに「本物」という基準点があるからであろう。例えばロンドン，ニューヨーク，香港，東京には「マダム・タッソーの蝋人形館」という観光地がある。ここには精巧な蝋人形が所狭しと並べられており，私たちを楽しませてくれる。ここで私たちはマリリン・モンローやビートルズの蝋人形を見て，「とてもよくできたつくりもの（偽物）だ」というが，このセリフは，本物のマリリン・モンローやビートルズが存在していると思っているからこそいえることではないか。「本物」がどこかに存在するからこそ，本物ではない「偽物」が存在しえるのである。だが，観光地には「本物」という基準点そのものが存在しない場所がある。その代表的なものが，東京ディズニーリゾートである◁3。この観光地にあるものは，本物でもなく，偽物でもない。

2　東京ディズニーリゾートという観光地

　東京ディズニーランドが千葉県浦安市に開園したのは，1983（昭和58）年4月15日のことだ。ディズニーランドが開園する以前の浦安市は閑静であるものの，スーパーマーケットさえほとんどないような不便な住宅地（さらにその前は小さな漁村）だったが，いまはその面影もない。ディズニーランドが開園するとともにJR京葉線も開通して都市開発が加速し，近辺にはショッピングモールやホテル，レストラン等，多くの施設がいっせいに建てられていった。
　現在は東京ディズニーランドに加え，2000（平成12）年7月7日にイクスピアリ，2001（平成13）年9月4日に東京ディズニーシーが開業し，ホテルもいっそう林立するようになり，「東京ディズニーリゾート」として，より大きな複合リゾート施設へと発展し始めている。まるで浦安市全体が，ディズニーの夢の世界を表現した「テーマパーク」となっているかのようである。社会学では，このような状況を「テーマパーク化する都市」と呼んでいる。それは，「テーマパーク」の統一したイメージに沿って，ショッピングモール，レスト

ラン，シネマ・コンプレックス，ホテル，さまざまなアトラクション施設などを主要な構成要素として都市が再形成される姿を指した言葉である。交番さえも，メディアにおけるディズニーの世界を三次元化したように建てられている。

園内では，ミッキーマウスやミニーマウス，スティッチたちが歩いて手をふってくれるが，彼らがどこかある地域に生息していて「本当に」存在しているのだなどとは誰も考えてはいないだろう。彼らはあくまで，メディアで描かれた夢の存在である。東京ディズニーランドの「シンデレラ城」も，「アドベンチャーランド」や「ウエスタンランド」をはじめとするテーマパークも，これらはもともとディズニーのアニメ映画などで描かれた二次元の世界，ファンタジーの世界を三次元化したものである。

東京ディズニーシーもそうだ。ここは，海にまつわる物語や伝説をテーマに，7つの寄港地をテーマポートとしているが，ディズニーシーのシンボルともいえる「プロメテウス火山」も，「ミステリアス・アイランド」や「アメリカン・ウォーターフロント」等のテーマポートも，すべてはファンタジーの世界にしか存在しない場所である。

❸ 「シミュレーション」としての観光

フランスの社会学者，思想家，哲学者である**ジャン・ボードリヤール**[◁4]は，オリジナル（本物）に対するコピー（偽物）のあり方を「シミュラークル」として総称し，最初から「本物」が存在しない，メディアのヴァーチャルだけでつくられたシミュラークルを特に「シミュレーション」と呼んでいる。「本物」という基準点が失われ，どれがオリジナルで，どれが複製に過ぎないのかを議論しても意味がなくなっている点に，現代社会の特徴があるとボードリヤールはいう。

東京ディズニーリゾートは，こうした「シミュレーション」に彩られた世界である。東京ディズニーリゾートに行って「ミッキーマウスなど，どこにも存在しない！」と叫んでみても，何の意味もないだろう。観光客は，ディズニーリゾートの世界が「シミュレーション」であることを承知していて，そのことを楽しんでいる[◁5]。観光客はファンタジーの世界を，"あえて「本物」と見なしている"のであって，「本物／偽物」という区別に何の興味ももってはいない。彼らがミッキーマウスからではなく，ミッキーマウスのぬいぐるみを着たキャストから，サインをもらって喜ぶことができるのはそうした理由からである[◁6]。

このように観光は，「シミュレーション」に彩られた現代社会の様相をはっきりと映し出している。ユニバーサル・スタジオやラスヴェガスなどもその例といえる。さらにいうと，中国石景山遊園地における"ディズニーランドのコピー"をはじめ，シミュラークルのあり方そのものを改めて問わずにはいられなくなる場所も出現し始めている。

（遠藤英樹）

▷4 ジャン・ボードリヤール（1929-2007）
ボードリヤールはポストモダニズム（脱近代主義）という思想上の立場から，現代におけるリアリティのねじれを問題にし続けた。彼の思想は映画『マトリックス』にも影響を与え，映画の中には彼の著書『シミュラークルとシミュレーション』（竹原あき子訳，法政大学出版局，1984年）が登場している。

▷5 東京ディズニーシーのみやげとして近年非常に高い人気を誇る「ダッフィ」も，これと関係しているであろう。「ダッフィ」はミッキーが長い航海に出る前に寂しくないようにとミニーが贈ったテディベアであるという設定だが，本当にミニーがミッキーに贈った事実などあり得ないことは，観光客全員が承知している。

▷6 東京ディズニーリゾートでは，従業員のことを「キャスト」，客のことを「ゲスト」と呼ぶ。これによって，単に金銭的な結びつきだけにささえられた関係を越えて，ホスピタリティにささえられた関係であることを強調しようとする。このことについては，V-2　IX-11 参照。

V 観光社会学の視座

8 パフォーマンス

1 パフォーマンスとしての観光

　パフォーマンスは芸術や芸能のみならず，共同体の一員としてのアイデンティティを確認するような儀式，また日常生活のほとんどすべての場面に見出すことができる。**パフォーマンス研究**を学問領域として確立したリチャード・シェクナーは，①娯楽，②美的なものの生産，③アイデンティティの確認や変更，④共同体の構築や維持，⑤癒し，⑥教育や説得，⑦聖性／魔性への繋がりの7点をパフォーマンスの機能として挙げているが，これらすべてを観光の文脈にあてはめて論じることができる。ツーリストは体験としてこれらのパフォーマンスを求めるが，パフォーマンスはツーリストを受け入れる側にとっても重要な要素である。例えば伝統的な祭りが観光化され，儀式が公開されることによって，宗教的な価値観や共同体の役割に変化が起きることがある。また観光化が新しい文化創造に結びつくこともある。観光社会学はパフォーマンス研究の視点を導入することによって，観光と社会の関係をより深く分析することを可能にする。

2 パフォーマンスする観光地（デスティネーション）

　文化人類学者のサイモン・コールマンと地理学者のマイク・クラングは，「場所を固定された存在ではなく，むしろ流動的でパフォーマンスを通じてつくりだされるものとして捉えるべきだ」と主張している。この点は時間的な変化を考えるとわかりやすい。例えば1990年代の半ばまで，ニューヨークのタイムズ・スクエア西側一帯は，マンハッタン島の中心，ブロードウェイの劇場街に隣接しながらも，ポルノショップが立ち並び，麻薬の売人が徘徊する，一般ツーリストには近寄りがたい「危険な」場所であった。しかし，市当局のクリーン・アップ作戦によって風俗店は立退きを迫られ，久しく廃墟となっていたアール・ヌーヴォー様式のニュー・アムステルダム劇場がリニューアルされてミュージカル『ライオン・キング』が開幕した1997年頃になると，界隈はおしゃれなエンターテイメント空間に変貌し，夜でも家族連れのツーリストで賑わうようになった。タイムズ・スクエアの「ディズニーランド」化は，都市計画と商業資本による場所のパフォーマンスといえる。

　別の例として，世界遺産にも選定されているフランス，リヨンの旧市街を考

▷1 **パフォーマンス研究**
大学組織としては，1980年にニューヨーク大学芸術学部大学院演劇科が「パフォーマンス研究科」に改組されたのが始まり。演劇研究を母体とし，文化人類学，カルチュラル・スタディーズ，フェミニズム，ポストコロニアル理論，クィア理論などを結ぶ学際的な領域で，「パフォーマンス」をキーワードに芸術や批評理論，市民活動などの手段で社会への介入を試みる。

▷2 Schechner, Richard, 2006, *Performance Studies: An Introduction*, 2nd. ed., Routledge, p. 46.

▷3 Coleman, Simon and Mike Crang, 2002, "Grounded Tourists, Travelling Theory," Simon Coleman and Mike Crang eds., *Tourism: Between Place and Performance*, Bergbahn Books, p. 1.

▷4 X-13 参照。

▷5 V-13 参照。

えてみよう。ここにはルネッサンス様式の街並みが保存されており、狭く曲がりくねった石畳の小道の連続が歴史を感じさせる。ここにある高級ホテルでは、外装とレストランなどの公共部分は昔のままに保たれているが、客室内はブティック・ホテルのように斬新なデザインに改装されている。ヴァカンス・シーズンともなれば周囲のカフェは観光客であふれ、ツーリストたちはルネッサンス期の街の雰囲気に浸りながら、現代のアメニティも同時に享受している。リヨンの旧市街は現代という時空にあって、リヨンの「旧市街」をパフォーマンスしている。バーバラ・キルシェンブラット-ギンブレットが主張するように、ツーリストは「アクチュアルな場所で、ヴァーチュアルな体験」をするのだ。観光地は、場所をパフォーマンスによってツーリストの欲望と消費の対象へと転化することで生み出される。

図V-8-1 リヨン旧市街
撮影：武藤陪子

▷6 XI-7 参照。

3 パフォーマンスとアイデンティティ

　観光は他者や異文化との出会いを伴い、ツーリストに自己のアイデンティティについて省察的（reflexive）な思考を促す。海外旅行で、"Where are you from?" と尋ねられた経験は多いのではないか。かつて、"I'm from Japan" という答えには、「私は日本から来た」ことと、「私が日本人」であることの双方の意味が含まれるのが一般的だった。しかし、留学や仕事、国際結婚やロング・ステイなど、自国外での長期滞在が世界中で増えているなかで、「日本に暮らしていること」と「日本人であること」は必ずしも同じではない。グローバル化の進展とともに、単一の民族と単一の言語が単一の文化と単一の国家を形成する、という神話は崩れ去りつつある。

　旅は入国管理の法律やテロ対策などにより、さまざまな制限を受ける。航空券やツアーも自分の希望するものが予約できるとは限らない。言葉の通じない土地では添乗員やガイドブックだけが頼り、という場合も少なくない。つまり、観光には勝手気ままな行動を許さない規範が伴う。入国検査場でも高級レストランでも、またタクシーによる移動ですら、その土地の規則やマナーは無視できず、「日本ではこうだから」という理由は認められない。

　旅先では、自分の思っている日本人（あるいは○○人）というアイデンティティは、他者や異文化との接触によって交渉や変更を余儀なくされる。もちろん程度の違いはあるが、パッケージ・ツアーのようにお膳立てされた旅行でも、自己のアイデンティティが揺らぐことはある。多様な文化が複雑に混交する現代、単数形のアイデンティティに代わって、私たちは複数のアイデンティティをパフォーマンスするようになっている。観光社会学は、複数形のアイデンティティについて考える重要な場のひとつを提供するのだ。

（高橋雄一郎）

V 観光社会学の視座

9 観光における文化の商品化

1 文化の商品化

　文化観光においては，生活の中に埋め込まれている文化が，特別なものとして徴づけられ，注目され，外部に提示するために切り取られ，それが観光の場に提示される。年代を経たものはその年代ゆえに，特別な由来のあるものはそのものがたりゆえに注目される。自然景観でも人間の視点に珍しいと映る光景が注目され，切り取られる。そのように考えると，観光対象となるものはすべて「商品化」されていることになる。『ホスト・アンド・ゲスト』で，編著者のV.スミスが分類した民族観光，文化観光，歴史観光，環境観光，リクレーション観光の5タイプは，観光のまなざしによって本来の文脈から切り取られ，商品化される対象であることを示している◁1。

　「文化の商品化」は，地域の人々のための文化的製品の意味を損なうだけではなく，観光者にとっての意味も損なうという問題を引き起こす◁2。まがいもののアトラクションを真正なものだと信じ，偽りの観光経験が作り上げられることになる。このような文化の商品化に関する議論が観光研究の領域で取り沙汰されるようになったのは，マス・ツーリズムが本格化した1960年代後半からで，ブーアスティンの「擬似イベント」◁3やマキャーネルの「演出された真正性」◁4など「文化の真正性」に関する議論が活発になった。それは日常的な文化現象が，観光の場に引き出されたとき違和感をもって受け取られたことを示している。問題になったのは，地元住民に有償でパフォーマンスを提供する大衆文化の領域ではなく，日常生活や儀礼などの領域におよぼす観光の影響であった。文化の商品化には，近代産業社会・消費社会の特徴が顕著に現れている。

2 本来の文脈から切り離される問題

　日本においては太田好信が「文化の客体化」◁5の問題への先鞭を付けた。ある社会に埋め込まれていた文化的要素が，特別なまなざしを受け別の文脈に置き換えられたとき，すなわちそれまでの文脈から切り離され客体化されたときに，かつてとは異なる評価と新たな意味をもつことになる。これは日常的文脈から取り出した事物に特別な意味を付与する博物館提示がかかえる問題でもある。観光においては，地元に埋もれている事物が特別なまなざしを受け，発掘され，本来の文脈から切り離されて観光の「売りもの」に仕立て上げられる。地元民

◁1 スミス，バーレンL.，三村浩史監訳，1991，『観光・リゾート開発の人類学――ホスト＆ゲスト論でみる地域文化の対応』勁草書房。原著は以下。Smith, Valene L. ed, [1977] 1989, *Hosts and Guests: The Anthropology of Tourism*, University of Pennsylvania Press.

◁2 Cohen, E. 1988, "Authenticity and Commoditization in Tourism," *Annals of Tourism Research*, 15 : pp. 371-386.

◁3 V-4 参照。

◁4 V-6 参照。

◁5 太田好信，1993，「文化の客体化――観光を通した文化とアイデンティティの創造」『民族学研究』57 (4) : pp. 383-410。

が違和感をもつ売られ方ではあっても，観光の定番になっている例は多い。

❸ 売る権利は誰にあるか。

　日本における観光人類学の初期の本である『観光人類学』に，リンタツローースの村における文化の著作権を問題として取り上げた葛野論文がある。従来トナカイの牧畜を生活の糧としてきたラップ人の領域を，フィンランドの多数派民族フィン人がサンタクロースの服装でみやげものを販売することで文化的に侵略している現状を紹介する。道義的には違反だが，民族の著作権が認められない限り法的解決はない。観光者に偽物性を訴える運動を展開したところで，観光者はまがいものでも「よく知られたもの」であればまなざしを向ける。南太平洋のヴァヌアツでも，バンジージャンプの祖型といわれるナゴル儀礼を，本来の在処である地域を離れて観光者のアクセスがよい他の土地で執行しようと試みた例がある。そのたびに企画から外れる他の村から反対の声があがり断念するという事態が繰り返された事情を，白川千尋が「儀礼の保有者，儀礼の在処」で報告している。同一集団・民族内での楽しみのための上演であれば借用・流用は問題にならず喜ばれるが，不特定多数の観光者を相手にした商品として売られることになると，商業的道義に照らして正当かどうかが問題になる。

❹ 地域文化資源の商品化：みやげもの

　地域の文化資源を観光のまなざしで切り取り，売りものにしたのが現代の「みやげもの」である。従来は寺社参詣の際のお札や境内図，厄払いの品物などがみやげものであったが，1920年代の**民芸運動**の流れの中で地域の特産品が注目されるようになった。1970年代の大衆観光時代以降，みやげもののための商品開発が盛んになると，「商品化」された地域文化が地域を正しく表象するかどうかが検証されることなく売買され，いまでは「京都へ旅行してきました。ほんの気持ちです」と箱に書かれたカスタードクリーム入りの菓子が出回るようになった。同じように，もはや「京都」などの地名以外には地域とは関係をもたない単なるロゴ入りＴシャツや，地域の特徴をステレオタイプ化したコスチュームを着ているだけの全国的キャラクター（ハローキティ，キューピー，ドラえもんなど）のご当地版が売られている。それらがみやげものとして，それなりに人気を博す現実がある。

　もはや観光地の「換喩」にもならない商品が，みやげものとして売られ，購入されている。それらは地域性をどのように表象して商品に仕上げるかという文化的な工夫をもはや放棄したみやげものである。しかしそのような現状に対抗して観光まちづくりの活動を地域で実践している人々は，地域で自らが育て上げた文化資源を，地域を代表する，地域の「売りもの」として誇りをもって提示しようとしている。「文化の商品化」は，ここにこそ注目するべきである。

（橋本和也）

▷6　葛野浩昭，1996,「サンタクロースとトナカイ遊牧民──ラップランド観光と民族文化著作権運動」山下晋司編『観光人類学』新曜社, pp. 113-122。

▷7　白川千尋，2003,「儀礼の保有者，儀礼の在処──ヴァヌアツ・南部ペンテコストのナゴル儀礼と観光」橋本和也・佐藤幸男編著『観光開発と文化』世界思想社, pp. 112-147。

▷8　民芸運動
大正末期，日常生活器具類に美的な価値を見出そうと柳宗悦が中心となって興した運動。

▷9　橋本和也，2011,『観光経験の人類学──みやげものとガイドの「ものがたり」をめぐって』世界思想社。

V　観光社会学の視座

10　伝統の創造

▷1　ホブズボウム, E., レンジャー, T., 前川啓治ほか訳, 1992,『創られた伝統』紀伊國屋書店.

▷2　橋本和也, 2007,「『地域文化観光』と『地域性』――『真正性』の議論を超えて」『京都文教大学人間学部研究報告』10: pp. 19-34.

▷3　2の文献および内田忠賢編, 2003,『よさこい YOSAKOI学リーディングス』開成出版.

▷4　エイサー
15世紀終わり頃の王宮で行われていた盆の儀礼が, エイサーの起源だと考えられている. 近世では, 浄土教系の「念仏」が王府の認定した盆行事となり,「踊り念仏」が行われるようになった.「踊り念仏」は, 太鼓なしの手踊りであり, これは現在でも少数ながら伝承されている地域が沖縄島北部や南部にある.「踊り念仏」から現在のエイサーに変化したのは近年のことである.

▷5　「全島エイサーコンクール」は, コザ商工会が発案してコザ市と共催して始まった. 第22回 (1977年) から「全島エイサーまつり」に名称を変え, 2010年で55回を数える.

▷6　久万田晋・恩河尚, 1998,「沖縄市のあゆみとエイサー概観」沖縄市企画部平和文化振興課編『エイサー360度――歴史と現在』沖縄全島エイサーまつり実行委員会, p. 76.

▷7　盆行事の一環としてのエイサーは, 従来エイサーを行っていなかった地域においても行われるよう

1　伝統の創造とは

　起源がたどれないほどの昔から持続してきたと信じられている「伝統」が, 実は近代になってから創られたものだという例は少なくない. イギリスの歴史学者ホブズボウムは, そのような現象を「創られた伝統」と呼んだ▷1. ホブズボウム以来,「伝統」の存続のあり方よりも, その発現や確立のあり方に関心がもたれるようになり,「創られた伝統」は, とりわけナショナリズム・民族国家・国家の象徴をめぐる現象として注目されるようになった.

　ホブズボウムらの研究では,「伝統」をめぐる権力関係が注目され,「伝統」を理由に主張される支配者の「正統性」やナショナリズムの「真正さ」を相対化する力をもった. しかし, 国家や支配者の側における「伝統」だけでなく, 地域社会や被支配者の側における「伝統の創造」の現象に着目すると, 当初の「伝統の創造論」とは別の方向に研究が展開される可能性が出てきた. つまり,「伝統の創造」は, ナショナリズムと結びついた「伝統の捏造」という批判的側面だけでなく, 地域文化としての「伝統の創造」の創造性があらためて見直されるようになったのである.

2　地域文化と伝統の創造

　文化人類学における観光研究をリードしている橋本和也は, 地域文化を「地域で発見された文化資源が, 観光資源として育てられ, 外部に提示される,『地域性』の刻印をうたれた」ものと捉えている▷2. 地域文化には, 地域の歴史に根ざして展開したものから, 地域とは本来関係のないものが新たに地域の売り物となったものまでみられる. 前者の例としては沖縄のエイサーがあり, 後者の例としては湯布院の辻馬車・音楽祭・映画祭があげられる. また, 特定の地域に発生したものが, 他の地域に伝播する場合もある. この例で有名なものとしては, 高知から北海道に伝播し, さらに全国的に行われるようになったよさこい祭りがあげられる▷3.

　地域文化としての「伝統の創造」は, 新しく創られたという点では国家レベルの「伝統の創造」と同じであるが, 後者が支配の正統性を主張しようとするのに対して, 前者は支配への抵抗としてしばしば発現することに留意すべきである.

❸ 沖縄のエイサーの例

エイサー[4]といえば，勇壮な衣装に身を包んだ青年たちが大太鼓や半太鼓（パーランクー）を手に，三線と歌に合わせて隊列を組んで踊る姿が思い浮かぶ。このようなエイサーのイメージは，1956年にコザ市（現沖縄市）で開催された「全島エイサーコンクール[5]」以後に主流となったものである。

「全島エイサーコンクール」は，エイサー自体とエイサーの位置づけに変化をもたらした。エイサー自体の変化としては，「①従来の手踊り主体から太鼓主体のエイサーへの変化，②女性の参加，③衣装の変化（派手化［筆者注］），④従来の輪踊りから複雑な隊列踊りへの変化」などが指摘されている[6]。「全島エイサーコンクール」以前のエイサーは，盆行事の一環として青年会のメンバーがムラを練り歩いて踊ることが一般的であった[7]。「全島エイサーコンクール」以後に変わったのは，エイサーそのもののあり方と，エイサーを踊る機会が盆行事に限定されなくなったことである。

近年では，元々エイサーがなかった沖縄島南部や北部，宮古・八重山・奄美諸島でもエイサーを踊るようになり，東京や大阪の沖縄県人会や，ハワイ・アメリカ・ブラジルなどの沖縄県からの移民が多い地域でもエイサーが始まった[8]。また，沖縄各地の小中学校の運動会や地域の子ども会の演技としてもメジャーになっている。1980年代には，地域社会とは関係ないクラブ型の創作エイサー団体「**琉球國祭り太鼓**」[9]が結成され，1990年代の東京では，沖縄出身者以外の人々で構成されるエイサー隊も出現している[10]。

❹ 下からの伝統の創造

村落の習俗としてのエイサーが，村落の枠を超えて汎沖縄の文化となったことと，戦後の沖縄の基地問題が一村落では対処することができない沖縄全体の問題になったことは同時代に平行して起こったことである。「第1回全島エイサーコンクール」が開催された1956年は，米軍基地をめぐる「**島ぐるみ闘争**」[11]が起こった年でもある。人々の生活が村落内で完結している状況では，汎沖縄文化が創造される理由はない。沖縄戦，米軍による統治，そして基地問題と村落の枠を超えた問題が続いてきた状況にこそ，村落の枠を超えた「沖縄の伝統」が創造される素地があったのである。

沖縄とハワイにおける社会運動の比較研究をしている上原こずえによると，両地域の社会運動には，コミュニティレベルの文化の創造と，コミュニティ間のネットワーク形成という共通の特徴が見られるという[12]。エイサーは，まさに，村落（コミュニティ）と汎沖縄（コミュニティ間のネットワーク）というふたつの異なったレベルで機能する新たに創造された伝統であり，それが，地域文化の魅力として沖縄以外の人々を惹きつけるものになっている。

（玉城　毅）

になった（沖縄市企画部平和文化振興課編『エイサー360度——歴史と現在』沖縄全島エイサーまつり実行委員会）。

▷8　▷7の文献および城田愛，2000，「踊り繋がる人びと——ハワイにおけるオキナワン・エイサーの舞台から」福井勝義編『近所づきあいの風景——つながりを再考する』昭和堂。

▷9　**琉球國祭り太鼓**
1982（昭和57）年に沖縄市で結成され，1997年には沖縄県内に14支部・300名，県外に3支部，アメリカに24支部をもつ大きな組織に発展している（▷7の文献のp. 291）。

▷10　小林香代，2001，『演者たちの「共同体」——東京エイサーシンカをめぐる民族誌的説明』風間書房。

▷11　**島ぐるみ闘争**
「島ぐるみ闘争」とは，1956年に起きた大規模な反基地闘争である。米軍基地用地として土地を接収されようとするなかで，地主からの地代支払いの要求が高まっていった。これに対して，琉球列島米国民政府は，地代の「一括払い方式」（実質的な土地買い上げ）を図ろうとしたが，立法院が反対をした。この問題を解決するために，アメリカ下院の調査団が沖縄を訪れ，報告書が提出された（「プライス勧告」）。だが，「プライス勧告」では住民の要請がほとんど受け入れられていなかったために，反基地運動は全沖縄に拡大して「島ぐるみ闘争」と呼ばれた。

▷12　Uehara, Kozue, 2009, "Contesting the 'Invention of Tradition' Discourse in the Pacific Context: Significance of 'Culture' in the Kin Bay Struggle in Okinawa and the Kaho'olawe Movement in Hawai'I"『移民研究』5: pp. 67-86.

V 観光社会学の視座

11 聖−俗−遊

1 「聖」と「俗」

聖と俗という二項対立は，宗教現象の分析において大きな影響力をもってきた。デュルケムは宗教の定義として「宗教とは，神聖すなわち分離され禁止された事物と関連する信念と行事との連帯的な体系，教会と呼ばれる同じ道徳的共同社会に，これに帰依するすべての者を結合させる信念と行事である」と述べた[1]。すなわち，あらゆる宗教的信念に共通する特徴は，世界を「聖」と「俗」というふたつの対立するカテゴリーに区分することである。聖なるものはタブーという禁忌によって俗なるものから隔離され保護されている。しかし，ある事物が聖なるものとされるのは，その事物に内在する属性によるのではなく，その事物に対して付与されている社会的な関係性によるものである（例えばトーテムと特定の氏族との結び付き）[2]。つまり聖は個人をこえた社会的な集合表象でもある。

▷1 デュルケム, É., 古野清人訳, 1975, 『宗教生活の原初形態』岩波文庫（原著1912）。

▷2 トーテム
トーテムとは、神話上で特定の親族集団などと結びつけられている動植物等の事物のこと。

2 ホイジンガによる遊び論

遊び論の先駆的業績として，J. ホイジンガによる『ホモ・ルーデンス』がある[3]。その趣旨は，人間の行為の一部として遊びを論じるのではなく，遊びを人間の本質的な特徴と捉え，知性／理性の存在としてのホモ・サピエンスや，ものをつくる存在としてのホモ・ファベルに対して，遊ぶ存在としての人間（ホモ・ルーデンス）を措定することであった。彼は，遊びの定義として，①自由な行為であること，②独自な性格をもった活動の仮構の世界であること，③場所的・時間的に閉ざされ限定されていること，④独自の絶対的秩序が支配していること，⑤物質的利害や効用と結びつかないこと，⑥秘密や仮装によって日常のありきたりの世界とは別なものと強調することなどを挙げている。また，「遊びは文化より古い」として，文化との関係についても論じている。遊びは文化の一部でも，遊びから文化が進化・発展したのでもなく，「文化が遊びの形式のなかで発生し，はじめのうち，文化は遊ばれた」という。未開社会における狩りであれ言葉であれ，人間社会に固有な活動にははじめから遊びが織り込まれており，文化は遊びの形式のなかで形成されてきたのである。

▷3 ホイジンガ, J., 里見元一郎訳, 1974, 『ホモ・ルーデンス』河出書房新社（原著1938）。

3 カイヨワによる遊び論

R. カイヨワは『ホモ・ルーデンス』に触発され，『遊びと人間』を著した[4]。

▷4 カイヨワ, R., 清水幾太郎・霧生和夫訳, 1970, 『遊びと人間』岩波書店（原著1958）。

彼が遊びの定義として挙げるのは，①自由な活動，②時間・空間的に限定され分離した活動，③不確定の活動，④非生産的な活動，⑤ルールのある活動，⑥虚構的活動である。遊びが自由な活動であり限定された活動であることなどはホイジンガによる定義と共通しているが，ホイジンガの定義における秘宮の要素（遊びではむしろ秘密は暴かれる），物質的利害の否定（カジノや競馬などの賭や偶然の遊びが排除されてしまう），ルールと虚構の同時成立（両者はどちらか一方しか成立しない）などをカイヨワは批判している。

カイヨワは遊びの分類として，スポーツやチェスなどにみられるアゴーン（競争），サイコロ遊びなど運が伴うアレア（偶然），自分の人格を忘れ別の人格に没入するごっこ遊びなどにみられるミミクリー（模擬），滑走・回転・スピードなどを伴うことで一時的に知覚の安定が崩れるイリンクス（めまい）という4つの区分要素を提示した。さらに加えて，遊びの不可欠の動因として解放，気晴らし，気ままなどの自由の欲求であるパイディアと，定められた困難を克服することで得られる喜びや内的満足であるルドゥスという概念を導入して，うえの4つの区分と組み合わせることで遊びを分類している。

❹「聖-俗-遊」

カイヨワは，デュルケムやホイジンガの影響を受けつつ，聖-俗という二項図式に，新たに「遊び」という第三の区分を付与した。彼は「遊びと聖なるもの」と題する文章において，ホイジンガが「遊び」と「聖なるもの」を同一視していることに疑問を呈し，この三項図式を提起した。ホイジンガの議論は遊びのときの内面の気持ちや満たされる欲求よりも遊びの形態や外的構造にばかり注目するために，同一視が生じたとする。カイヨワも，例えば仮面儀礼において遊びと聖なるものが共謀している，多くの遊びが聖なるものを起源としていることなど，両者が密接であることは認める。しかし，この両者が日常生活（俗）との関係において，同じ位置や内容をもつとは考えない。遊びとは形式そのもの，自己目的的な行動，規則であるのに対して，聖なるものは内容そのもの，分割不能で両義的で効験あらたかな力，儀礼によってどうにか手なずけ可能な超人的力であるという。また，遊びは一切が人間的であるがゆえに，疲れをいやし，緊張をほぐし，憂さを晴らすことができるのに対して，聖なるものは全能の力の源であり，圧倒され翻弄されるものであり，その領域に入ると緊張させられるものである。よって，遊びと聖なるものは同列ではなく，俗をはさんで対称的な位置関係（聖-俗-遊）を占めているというのである。

井上俊は，カイヨワの三項図式が聖-俗の二項図式よりすぐれている保証はないとしながらも，世俗化の進展と「遊」領域の自立化といった現実の動きがカイヨワの図式の有効性を高める方向に作用していると述べた。観光と聖や遊びは密接であり，以上の議論の批判的継承は可能であろう。　　　（中谷哲弥）

▷5　カイヨワ, R., 小苅米晛訳, 1969,「遊びと聖なるもの」『人間と聖なるもの』せりか書房（原著1950）。

▷6　井上俊, 1977,『遊びの社会学』世界思想社, pp. 150-151.

Ⅴ　観光社会学の視座

12 ポスト・コロニアリズム

1　「ポスト・コロニアリズム」とは

「コロニアリズム」とは，いうまでもなく近代世界のありようを特徴づけていた「植民地主義」のことである。接頭語の「ポスト」には，周知の通り「〜の後」という意味がある。つまり，ポスト・コロニアリズムは「植民地主義以降」を指し示しているが，ここで重要なのは，このタームが植民地時代が終わる前か後かという単純な時間区分ではなく，植民地主義が終焉したとされる現代においても，いまだその残滓があらゆる場面で看取されるという点を強調していることである。それでは，こうしたポスト・コロニアリズムという考え方と観光はどのような関係にあるのだろうか。ここではふたつの視点から考察していく。

2　植民地主義が生み出した観光

近代において列強各国が世界各地に植民地を獲得することは，観光の新たな目的地を国外に獲得することと同意であった。宗主国と植民地の間には交通網が整備され，植民地官吏や企業家，入植者だけではなく，ツーリストたちも植民地を目指した。[1] 多くの論者が指摘するように，オランダの植民地であったバリ島には多数の西洋人ツーリストが渡っただけではなく，彼らの趣味嗜好に沿う形でバリの「エキゾティックな」文化が「発見」され「創造」されていった。[2]

あるいは，列強各国による植民地経営が進展していくにつれ，植民地のもつ機能は多様化していく。そのひとつが西洋式ホテルの整備である。非西洋社会たる植民地に建てられた西洋式のホテルは，遠方から植民地を訪れた西洋人たちが利用するためだけではなく，当地に居住する有力者たちの社交場や宗主国の権力を象徴するランドマークとしての役割も有していたといわれる。イギリス統治下のシンガポールに建設されたラッフルズは，その典型であろう。

さて，これら植民地主義の時代に成立した観光の諸相は，植民地の喪失とともにこの世から消え失せてしまったのであろうか。無論そうではなく，西洋人ツーリストたちの視線によってつくられていった「バリ文化」は，今日に至るまでバリの有力な観光資源として機能し続けているし，ラッフルズはいまだ宿泊客を迎え入れるオールスイートのハイクラスホテルであると同時に，シンガポールの観光名所のひとつとして，日々多くのツーリストの訪問を受け入れて

▷1　この点において，大英帝国の領土拡張とトマス・クック社の事業展開の相関性は極めて示唆的である。また，当時の観光を理解する上で，こうした「旅行代理店」が果たした役割を等閑視することはできない。

▷2　例えば，山下晋司，2007，「〈楽園〉の創造——バリにおける観光と伝統の再構築」山下晋司編『観光文化学』新曜社，pp. 92-97。

いる。また，バリやシンガポールに限らず，多くの旧植民地が，「豊かな北＝先進国」の人々が「貧しい南＝開発途上国」を訪れるという第二次大戦後における観光の構図のなかで，「観光地」としての役割を果たし続けている。◁3

3 現代観光が付与する「価値」

　先に，今日のラッフルズには多くのツーリストが訪れると書いた。そこでツーリスト向けのメディアを確認すると，例えばあるガイドブックは，ラッフルズを「コロニアルホテル」と位置づけたうえで，イギリス統治期に栄華を誇ったラッフルズの歴史に触れつつ，「"黄金のアジア"を彷彿とさせる社交場ラッフルズに，在りし日の雅が息づく。」と読み手を煽る。

　また，シンガポール政府がラッフルズを当地の有力な観光資源のひとつとして喧伝していることはよく知られているが，政府観光局のウェブサイトではラッフルズが「見ること＆すること」というカテゴリーで取り上げられており，そのなかでラッフルズは，「シンガポールで最も有名なホテル」，「シンガポールの活気ある植民地としての歴史を要約」，「シンガポールの最も有名な遺産の宝を見に行きましょう」などと紹介されている。さらに，ラッフルズ自身のウェブサイトを覗くと，「ホテルというより一つの伝説」という扇情的なフレーズで自らを位置づけていることがわかる（いずれの記述も2010年9月現在）。

　このように，ここではラッフルズについてしか触れることができないが，観光に関わるメディアは，植民地時代に建設された西洋式のホテルに対して，単なる宿泊施設以上の「価値」を有するものとしての位置づけを，印象的な言説を駆使しながら現代において与えようとしている。そして，こうした言説の発信者のなかに，ツーリストを送り出す側の観光事業者はもちろんのこと，ツーリストを受け入れる側，すなわちかつてイギリスによる支配を受けた被植民者であるシンガポール自身が含まれていることを，見逃してはならない。

4 観光とポスト・コロニアリズム

　以上，植民地主義が生み出した観光のありようが現在まで継続しているという視点と，植民地時代をめぐる意味づけが現代観光のなかで再構成されているという視点から，観光とポスト・コロニアリズムの関係について見てきたが，こうした両者の関係性は「善い／悪い」という単純な評価軸に落とし込んで結論づけられるべきではなかろう。◁4 観光社会学という知的営みの関心に基づくならば，現代観光の文脈において植民地時代をめぐる「遺産」がどのように位置づけられ，ツーリストたちはそれらをどのように「消費」しようとし，かつての被支配者たちは自らの「経験」や「記憶」をいかに「表象」しようとしているのか，といった問いが浮上してくるはずである。◁5

（千住　一）

▷3　こうした構図は観光の「南北問題」として論じられている。またこの構図を踏まえ，観光はかたちをかえた植民地主義，すなわち「新植民地主義」であると批判する者もいる。例えば，デニッソン・ナッシュ，1991，三村浩史監訳「帝国主義の一形態としての観光活動」バーレーン・L・スミス編『観光・リゾート開発の人類学——ホスト＆ゲスト論でみる地域文化の対応』勁草書房，pp. 51-52。

▷4　ポスト・コロニアリズムは西洋列強とその植民地のみの問題では決してない。日本の植民地のなかでも台湾，朝鮮，満洲では特に観光開発が活発に行われ，その影響は今日においても看取される。

▷5　植民地化あるいは脱植民地化の過程において，「戦闘」は不可避の出来事である。その意味で「戦場」，「戦跡」，「慰霊」といった事柄も，観光とポスト・コロニアリズムの関係を考えるうえでの重要な切り口となろう。

参考文献
青木保，1998，『逆光のオリエンタリズム』岩波書店。
青木保編，2001，『ホテルからアジアが見える』海竜社。
千住一，2006，「観光から読み解くポストコロニアリティ」安村克己・遠藤英樹・寺岡伸悟編『観光社会文化論講義』くんぷる，pp. 61-70。

V　観光社会学の視座

13　ディズニーランド化

1　ディズニーランド化の意味

「ディズニー化」という言葉が日本の研究者の間で一般化するようになったのは，ブライマンの『ディズニー化する社会』によるところが大きい[1]。この著作の中でブライマンは，「ディズニー化」をアニメ等の作品や都市景観の特徴である「無菌化」や「卑小化」の意味で用いられる Disneyfication と，ディズニー社が手がけるものすべてに共通する，商品化，販売のシステムのあり方を指す Disneyization とに分けることを提案する。前者は後者に含まれると考えられるので，後者こそ研究対象にすべきものとなる。ブライマンの趣旨は，ディズニー化をグローバル化するシステムのひとつとして捉え，それを先進国社会の特徴と関連づけて考える視座をつくりだすことにある。ここで扱う「ディズニーランド化」という概念も，ブライマンが提示した概念を下敷きにしつつ，虚構観光システムとしてのディズニーランド原理の一般化，全面化と捉える。

ウォルト・ディズニー社（およびその関連会社）が展開する，パーク，バケーションクラブ，クルーズ船等のリゾート・システム（ここではこれらを総称して「ディズニーランド」と呼ぶこととする）に共通する原理は何か？　ブライマンは，「ディズニー化」の特徴として，「テーマ化」「パフォーマティブ労働」「ハイブリッド消費」「マーチャンダイジング」の4つをあげる。前二者は一目瞭然であるが，後二者については，テーマパークとそれに併設するレストランや売店，ショッピング・モール（東京ディズニーランドでいえば，イクスピアリ），ホテル（あるいはクルーズ船），アトラクションに関連づけた映画の制作（例えば「パイレーツ・オブ・カリビアン」3部作）等の組み合わせを見れば，ディズニーが「ハイブリッド消費」を促進していることは明らかである。また，ディズニー社が映画やテーマパークで馴染みのキャラクターやロゴを使い膨大な数の製品を売り出していることは，ディズニーストア（あるいは，ソフトバンクの店舗に飾られているディズニー携帯のラインアップ）を覗くだけでよくわかるであろう。

ブライマンは，リッツアの「マクドナルド化」と比較して，ディズニーが，規格化，画一化，受動性ではなくむしろ，多様化，差異化，創造性を促進している点を強調する。ディズニーのリゾートに共通して見られるのは，空間の虚構化のテクノロジーと虚構消費の深化である。マクドナルドはハンバーガーというモノの生産，販売から離れることができないゆえに，モノの生産，販売の

▷1　ブライマン, A, 2008, 能登路雅子監訳, 森岡洋二訳『ディズニー化する社会』明石書店。

合理化に適合した画一化，規格化戦略を採らざるを得ない。しかし，モノではなく「夢」という，実体から離れた記号やサービスを生産・販売しているがゆえに，ディズニーランドは多様性や差異の創造を自由に行うことができる。

もちろん，ブライマンもリッツアも，記号やサービスで表象された「夢」を生産・販売するこのシステムもまた，モノの生産同様，あるいはそれ以上に，合理化，規格化（＝「マクドナルド化」）されていることに気づいている。発達した情報社会においては「魔術」も合理的につくられる。ブライマンが指摘したディズニーランド・システム，すなわちコントロールされた多様性や「創造性」を「合理的」につくりだすシステムは，レストランに，ショッピングモールに，大学に，いや都市全体に，いや社会全体に一般化しつつある。

イタリアの文学者エーコはディズニーランドを評して，「テクノロジーが，自然物よりももっと多くのリアリティを，私たちに与えてくれる」と述べている。ディズニーランドは，虚構のコピーの世界であり，蝋人形館のように実物をコピーした世界ではない。にもかかわらず私たちは，コピーされ，シミュレートされた虚構の方を，リアルに感じるのである。

ここで，ブライマンのいう「ディズニー化」の4つの原理を思い起こそう。「テーマ化」はオリジナルなき「虚構」生産そのものであるし，「パフォーマティブ労働」は虚構の人間関係の生産・販売のことである。「ハイブリッド消費」や「マーチャンダイジング」とは，コピーが実体に転化する，転倒した世界の消費行為である。つまり，ディズニーランドが作り出した虚構生産システムの原理は，いまや私たちの社会や経済を動かす原理そのものとなっている。

2 ディズニーランド化と観光のあり方

消費社会の深化とともにあらゆる観光地が「ディズニーランド化」することは，当然の成り行きであるといえよう。新しくつくられた「古い町」，人工的につくられた「自然」，機械的に計算された「優しさ」等，転倒した形態が現代の観光プログラムには必ず含まれている。

現代の観光は非日常性や他者性を飼い慣らしつつ，それらを商品にしてゆくという道を歩んでいる。将来においても，文化のなかの偶有的な部分を商品とすべくシステム化する力は衰えることはないであろう。例えば，他者性の受容と自己変容という「偶有性」を前提としているはずの「ホスピタリティ」も，観光商品という文脈では，双方の自己変容を伴わない予測可能な「サービス」へと変質してしまう。

システムに包摂されない「自然」をどのように残すべきなのか，「作為」のシステムから「無作為」「偶有性」「他者性」をどのように救い出すべきなのか，「ディズニーランド化」のシステムを批判的に分析する視点から現代社会そのものを考えることができる。

（須藤　廣）

▷2　リッツア，G, 2009, 山本徹夫・坂田恵美訳『消費社会の魔術的体系』明石書店。

▷3　Eco, Umbert, 1987, translated by William Weaver, *Travels in Hyperreality*, Picador.

▷4　ボードリヤールは，実在するアメリカがあまりに虚構化したために，その虚構性を隠すためにディズニーランドが存在するとまでいう。

▷5　V-9 参照。

V 観光社会学の視座

14 構築主義

1 米国ニュー・セイラムの事例から

アメリカのシカゴからハイウェイを車で南へ4時間ほど走ったところに，イリノイ州の州都スプリングフィールドがある。ここには第16代合衆国大統領エイブラハム・リンカーンが弁護士となってはじめて開いたオフィスや彼が家族とともに暮らしていた旧宅が保存され，観光客に展示されている。またスプリングフィールド近郊には彼の墓も造営され，中を見ることができるようになっている。

さらに，このスプリングフィールドから車で1時間ほど北へ行ったところに，リンカーンゆかりの歴史名所ニュー・セイラムがある。ニュー・セイラムは，スプリングフィールドで弁護士となる以前，1830年代に彼が暮らした土地である。ここには，イリノイ州の公共施設で1830年代当時を再現した23のログハウスの村と，博物館から成る観光施設がある。ここには年間50万人以上の観光客が訪れ，民芸のデモンストレーションも行われ，鍛冶，料理，鋤，毛糸織りや染物，さらにはロウソク，石けん，箒，靴，スプーンなどの製作を目にすることができる。

ニュー・セイラムは，リンカーンが大統領へと変身する聖なる場所だとされている。彼がここにやってきたときは，貧しく，ひょろひょろの青年で，手に職もないありふれた若者だったのに，ここで多くのことを学び，6年後に彼はスプリングフィールドで共同経営者とともに弁護士事務所を開き，イリノイ州議会の議員に当選し，大統領への道を歩み始めたと言われているのである。ニュー・セイラム博物館では，このようにリンカーンの生涯が観光客に展示されている。

しかしながら，ニュー・セイラム時代のリンカーンをこのように描くことをすべての人々が受容しているわけではない。彼がニュー・セイラムにやって来たのは22歳のときで，すでに成熟した年齢であった。州議会議員に立候補するといったのは1832年で，ニュー・セイラムを離れてから7ヶ月しか経っていない。だから，彼がニュー・セイラムをやって来たときにはすでに政治家としての力をある程度備えていたと考えるのが妥当である。そう考えている人もいる。例えば歴史学者たちは，ニュー・セイラム時代のリンカーンが強調され過ぎるあまりニュー・セイラムにやって来る前に過ごしたインディアナ州やイリノイ

▷1 ニュー・セイラムを事例としたここでの議論については，以下の文献をもとにしている。ブルーナー，E., 安村克己・遠藤英樹・堀野正人・寺岡伸悟・高岡文章・鈴木涼太郎訳, 2007, 『観光と文化――旅の民族誌』学文社。さらに以下の文献も参照してもらいたい。遠藤英樹, 2007, 『ガイドブック的！ 観光社会学の歩き方』春風社；遠藤英樹, 2003, 「観光のオーセンティシティをめぐる社会学理論の展開」山上徹・堀野正人編著『現代観光へのアプローチ』白桃書房, pp. 197-210。また，XI-6 参照。

州ヴァンダリアでの経験を過小評価してしまっているという。このように考えると，歴史学者，彼らに追随する人々，ニュー・セイラムのスタッフたち，これら立場の間には，ニュー・セイラムでリンカーンをどのように展示するべきかについて，せめぎ合いが生じている。つまりニュー・セイラムという観光地には多様な声がひびき，その中でニュー・セイラムという場所が形成されているのである。

図V-14-1　ニュー・セイラムの風景
出所：筆者撮影

❷　真正な（オーセンティックな）フェイク？

　観光地のスタッフ，地域住民，行政，観光客，研究者等のせめぎ合う関係性の中で観光地の意味が常に構築され続けるという考え方を，「構築主義」という。競合し合う立場において人々は，自らの主張を通そうと交渉し合う。その中で観光地の意味もつくりかえられていくのだ。それは，つくられたものであり，もしかすると「フェイク（偽造，模造）」なのかもしれない。だが人々の関わりや社会関係の中で本物だという意味づけをされているのなら，誰がそれを「偽り」だと切り捨てることができるというのだろう？　それは，「真正な（オーセンティックな）フェイク」ではないか？「構築主義」とは，社会学や人類学，哲学などで主張されてきたもので，社会的な事実や性質が社会的・文化的・歴史的につくられてきたとする考え方である。場所の意味についても，同様に社会的・文化的・歴史的につくられてきたと考えることができるのである。

▷2　構築主義に関する入門書的なテキストは数少ないが，現在のところ以下の文献が最良の入門的なテキストのひとつであろう。坂本佳鶴恵，2007，「社会構築主義」友枝敏雄・竹沢尚一郎・正村俊之・坂本佳鶴恵『新版　社会学のエッセンス──世の中のしくみを見ぬく』有斐閣, pp. 81-98。

❸　欲望の星座

　観光商品をつくりだす企業，観光客，行政，地域住民，研究者たちの利害・関心・欲望は一枚岩ではない。それらは相互に重なりつつも，微妙にズレてもいる。その中で企業，観光客，行政，地域住民，研究者たちは相互にせめぎ合い，観光の空間を形成している。さまざまな星々が集まりせめぎ合いながら，夜空にひとつの星座をかたどるように，多様な社会的立場の利害や関心もせめぎ合いつつ，まさに「欲望の星座」ともいえる観光地の意味をかたどっていくのである。その場所がどのような意味をもっているのかは，最初から決まっているのではなく，それぞれの利害・関心・欲望がせめぎ合うことで構築されていく。星々の相互の布置のなかで星座のかたちが常に変わり続けるように，多様な社会的立場の関係性とともに場所の意味もたえず変化し続けるのである。

（遠藤英樹）

第3部　観光社会学の体系

Ⅴ　観光社会学の視座

15　ツーリスティック・ソサイエティ

① モバイル・ソサイエティ

　国土交通省が編集する『観光白書』によると，2007年において世界各国が受け入れた外国人旅行者の総数は9億329万人であった。日本人の海外旅行者数に限ってみても，2005年で1740万人，2006年で1754万人，2007年で1730万人，2008年で1599万人と，毎年1500万人を越す日本人が海外に渡航している。◁1 このような数字をみると，現代社会が，常に／すでに観光とともにあるのだとわかるだろう。アメリカ同時多発テロ事件，バリ島爆弾テロ事件，イラク戦争，SARSの集団発生など，さまざまな出来事に影響され旅行者数が減少する場合もあるが，それでもなお世界各地で数億人の人々が外国へ旅行していることには変わらない。

　イギリスの社会学者アンソニー・ギデンズによれば，伝統社会の人々がローカルな状況に埋め込まれていたのに対し，現代社会の人々はローカルな状況から引き離されるのだとされる。ギデンズはこれを「脱埋め込み化」という用語によって表しているが，現代社会は多くの人々が自由に旅行できるようになった社会として，「脱埋め込み化」の帰結である「移動」によって特徴づけられているといえる。◁2 それはまさに「モバイル・ソサイエティ」と呼んでさしつかえないほどである。現代社会は，観光や旅を含めたモビリティ（移動）をぬきに考えられなくなっており，J. ボロックが「余暇移民（レジャー・マイグレーション：leisure migration）」と名づけた観光客の存在を大量に生み出し続けているのである。◁3

② ツーリスティック・ソサイエティ

　現代社会が「モバイル・ソサイエティ」になるにしたがい，観光は，現代社会の特徴（figures）が先鋭的に現れる場所（topos）となってきた。観光という窓，観光という視点からみることで初めて顕わになる現代社会における特徴は，少なくない。「現実（リアル）／虚構（フィクション，イメージ）」「真正／演出」「定住／移動」「ホーム／アウェイ」「地域住民／観光客」「グローバル／ローカル」「仕事／遊び」などの社会的区分もそうである。これまでの社会にあって，こうした社会的区分は堅固で揺るがないものとして維持されてきた。だが，それは，現代において問い直しを迫られ始めている。そのことが観光という現象

▷1　国土交通省編，2009，『平成21年度版・観光白書』。

▷2　ギデンズ, A., 松尾精文・小幡正敏訳，1993，『近代とはいかなる時代か？──モダニティの帰結』而立書房。

▷3　Borocz, J., 1996, Leisure Migration: A Sociological Study on Tourism, Pergamon Press. 余暇移民とは経済的な理由や政治的な理由，あるいは宗教的な理由によって生まれる移民・難民ではなく，レジャーによって生みだされる観光客などを指す。

からは明瞭に浮かび上がってくるのである。

　例えばマキャーネルの「演出された真正性」論では，「真正性」と「演出」との区分が融解し，真正なものがいつの間にか演出されたものに，演出だと思っていたものがいつの間にか真正なものに転化してしまう観光現象について考察されていた。またボードリヤールの「シミュラークル」論では，ディズニーランドなどを事例として「現実」と「虚構」の境界が無化されているあり方が論じられていた。これらは，現代社会におけるリアリティの位相を映し出す考察である。現代社会では，リアリティが確固として存在することを感覚的に当たり前のこととして受容し得る時代ではなくなっている。現代社会では，リアリティは当然視されることなく儚げに揺れ動き始めているのである。現代社会のこうしたあり方は，観光という窓，観光という視点から読み解いていくことで，明瞭にみてとれるようになる。

　このように考えるなら，現代社会はまさに「観光的な振る舞いをする社会」なのである。これを表現するにあたり，マキャーネルは，「ツーリスティック・ソサイエティ（Touristic Society）」という言葉を用いている。「ツーリスティック」という形容詞は英語の辞書にはなく，マキャーネルがフランス語の「touristique」を借用した造語である。現代社会は，移動によって特徴づけられる「モバイル・ソサイエティ」であることをこえて，観光という視点から初めてその特徴が顕わになる「ツーリスティック・ソサイエティ」になっているといえよう。

　これまで現代社会のあり方を透徹して考えるべきものであるはずの社会学は，観光現象を軽率なもの，学問として取り扱うべきでないものとして，十分に研究を蓄積してこなかった。しかし，観光という視点から現代社会を読み解いていくことをうながす「観光社会学」こそが，社会学のあり方を尖鋭化させ，その存立基盤をも再考させる役割を帯びるのではないだろうか。私たちはようやく，その端緒につき始めたばかりである。

（遠藤英樹）

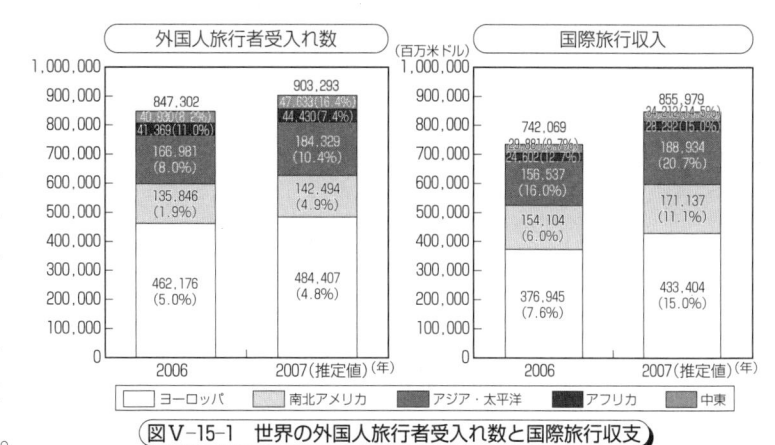

図V-15-1　世界の外国人旅行者受入れ数と国際旅行収支

注：1　世界観光機関（UNWTO）「Tourism Highlights 2008」による。
　　2　（　）内は対前年増減比（％）を示す。
出所：国土交通省『平成21年度版観光白書』

図V-15-2　日本人の海外旅行者数

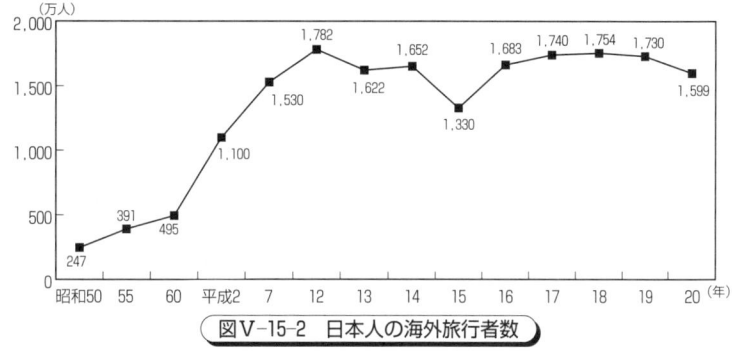

注：法務省資料により観光庁作成。
出所：国土交通省『平成21年度版観光白書』

▷4　V-6 参照。

▷5　V-7 参照。

▷6　MacCannell, D., 1976, *The Tourist : A New Theory of the Leisure Class*, Schocken Books. なお翻訳は安村克己他訳にて学文社より近刊予定。

Ⅵ 観光社会学の領域

1 メディアと観光

観光をめぐる歴史的変化を考えることは、メディアの影響の大きさを再認識する作業と重なる。それは、観光業、観光行動、観光対象地域のすべてに大きな変化をもたらしたといえる。

① 観光とマスメディア

まず、活字媒体に目を向けてみよう。今日、新聞には旅行商品の広告が大きく掲載されている。70年代に発刊された『anan』『non-no』などの女性誌は国内外への旅行記事を頻繁に掲載したという点で旅行雑誌の性格をもっており、1980年代には旅行に特化した情報誌も創刊された。印刷媒体の旅行情報は、広告の域を超え、特定のイメージ付与を伴う旅行地情報の発信や旅行動機を生み出すことに貢献している。

映画やテレビドラマなど、映像メディアが観光に与えた影響も広範囲にわたる。かつて「ロケ地めぐり」といわれたフィルム・ツーリズムは現在でも流行している。◁1

② 観光と情報ネットワーク化

いまや旅行前の情報源としてインターネットの利用が旅行パンフのそれを追い越していると言われる。旅行者によるブログなど、パーソナルメディアの影響も無視できなくなった。上記のフィルム・ツーリズムなども、インターネットを介したファン同士のコミュニケーションが訪問行動を後押ししている。インターネットは単に観光地の情報やイメージ供給において影響をもっただけでなく、ネットによる宿泊先や行き帰りのチケットの予約・販売という形態を一般化させた。ネットによる通信販売一般にみられるように、こうした変化は多様な顧客への旅行商品の販売を可能にしている。多様なオールタナティヴ・ツーリズムの開花は、情報ネットワーク化に支えられているともいえる。また、こうした変化は、まちの風景から旅行代理店、旅行業店舗という風景を減らしつつある。◁2

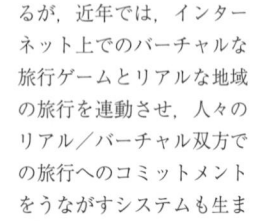

③ 研究史におけるメディアと観光

D. ブーアスティンは『幻影の時代』のなかで、人々は主体的な旅行者から受動的な観光客に変化したと述べているが、その背後には旅行情報の増大があ

▷1 Ⅳ-5 参照。さらに、地元出身の漫画家のコンテンツにちなんだモニュメント・博物館（鳥取県境港市の「水木しげるロード」などが有名）を、リアルな地域に設置することによって来訪者を期待する事例も各地にあり、メディアと観光という本稿のテーマとして無視できない。

▷2 リアルな資源をとかく奪っていくように捉えられがちなネットの世界であるが、近年では、インターネット上でのバーチャルな旅行ゲームとリアルな地域の旅行を連動させ、人々のリアル／バーチャル双方での旅行へのコミットメントをうながすシステムも生まれている。例えば、株式会社コロプラ (http://colopl.co.jp/)。

る。J. アーリは，テレビの普及によって階級ごとの独自の情報体系が弱まり，各集団の集合的アイデンティティを伴ったライフスタイルが均質化させられると述べる。その結果，かつてのイギリスにおいて産業労働者階級の娯楽として発展していた海浜リゾートが衰退していったように，こうした社会集団ごとの娯楽を衰退させてしまう。視覚優位のメディアがどこにでも存在するようになったことが，人々が〈非日常〉と感じるものの水準を大幅に押し上げ，その結果，休暇では，自らの記憶や体験とつながったものより，刹那的・刺激的な娯楽をいっそう求めるようになってきた，と述べる。

❹ 情報環境の拡大と観光

　メディアと観光の関係をより本質的に解き明かしてくれる糸口は，**マーシャル・マクルーハン**のメディア論にあるように思われる。メディア論と観光の関わりとは，情報化の浸透・深化がもたらすリアリティ構造の変化と場所性のアンビバレンスである。現代社会は，自然環境，社会環境，情報環境の3つの環境から成っていると考えてみよう。マスメディアの発達・普及は，距離感を消失させ，場所を均質化させ，情報環境の存在感を高めてきた。しかし一方で，情報環境のなかでの差異化の記号としてローカリティには新たな役割が付与された。ローカリティは範域を伴う記号であるだけに，情報環境上でコンテクスト（物語）を形成しやすい。典型的な風景，建物，さらに旅館の女将なども，こうした記号＝メディアとみなすことができよう。つまり現代のツーリズムとは情報環境のなかを旅することといえないだろうか。

　しかし，こうした視覚イメージが優越した情報環境だけで，観光が十全に成立するわけではない。旅行者たちに，「自分はその場所に来た」というリアリティをどのように供給するか。マス・ツーリズムは観光のパッケージ化を進めすぎたことで，こうした旅行実感とでもいえるものを軽視することとなった。一方，例えばエコツーリズムにおいては，あえてエアコンを使わない部屋の暑さ寒さや自動車を用いない移動の不便さ，あるいはグリーン・ツーリズムにおける農業体験による疲労など，身体に直接関わる感覚が重視される。オールタナティヴ・ツーリズムは，情報環境の進展のなかでマス・ツーリズムが提供しそこねたリアリティ供給の仕掛けを備えた観光形態であるとみることができる。

　このように，現代社会におけるメディアと観光について考えるためには，(1)マスメディアやインターネットなど狭義のメディアが観光実践に与える影響を考える次元と，(2)情報化の深化によって情報環境の存在感が高まり，あらゆるものがメディア化しえるという状況のなかで，ローカリティや移動，私たちの自己意識やリアリティを考えるという次元のふたつが必要であると思われる。

（寺岡伸悟）

▷3　ブーアスティン，D. J., 星野郁美・後藤和彦訳, 1974,『幻影の時代——マスコミが製造する事実』東京創元社。Ⅴ-4　Ⅺ-1 参照。

▷4　アーリ，J., 加太宏邦訳, 1995,『観光のまなざし——現代社会におけるレジャーと旅行』法政大学出版局, pp. 182-184。Ⅴ-5　Ⅺ-5 参照。

▷5　マーシャル・マクルーハン（1911-1980）
カナダ出身の英文学者，評論家，メディア学者。媒体という意味で用いられてきた「メディア」という用語を社会や身体経験を読み解く概念として拡張した。『メディア論——人間の拡張の諸相』（栗原裕・河本仲聖訳, みすず書房, 1987）が有名。

参考文献
中谷哲弥, 2007,「フィルム・ツーリズムに関する一考察——『観光地イメージ』の構築と観光経験をめぐって」『奈良県立大学研究季報』18(1・2): pp. 41-56。
増淵敏之, 2010,『物語を旅するひとびと——コンテンツ・ツーリズムとは何か』彩流社。

Ⅵ 観光社会学の領域

2 文化と観光

1 文化とは何か

　文化という言葉は，私たちの日常生活において広く，そして便利に用いられている。しかし，この言葉は必ずしも明白な意味をもたないまま多様な感覚で用いられていることが多いがゆえ，あらためて文化とは何かと問い直してみると意外に答えに窮することが多い。

　少なくとも日本語の文脈において文化は，世の中が開けて生活水準が高まっている状態，そして人間が自然に手を加えて形成した物心両面の成果，という大きくふたつの意味において用いられることが一般的である。後者はcultureの訳語に相当する用法でもある。文化＝cultureとした場合，その意味内容は，①知的・精神的・美的発展の一般的過程，②ある時代や集団の特定の生活様式，③知的・芸術的活動の作品や実践を主として表現しているとされる。広義の社会学的領域でなされる文化の定義も②および③の文脈に沿っていることが多い。

　しかしながら，文化という言葉をめぐって社会学的により重要なのは，文化という言葉の意味内容とは究極的に何かを追い求めることよりも，冒頭で触れたように，この言葉が社会の中で異なる立場の人々によって多様な感覚でそれぞれ便利に用いられているという現象それじたいである。このことは，文化とは何かをめぐる論争が社会的に常に潜在していることを意味している。

2 観光と文化との関係

　ところで，観光と文化は，これまでいったいどのような関係をもって論じられてきたのであろうか。上述した文化という概念の性格に照らした場合，主として，(1)観光対象としての文化，(2)観光による文化の変容（破壊），(3)観光を通した文化の創造，といった議論に注目することは重要である。

　観光対象としての文化とは，文化を観光消費の対象として捉える視点であり，いわゆる文化観光と呼ばれる観光活動の形態は，これに基づいている。遺跡，博物館，美術館，歴史的建造物などの訪問や見学が一般的にはその内容とされている。しかし，ここで提起されるのは，どのような文化が観光対象として価値があるか，観光すべき文化とは何か，という問題である。これは，観光という文脈において何が文化とされるのかという問題でもあり，観光対象となる文化には選別や序列化が厳然として存在している。視点を変えれば，観光の文脈

からは排除される文化も存在し，それらは少なくとも観光の文脈では文化とは見なされないということでもある。

　観光による文化の変容，あるいは破壊という問題は，観光研究における観光の文化的インパクトに関する古典的な議論の典型である。観光のインパクトは，しばしばその経済的効果や自然環境への負荷などに議論が集中する傾向があるが，社会文化への影響も多大であることはいうまでもない。ただ，ここで問題となるのは，文化への観光の影響をどのように評価し，捉えるのかという点であり，さらに誰によって評価され，捉えられるのか，という点も忘れるわけにはいかない。当初この議論は，文化的破壊者としての観光を告発するという論調のもとになされたが，当然のことながらそれへの反論も発生し，論争としての文化と観光との関係をめぐるひとつの典型をなした。

　観光と文化の関係をめぐる論争が誰によってなされるのかという点に関して，観光を通した文化の創造という議論は，さらに重要である。観光が文化に対して破壊的意味をもつのか，それとも創造的意味をもつのかは，それを主張する者の社会的立場性によって大きく異なる。誰の目から見ても文化はあまねく等しいわけではない。しかし，一方で観光が現代社会のさまざまな領域において多大な影響力をもつ現象となるにつれて，観光を無視して文化じたいを論じられなくなっており，観光は社会の異なる立場にいる者たちが多様な形で展開する文化的創造や主張の重要な回路となっていることも事実である。

3 文化をめぐる論争／交渉の場としての観光

　観光は，多様な社会的立場におかれた人々が出会い，交渉を展開させる場や機会をもたらす。観光という場では，観光する側（ゲスト）とされる側（ホスト）といった古典的枠組みもさることながら，観光業者，行政担当者，政治家など実に多様な者どうしがせめぎあいを展開している。しかも，このような集団や立場じたいも必ずしも一枚岩とは限らない。このような中にあって，現代社会における観光の拡大は，社会的不均衡や不平等の露呈，そして異なる文化の主張をも含みつつ社会的立場の異なる他者との交渉の機会を確実に増大させている。

　このような観光を通した他者との出会いと交渉は，必然的にそれまで自明，あるいは所与のものとしてきた文化の問い直しを各人に迫ることになる。それは他者の文化に対しても，自己の文化に対しても，である。そうであるがゆえに観光は現代社会における重要な文化的創造や主張の場を提供し，文化を契機や媒介とした抑圧的状況の転換の可能性が期待されるのである。そして同時に，このことは，観光が現代社会における重要かつ厳しい文化をめぐる論争と交渉の場であることを意味している。

（大橋健一）

参考文献
太田好信，1998，『トランスポジションの思想』世界思想社。
スミス，V. L.編，三村浩史監訳，1991，『観光・リゾート開発の人類学』勁草書房。
ウイリアムズ，R.，椎名美智 他訳，2002，『完訳キーワード辞典』平凡社。

Ⅵ 観光社会学の領域

3 産業と観光

1 観光産業

　産業革命以降，主に移動と情報の手段に関する産業の急速な発達によって観光は成立したといってもよい。観光客は，ガイドブックを携え自宅を出発して目的地まで移動し，美しく壮大な風景や歴史的な名所，異なる民族の文化などを楽しみ，宿泊して郷土料理やエスニック料理を堪能し，みやげ物を買って自宅へと帰る。この一連の行動を滞りなく進めるためのサービスを提供するのがいわゆる観光産業であり，交通，宿泊，飲食，みやげ販売，旅行などの業種がその代表である。また，ミュージアムやアミューズメント施設のように，観光目的となるアトラクションを提供する産業もある。こうした諸産業の活動は観光行動にとって不可欠であり，広義の観光の一部としてみなすこともできる。しかし，いまや産業と観光は，このような直接的かつ実用的なレヴェルにとどまらず，より広範に，深く結びつくようになっている。

2 観光の目的対象としての産業

　観光産業は観光客の行動を補完するが，それ自体は観光とは関係なく営まれてきた産業活動を，観光客が目的対象とする場合がある。これは産業観光と呼ばれている。近年では，さまざまな工場で生産現場を見学したり，併設された産業（企業）博物館で生産工程の体験ができたりする。また，近代化の過程で活躍した産業施設が文化遺産となることによって観光対象となってきた例もある。それは本来の機能を失った，工場，倉庫，駅舎，運河，ドック，橋梁，炭鉱，庁舎，銀行，学校，商店，銭湯，劇場，映画館など，一次〜三次までの産業全般にわたっている。産業遺産となった施設の活用法として，みやげ・ファッショングッズの小売店舗，飲食店，ギャラリー，博物館，多目的ホール，休憩所，イベント会場などがあげられる。こうして保存される産業遺産は，観光を介して商業や娯楽を担う新たな生産手段へと転化されていく。

　産業に観光のまなざしを注ぐ現象はほかにも見られる。例えば，かつては環境や景観を破壊する負の構造物とみなされたコンビナートも「工場萌え」によって徐々に観光対象として認知されつつある。ガスタンク，電波塔，クレーン，高速道路のジャンクションといった，一般に美しくないとされてきた景観もテクノスケープとして鑑賞の対象となるのである。

▷1　ただし，これらの産業は観光客に利用される限りにおいて「観光産業」となるため，観光産業は便宜的な概念といえる。

▷2　一部の高級ホテルや老舗旅館，あるいは深夜特急などは利用施設であると同時に観光の目的対象でもある。

▷3　例としては，アルテピアッツァ美唄，サッポロファクトリー（旧開拓使麦酒醸造所），小樽運河，小坂鉱山事務所，横浜赤レンガ倉庫，名古屋の産業技術記念館（旧豊田紡織本社工場），門司港レトロなどがある。Ⅳ-3 参照。

▷4　詳しくは，岡田昌彰，2003，『テクノスケープ』鹿島出版会を参照。

3 観光を創るメディア産業

　観光とメディア産業との結びつきは特に重要である。メディアは，観光目的となる場所のイメージをつくりだし，観光動機形成の大きな要因となってきた。しかし，いま注目されるのは，メディア作品が，ある場所やモノを，その舞台や物語の一部とすることで意味づけ，新たに観光対象を生み出すという強力な働きである。すでにディズニーランドやUSJでは，映画作品や撮影のノウハウを活かしてアトラクションやパーク全体の空間が構成されてきた。だが，メディア作品が観光を創出するのは，テーマパークのような閉鎖型の観光施設だけではない。人気テレビドラマの舞台となるロケ地や登場人物にゆかりのある場所は，多くの観光客を誘引する。同時に，企画展などのイベントの開催やドラマのタイトルを入れたみやげやグッズの開発・販売が行われる。NHKの大河ドラマはその典型である。近年，このように映画やテレビ番組やコミックなどのメディア作品によって観光現象が発生する機会が増大し，フィルム・ツーリズムが観光形態として注目されている。

▷5 Ⅳ-5 参照。

4 新たな地場産業を生み出す観光

　現代の観光は，これまでの郷土料理や伝統工芸といった地域の特産品だけでなく，観光客のニーズに応じてさまざまな商品を提供する新たな地場産業を形成するきっかけとなっている。いまや地域の産業は観光客のまなざしを無視できない。例えばB級グルメの開発のように，ご当地の「個性」が全国各地で競われている。エコツーリズムやグリーン・ツーリズムも地元の農林水産業と連動している。間伐材を活用した木工製品や伝統野菜を使った料理といった地域の自然・文化・生活に関する知識や情報の提供は，新しい商品・サービスとその市場の開拓でもある。

▷6 Ⅴ-5 Ⅺ-5 参照。

5 観光を通して「産業」を見る

　このように現代社会において，多くの産業が観光との結びつきを強めている。それはツーリスティック・ソサイエティの一断面といってもよい。産業と観光が相互に深く浸透していくことは何を意味するのだろう。観光客は産業の現場を，ほんの一時，見たり体験したりする。例えば，地引網，陶芸，種まきや収穫，ビールづくり，TV報道，航空機シミュレーション……。もちろん，そこでの「労働」は苦役ではなく「楽しみ」であるが，それだけでもなさそうだ。マキャーネルによれば，近代以降に発展をみた産業の裏側を垣間見る行為は，人間の本当の生を希求する現代の観光客の特徴である。仮に現代社会において疎外された労働の意味が一瞬であれ回復されるとすれば，産業の観光は断片化された社会を統合して把握する契機を与えているともいえる。　　　（堀野正人）

▷7 Ⅴ-15 参照。

▷8 Ⅴ-15 Ⅺ-3 参照。

Ⅵ 観光社会学の領域

4 ジェンダーと観光

1 観光社会学とジェンダー

観光研究におけるジェンダーへの着目は，1990年代に入って英語圏で相次いで出版された3冊の論文集を皮切りとして盛んとなった。そこで共通して問われたのは，過去の観光研究の多くが，観光現象のあり方を規定する因子としてのジェンダーの重要性を見過ごしていた点であった。それら3冊は，ホスト–ゲスト関係や観光現場における労働条件などにジェンダーという要因が大きく作用していることを，事例分析を通じて明らかにした。

それから現在に至るまでに行われた事例研究の多くは，3冊の論文集が提出したテーゼを追認し補強するものとして，ジェンダーと観光がきわめて強固に絡み合っている様を並べ立てて見せる効果を発揮した。結果として現在では，観光現象の実態を理解するには，ジェンダーが観光のあり方を形作る基底要素となっているのみならず，他方では，観光がそこに巻き込まれた人々のジェンダー関係に影響を与えているという，観光とジェンダーとの再帰的な様相を捉えていくことが必須と考えられるようになっている。

2 現在までの研究動向

安福恵美子は，観光研究の立場からジェンダーを論じていく視点を，以下の4点に集約させて提示している。すなわち，①観光のマーケティングにおける女性性，②観光における女性労働，③観光による女性のエンパワーメント，④地域社会におけるジェンダー関係，である。

広告宣伝を中心とする観光地の表象の中で，現地女性のイメージをホスピタリティやもてなしの質と結びつけて提示するのは，一般的な手法である。特に開発途上国の観光マーケティングにおいては，観光客をもてなす女性の従順さと性的魅力が強調される。そこに見出されるのは，男性と女性，そして先進国（ゲスト）と途上国（ホスト）の間に横たわる，権力関係である。

女性性と従属性，そして性的魅力を結びつけて観光地の魅力に転じようとする観光産業の圧力は，観光の現場における女性労働のあり方を強力に規定している。つまり，観光労働においては先進国・途上国を問わず見られる傾向であるが，女性は多くの場合，現場で観光客と接して「もてなす」仕事を与えられ，従順な態度を保つことを強いられる。接客の現場において女性たちは，高度な

▷1 Kinnaird, Vivian and Derek Hall eds., 1994, *Tourism: A Gender Analysis*, Wiley ; Swain, Margaret B., ed., 1995, *Gender in Tourism*-special issue of *Annals of Tourism Research*, 22(2) ; Sinclair, M. Thea, ed., 1997, *Gender, Work and Tourism*, Routledge.

▷2 安福恵美子，2003，「観光とジェンダーをめぐる諸問題」『観光とジェンダー（国立民族学博物館研究報告37）』pp. 7-21。

▷3 感情労働
職務上の必要に応じて自身の感情を管理・操作すること。サービスにおいてしばしば要求される過度な感情労働は，労働者に大きな心理的な負担を与える。広義には，接客相手の感情に働きかけることまでを語義に含む。Ⅴ-2参照。

感情労働[3]のみならず，美しく装う，女性性を強調した制服を着るなどの形で，自身の身体的魅力をも活用することが求められる（その最たる例が，観光客相手のセックスワーカーである）。既存のジェンダー秩序[4]における女性の役割と符合する特質を強調する接客労働を，主に女性の仕事として割り振るという観光ビジネスの組織原理と労働市場の構造は，今日まで堅固に温存されている。

このようにジェンダー間の不均衡な権力構造を暴くことが観光社会学における重要な論点となってきた一方で，観光現象が旧来的なジェンダー秩序を揺さぶるというポジティブな側面にも注目が集まっている。女性の社会進出が制限されてきた開発途上国でも，観光関連分野には女性が積極的に，しかも比較的好条件で雇用される傾向が見られる。ゆえに，観光産業による女性労働者の取り込みは，上述のような問題を孕む一方で，地域社会における女性の地位の向上や就業上の選択肢増大などに寄与する可能性がある。また，観光客との触れ合いや新たな事業活動を通じての人的ネットワークの構築や創造性の開花など，観光セクターでの活動は，経済的自立や社会への参与を制限されてきた女性たちのエンパワーメントにつながる潜在力を秘めている。

③ ジェンダー秩序の政治論を越えて

既存の研究の多くは，ジェンダーの議論を女性の問題として提示し，ジェンダーと観光の関わりに内在する政治性に焦点を当ててきた。しかし，ジェンダーを，観光現象をつくりだしていく動因であり資源であるとして捉え直すと，そこから新たな議論の地平が見えてくる。今日の観光現象の多彩な展開を導いている強力な推進力のひとつが，他ならぬジェンダーだからだ。ジェンダーと観光との関わりが一様ではないことはつとに指摘されてきたが，現代の観光現象を考えるうえでは，ジェンダーのあり方そのものが多様化している実情にも注意を向ける必要がある。一方でジェンダーの多様性が観光現象の多様性を導き，他方ではその逆の作用も観察されるのだ。

「ロマンス・ツーリズム」と呼ばれる現象がある。欧米や日本の多くの人々が，現地の異性との恋愛を求めて旅をすることである。その旅に出るのがしばしば女性であることは，現在の観光現象には伝統的なジェンダー秩序のみからでは説明不能な様相があるという，典型例だろう。また，同性愛者や「性同一性障害者」[5]の人々が，自らの生／性を充実させる手段として，国境を超えた移動を活用している。例えば，日本の「性同一性障害者」たちが，性別適合手術を目的にタイを訪れるケースが増えた[6]。彼らのタイへの旅は，「性転換」という人生の一大転機であるのみならず，ときにタイ人との恋愛や長期滞在に転化することで，所期の予想を超えて展開する。

ジェンダーは，さまざまな文脈において観光の領域を拡大し複雑化して，観光でないものとの境界を無化していくのである。

（市野澤潤平）

▷4 ジェンダー秩序
「男らしさ」「女らしさ」といった形で認識される性差において，一方が他方に優越し支配的な力を及ぼす状況を生み出し強化するような，文化社会的構造。

▷5 今日の日本において「性同一性障害」と診断される人々が，文字通り「障害」を抱えているとは，必ずしも言えない。詳しくは▷6に挙げた文献を参照。

▷6 当事者の体験記ではない学術的な報告はまだ少ないが，日本語では以下の文献に言及がある。市野澤潤平, 2009,「越境としての『性転換』――『性同一性障害者』による身体変工」奥野克巳・椎野若菜・竹ノ下祐二編『セックスの人類学』春風社, pp. 283-314.

参考文献
石森秀三・安福恵美子編, 2003,『観光とジェンダー（国立民族学博物館研究報告37）』.
市野沢潤平, 2003,『ゴーゴーバーの経営人類学――バンコク中心部におけるセックスツーリズムに関する微視的研究』めこん.
トゥルン, T., 田中紀子・山下明子訳, 1993,『売春――性労働の社会構造と国際経済』明石書店.
ホックシールド, A. R., 石川准・室伏亜希訳, 2000,『管理される心――感情が商品になるとき』世界思想社.
Belliveau, Jeannette, 2006, *Romance on the Road: Traveling Women Who Love Foreign Men*, Beau Monde.

Ⅵ 観光社会学の領域

5 家族と観光

1 家族における個人化と家族旅行

今日，家族において個人化が進行しているという。たしかに私たちは，生活共同体として，あるいは一纏まりの集団として，家族を意識することが少なくなっているように思われる。喜怒哀楽や寝食の共同は家族という集団を特徴づける要素とも言われたが，いまや家族成員たちはそれぞれ個別に自分自身のライフスタイルを自由に追求するようになってきている。

そのようななか，私たちは，街角の旅行代理店に置かれたパンフレット，書店に並べられた旅行情報誌などに書かれた「家族旅行」の言葉に，思わず目を止める。そして，「たまには家族で出かけるのもいいな」などと思ったりする。

個人化により家族という纏まりが曖昧になるにつれ，家族のメンバーシップや安定性を確認し合いたいという欲求が，人々の間で高まっている。家族旅行は，そうした欲求に応えるものとして魅力的に映るのではないだろうか。

近年では，政府にも，家族旅行を促進・普及させようという動きがある[1]。観光庁が2010年に始めた，大人と子どもの休日をあわせる「家族の時間づくり」プロジェクトはその具体策である。こうした取り組みには，観光の経済効果への期待がある一方で，個人中心の生活が弱めたとされる家族の絆の再生というねらいもあるという。

2 合理的な観光旅行の利点

家族という集団を実感することを目的とする家族旅行では，旅行を通して家族成員たちが，一緒に見たり食べたり遊んだりし，さらに一緒に感動することが重要となる。体験の共有は，それぞれの家族成員に，生活を共にする仲間として家族を強く実感させてくれるだろう。

もちろん，そのような体験の共有自体は，日常生活においても不可能ではない。しかし，個人単位で動いている日常に，あえて家族共同で何かをする機会をつくるのは家族成員間に葛藤を生じさせる可能性が高い。だから，家族成員たちは，個人より家族を優先する機会を「非日常」という特別な領域に限定しようとする。たまにしかしない家族旅行は，まさに非日常のイベントである。

要するに，ひとときだけ家族で一緒に何かをしたいという欲求を満たすために家族旅行が選ばれる。そのため家族旅行では，家族全員が楽しめることと，

▷1 国の「観光立国行動計画」に基づき官民参加で開かれた「長期家族旅行国民推進会議」の報告書では，家族旅行が「個」志向の強まった家族の機能を高め「家族力」を再生するとして，その促進を訴えている。

それぞれの日常生活に影響が及ばないことが必要条件となる。

したがって，内容が単純（画一的）で世代を問わず皆にわかりやすく，かつ，効率的に事が運び予定通りに無事終了する旅行が好まれることになる。かくして，テーマパークだけでなく世界遺産見学や農村体験であってもパック旅行として業者が企画した「マクドナルド」的観光旅行が，家族旅行の主流となる。いまやキャンプ場でさえ観光地並みに開発・整備され，ここで何をすべきかが明示されたうえにそれが円滑に実行できることがわかったところでないと，家族旅行では行かない。余分なこと，面倒なことは極力避けたいのである。

③ 旅の思い出と家族の物語

このように家族旅行は，ひとときの欲求充足を追求するものだが，実際それきりで終わってしまうことはほとんどない。思い出としてそれぞれの家族成員の記憶に残されるからである。家族旅行は日常の出来事でない分，印象に残りやすい。旅先での写真やみやげ物，ハプニングのエピソードなども，家族旅行の記憶を特に印象深くするのに役立つだろう。

思い出を共有することで家族成員たちは，過去の家族旅行について語り合うことができる。語り合いを通してかれらは，自分たち家族がいつ何をしたかという，家族の物語を確認することになる。それらの物語は家族成員同士のやりとりの中でつくられていくものであり，ときに事実と食い違っても問題にされない。共通の思い出が物語にリアリティを与えていればよい。より大事なのは，その物語に自分たちが登場することである。自分たちが出てくる物語は個々の家族成員に，自分たちがこの家族集団にいるという証を与えてくれるだろう。

このように家族旅行は，個人に家族共同の体験の機会を提供するだけでなく，その思い出を語り合うことで家族の物語を形成することができるという点でも，個人が家族を認識する手段として有効なのである。

④ 家族再考

家族で行く観光旅行は，効率よく，またしばしば期待以上に人々に「自分たち家族」を意識させる効果をもつ。ふだん，どんなにばらばらでも，家族旅行は個人を強く家族に引き寄せる。ただし，その効果は連続的ではなく断続的である。旅行自体も，思い出を語り合うのも，毎日のことではないからである。

個人の自由の追求が日常生活の前提となっている。だから，家族という集団は，時折しか顔を出さないほうがいい。家族での観光旅行は，そのための工夫である。しかし，なぜ人々は，そこまでして家族を確認したいのか。それは，個人化しつつも私たちがいまだに家族という幻想に囚われているからなのか。家族と観光の関係について考えることは，現代家族の存在意義への問いにつながってこよう。

（片岡佳美）

▷2 社会学者リッツァは，ファストフードのマクドナルドに，合理化の諸要素（効率性，計算可能性，予測可能性，制御）を徹底的に追求する原理を見いだした。ここで「マクドナルド的」とは，そうした原理が見られることをいう。リッツァ，G.，正岡寛司監訳，1999，『マクドナルド化する社会』早稲田大学出版部。

参考文献

Beck, Ulrich and Elisabeth Beck-Gernsheim, 2001, *Individualization*, Sage Publications.

国土交通省，2004，「『家族仕様』の旅文化を拓く——長期家族旅行国民推進会議報告書」(http://www.mlit.go.jp/kisha/kisha04/01/010616_3/03.pdf).

Ⅵ 観光社会学の領域

6 宗教と観光

1 日本人の宗教意識

　今日の一般的な日本人の宗教意識では，宗教はかなり狭い意味で捉えられている。「あの人は宗教をやっている」などという場合，それはある人がいわゆる新興宗教に入信していることを意味している。特定宗教との結びつきのない多くの日本人は，自分は無宗教だと考えている。実際のところ，2008年のNHKによる意識調査では，「宗教を信仰している」と答えた人が39％であったのに対して，「宗教を信仰していない」と答えた人は49％であった[1]。その一方で，同調査では「墓参り」や「初もうで」を「よくする」という人は半数を超え，「したことがある」を加えると9割程度の人が宗教と結びついた行為を行っていることも明らかとなっている。多くの日本人にとって，これらの行為は宗教的行為とは意識されず，慣習的行為とみなされているようである。

▷1　NHK放送文化研究所，2009，「"宗教的なもの"にひかれる日本人」(http://www.nhk.or.jp/bunken/research/yoron/shakai/shakai_09050102.html)。

2 文化としての宗教

　観光と宗教の関係を考える場合には，上記のような限定的な捉え方ではなく，より広く宗教を捉える必要がある。世界の多くの国や地域において，宗教は人々の生活や人生のさまざまな側面に深く結びついている。海外旅行時に旅先で接する「異文化」には多分に宗教的な要素が結びついているのである。イスラーム教やヒンドゥー教の世界では，個人名から信仰する宗教がわかる。自分は何者かというアイデンティティ（帰属意識）には宗教が強く関わっており，私たちが観光で訪問した先で触れ合う人々の個性にも宗教が関わっている。現地のまちのなかへ行けば，宗教ごとに特徴的な服装や食生活のパターンがあり，宗教が衣食住などの生活習慣を規定していることがわかるであろう。地域のモスク（イスラーム教の礼拝所）が拡声器で流すお祈りの呼びかけや，ヒンドゥー教の寺院で行われる毎日の礼拝の様子なども，最も異文化を感じる場面である。音楽，芸能，美術などの創作活動やパフォーマンス，祭りなどは神への奉納を目的とする場合が多い。そして，各地を代表する歴史的建築物も，それらがたとえ文化財や世界遺産として登録されていたとしても，その多くは元来，宗教施設として建造されたものである。このように，宗教は信仰のみならず，人間の生活領域の様々な面と深く関わり，その基礎を形づくり，歴史を構築してきた。宗教は人間の生活様式の全体をなす「文化」そのものであり，より広く

「文化としての宗教」として捉える必要がある。

3 観光対象としての宗教

　宗教と観光の関係を考えると，まず宗教に関わるさまざまな事象が観光対象となっていることが重要である。以下のリストが示すとおり，観光対象となる宗教の領域は広範囲にわたり，実のところ私たちが「文化観光」と考える多くの事象には宗教が結びついている。

〈観光対象としての宗教要素〉

　有形…宗教的意義を有する史跡，寺院・神社・教会等の建築物やそれらを含む聖地，霊山などの宗教的意義を与えられた自然，門前町の町並みや景観

　無形…祭，音楽・芸能，神話，巡礼，修行体験，衣食住の様式，宗教的アイデンティティに基づく現地の人々の個性，葬儀などの通過儀礼

　観光施設等…宿坊などの宿泊施設，みやげもの[2]（宗教画，祭具など）

4 宗教と観光

　最後に，宗教事象が観光対象となるということ以外にも，宗教と観光には，そもそもそれぞれの実践において重なり合う側面が多いことを指摘しておきたい。

　第一に，宗教実践（例えば巡礼）と観光がおなじ旅程のなかに共存しているのは珍しくない。インド研究者のフラーは，ヒンドゥー教の巡礼について，「たとえ宗教的目的が第一であるとしても，巡礼は一般に記念物，博物館，浜辺，美観地への普通の観光を兼ねており，たいがいは聖なる旅と俗なる旅の間に一線を引くことはできない」と述べる[3]。第二に，動機という点で観光と宗教は結びついている。宗教を対象とする観光の特徴について議論したリンシェーデは，宗教観光とは「参加者が部分的あるいは全面的に宗教的理由によって動機づけられている観光である」と述べている[4]。つまり，寺社に参拝したり，宗教行事に参加したりする場合に，動機の点で純粋な宗教的参拝者とまったくの楽しみ目的の観光客を峻別することは困難であり，ひとりの人物のなかに両方の動機が重層的に存在していることも珍しくはないのである。第三に，これと関連して，私たちは常に複数の「まなざし」をもって生活していることも，宗教と観光が密接であることの理由となっている。まなざしとは，アーリのいう歴史過程において「社会的に構造化され組織化されている」まなざしのことである[5]。私たちは仏像を見るとき，歴史性や芸術性に基づく文化財へのまなざしと，思わず手を合わせたくなる信仰心あるいは聖なるものへの憧憬というまなざしの両方をもちあわせていることも珍しくはない。

（中谷哲弥）

▷2　中谷哲弥, 2006,「宗教と観光──親和性の検討」安村克己・遠藤英樹・寺岡伸悟編『観光社会文化論講義』くんぷる, p. 104.。

▷3　Fuller, C. J., 1992, *The Camphor Flame: Popular Hinduism and Society in India*, Princeton.

▷4　Rinschede, Gisbert, 1992, "Forms of Religious Tourism," *Annals of Tourism Research*, 19: pp. 51-67.

▷5　アーリ, J., 加太宏邦訳, 1995,『観光のまなざし──現代社会におけるレジャーと旅行』法政大学出版局。XI-5 参照。

VI 観光社会学の領域

7 環境と観光

1 環境と観光の密接な関係

　イギリスの大衆観光が，都市の労働者が余暇に海浜リゾートを訪れるというスタイルから始まったように[▷1]，近代の観光は当初から環境と密接な関係がある。とりわけ現代において観光は環境と親和的なイメージがあるだろう。例えば，自然生態系の保護と環境教育を念頭に置いたエコツーリズム[▷2]，農山漁村の景観や文化に親しむグリーン・ツーリズム[▷3]や**ブルー・ツーリズム**[▷4]……。

　「貴重な」自然生態系や棚田・里山といった「郷愁を誘う」農山村の景観など，地域の環境はしばしば「観光資源」という形で観光の対象や目的となる。それだけでなく，スキー場やゴルフ場などのリゾート開発のように，環境は観光開発の踏み台になることもある。その地域の環境を保護することによって成り立つ観光もあれば，逆に環境を改変・破壊することによって生み出された観光もあるのだ。以下では，主として日本における環境と観光の関係を，高度経済成長期以降の時間軸に沿う形で，「観光公害」，「巨大開発」，「環境保全と持続可能性」という3つの観点から見ていこう。

2 マス・ツーリズムの進展と観光公害

　人々の観光行動が活発化し，マス・ツーリズムが進展するに伴って必然的に生じたのが，観光地のオーバーユース（過剰利用）問題，すなわち「観光公害」であった。例えば，総理府（当時）発行の『観光白書』（昭和48年版）によれば，宿泊を伴う「観光レクリエーション人口」は，1961年にはのべ3,700万人であったが，1970年に1億600万人と初めて1億人を突破すると，「1億総レジャー時代」とまで呼ばれるようになる。

　こうした状況で顕在化したのが観光公害である。観光地に多数の観光客が押し寄せることによって，空き缶などゴミの大量投棄や自動車・観光バスによる排気ガス汚染など，観光地の環境破壊が社会問題化した[▷5]。1960年代から1970年代前半にかけて，日本社会は産業公害をはじめ各種公害に直面しており，公害問題の範疇でこのオーバーユース問題が認識されたのである。

　その後，観光公害という用語はあまり使われなくなったが，だからといってこの種の問題が解決・解消したわけではない。例えば，世界遺産条約の批准（1992年）に伴う遺産登録によって，世界遺産を訪れる観光客が急増する現象は

▷1　アーリ, J., 加太宏邦訳, 1995,『観光のまなざし──現代社会におけるレジャーと旅行』法政大学出版局。

▷2　エコツーリズムの定義や理念については，Ⅲ-2 や日本エコツーリズム協会のHP（http://www.ecotourism.gr.jp/）にくわしい。

▷3　Ⅳ-2 を参照。

▷4　ブルー・ツーリズム　海辺などの漁村に滞在する観光形態。

▷5　朝日新聞（東京本社版）で「見出し語」の記事を検索すると，「観光公害」は，1969年に初めて登場し（1件），1970年代には15件あった。その後，1980年代に5件，1990年代2件，2000年代1件，である。

各地で見られる。2005年に世界自然遺産に登録された知床半島（北海道）では，登録直後の年間観光客数（入込数）が約18万人（11.3％）も増加し，自然生態系への悪影響（オーバーユース）が懸念されている。◁6

3　「リゾート」という巨大開発・乱開発

　1980年代後半には，いわゆる「**リゾート法**◁7」の施行とバブル経済とによって，ゴルフ場やスキー場，リゾートホテルに代表される「リゾート開発」が各地で計画・実施された。いわゆる「リゾート・ブーム」の到来である。

　マス・ツーリズムの時代が本格化すると，地域の自然環境や歴史的環境，伝統文化などがテレビや雑誌などさまざまな媒体を通じて「観光資源」として商品化され，それを求めて多くの消費者（観光客）が訪れるようになった。このとき，過疎化や少子高齢化に悩む中山間地域を抱える地方自治体の多くは，国が後押しした「リゾート開発」を新たな「観光資源」を生み出す地域活性化の切り札として捉え，これに飛びついたのである。◁8

　だが，膨大な投資規模と自治体による多額の税金投入，「金太郎飴」と揶揄される事業の没個性性や無計画性に加えて，リゾート施設の建設やゴルフ場での農薬使用などによる自然環境の大規模な破壊が問題となり，各地で地域紛争が生じた。バブル経済の崩壊とともに，多くの計画が休止や中止に追い込まれたほか，事業が軌道に乗らず財政破綻をきたして頓挫するケースもあいついだ。

4　環境保全と持続可能性

　観光公害やリゾート開発といった，当該地域の環境や文化を破壊しかねない従来型の大規模なマス・ツーリズムの弊害に対する反省から，1990年代に入ると，新たな観光形態（オールタナティヴ・ツーリズム）が注目されはじめた。冒頭で挙げたエコツーリズムやグリーン・ツーリズムはその代表例である。

　たしかに，観光客数の増加が旅館業や飲食業など観光にかかわる産業を中心に，当該地域に一定の経済効果をもたらすことは事実である。だが，オーバーユース問題のように，地域の「観光資源＝環境」が台無しになってしまうと観光そのものが成立しなくなる。また，中央資本によって進められるリゾート開発は，ひとたび事業が頓挫してしまうと，改変・破壊された環境を含めて地元に大きな負の影響を残すことになる。

　そこで，「環境保全」と「持続可能性」が観光の重要なキーワードとして認識され，法律や政策にも取り入れられるようになった。ポイントは，観光をめぐってこれらのキーワードを重視しながら，いかに地域社会（コミュニティ）がさまざまな組織体と協働しつつ主体的に意思決定を行うことができるか，地域社会の質的発展や住民生活の充実につなげられるかである。したがって，そのための社会的な仕組みづくりに関する研究と実践が重要になる。◁9　　　　（帯谷博明）

▷6　知床五湖（知床国立公園）では，2011年5月より，1日あたりの入場者数制限と入場前の講習受講の義務化，有料制が導入されることになった。国立公園の入場者数制限は，大台ヶ原（奈良県）に続き2例目である。また，有料制の導入は管理費などに充てることを目的にした「利用者負担」の原則によるものであり，今後の自然環境の保全・管理のあり方として注目される。

▷7　リゾート法
総合保養地域整備法（1987年施行）のこと。これによって全国の都道府県で42の基本構想が作られた。2010年1月末段階で，12件が廃止となっている。

▷8　詳細は，佐藤誠，1990，『リゾート列島』岩波新書；松村和則編，1997，『山村の開発と環境保全――レジャー・スポーツ化する中山間地域の課題』南窓社を参照。

▷9　毎年，環境保全に関する課題と政策を報告する『環境白書』（環境省編）において，「自然とのふれあいの推進」という観点で「エコツーリズム」が初めて取り上げられたのは2004年である。「エコツーリズム推進法」は2008年4月に施行されている。

参考文献
古川彰・松田素二編，2003，『観光と環境の社会学』新曜社。
神田孝治編，2009，『観光の空間――諸相とアプローチ』ナカニシヤ出版。

Ⅵ 観光社会学の領域

8 政治経済と観光

① グローバリゼーションと国際観光の政治経済システム

　いまや国際観光は世界経済における主要なセクターのひとつである。世界観光機関（UNWTO）によれば，2003年の国際観光客数は1950年の約30倍にあたる7億人に達している◁1。また2003年の国際観光収入の世界統計は9兆ドルを超え，世界輸出総額の6％，サービス産業総収入総額の3分の1を占めるようになった。観光は石油や輸送機械に並ぶ主要な産業となったのである。

　こうなると，どの国にとっても観光は重要な政策課題となる。特に経済成長を求める国にとって国際観光は外貨の流入や収入の発生により雇用を創出し，税収を拡大し，ひいては国際収支を改善するまたとない機会だからである。

　また観光は政治的配慮を必要とする不安定なセクターでもある。さまざまな政治的対立や社会不安（ルクソール事件（1997年），アメリカ同時多発テロ事件（2001年）など），災害（スマトラ島沖地震による津波被害（2004年）など），疫病（重症急性呼吸器症候群SARS（2002～03年）など），グローバル経済の動向（アジア通貨危機（1997年）など），インターネットやマスメディアを通じたネガティブなイメージ形成などの影響を受けやすいからである◁2。

　そこで政府は国際観光市場に積極的に関わるようになり，国際観光をめぐる需要・供給・規制の政治経済システムが成立する。こうした政府の役割はどのように形成されているのか，またなぜ増大しているのかという問題は，観光の政治経済学における主要なテーマのひとつである。

　観光市場をディマンドサイドからみると，観光は一定の空間移動を伴いつつ行われる消費行動である。なぜ人々は旅行し，レジャーを楽しみ，リクリエーションを求めるのか。ある土地へ旅行する観光客はどのようにしてそのような選択へと動機づけられるのか。彼らの嗜好や選好はどのようなものなのか。このようにディマンドサイドからは，いわゆるプッシュ・プル要因などの特定も含む心理学的，ミクロ経済学的観光研究がなされてきた。

　他方，サプライサイドからみると，観光市場に供給されている財やサービスは，実現される観光行動の限界を示している。観光が人々に利用可能な輸送やアコモデーションのサービスを超えて行われることは少ないからである。そのため国際観光への潜在的需要を見越して，各国の航空や鉄道会社はアライアンスを組み，ホテルは多国籍企業の傘下に組み入れられ，旅行代理店の多国籍

▷1 World Tourism Organization (UNWTO), 2005, *Yearbook of Tourism Statistics*, World Tourism Organization.

▷2 市野澤潤平，2010，「危険からリスクへ──インド洋津波後の観光地プーケットにおける在住日本人と風評災害」『国立民族学博物館研究報告』34 (3)：pp. 521-574。

ネットワークが形成される。このようにサプライサイドからは，観光をめぐる企業，制度，産業がどのような要因や諸力によってグローバルに展開するのか，またそれらは観光市場にどのようなインパクトを与えるのかという研究が展開されている。[3]

2 国際観光の政治経済システムと社会学

では，国際観光の政治経済システムを考察するにあたって社会学はどのような貢献をなしうるのだろうか。

そのひとつは，政治経済構造と社会構造のリンクに焦点をあてることである。観光をめぐる経済交換の場であるホスト社会・地域は，外部の観光客やエージェント等の主体との間に，経済交換にとどまらない継続的な相互作用を行っている。インドのタージ・マハルの例を考えてみよう。タージ・マハルは17世紀に建てられたムガール帝国王妃のための霊廟であり，1983年にユネスコ世界遺産に登録された。この観光ブランド化の過程では，インド政府は国内やアジアの他の観光地との差別化を強く意識していたため，インド政府当局や遺跡を管轄するインド古代調査局さらに観光業者など，地元の利害集団が関与しただけでなく，ユネスコ世界遺産会議による保存管理および環境改善への強い圧力も加わった。観光サービスの生産過程にはグローバル観光市場だけでなく，ローカルおよびグローバルな社会過程もリンクしていたのである。[4]

また，タイやフィリピンの観光産業では，買春ツアーがその主要な部分をなすといわれる。[5]国際観光が性の搾取という不平等な社会関係を増幅する負のリンクにも着目しなければならない。

さらに，こうしたグローバルな社会的相互作用過程に関与するなかで，ホスト社会・地域の人々は自分たちを観光客のまなざしで見つめるようになり，そうしたまなざしから自分たちのローカル・アイデンティティを構築／再構築するようになる。

ゲストである観光客もまた旅の経験によってアイデンティティを構築／再構築する。例えば，奴隷貿易の拠点であった西アフリカ・ガンビアのジェームズ島やセネガルのゴレ島などの「負の世界遺産」は観光資源であると同時に，アフリカに起源を持ちながら強制的に世界へ散らばることを余儀なくされた人々にとっての「ルーツ」の道標である。またイスラエルとPLO・パレスチナ自治政府がお互いの承認について合意した1993年のオスロ合意以降，イスラエルのユダヤ人とパレスチナ人はこの地域内を旅行し，おみやげを買い，料理を食することでこの地域における自らの存在の意味を確認しようとする。[6]

こうしてみると，国際観光とは，人々のアイデンティティや社会生活がグローバリゼーションと手を取りながら相互に影響をおよぼしていく重要なプロセスを表現しているといえるだろう。

(水垣源太郎)

[3] Cornelissen, S., 2005, *The Global Tourism System: Governance, Development, and Lessons from South Africa*, Ashgate.

[4] Edensor, T., 2004, "Reconstituting the Taj Mahal: tourist flows and globalization," Sheller, M. and Urry, J., eds., *Tourism Mobilities : Places to Play, Places in Play*, Routledge, pp. 103–115.

[5] Kruhse-Mount Burton, S., 1995, "Sex tourism and traditional Australian male identity," Lanfant, M. F., Allcock, J. B. and Bruner, E. M., eds., *International Tourism: Identity and Change*, Sage, pp. 192–204.

[6] Stein, R. L., 2008, *Itineraries in Conflict: Israelis, Palestinians, and the Political Lives of Tourism*, Duke University Press.

Ⅵ 観光社会学の領域

9 福祉と観光

1 ソーシャル・ツーリズム

　ソーシャル・ツーリズムとは，経済的あるいは身体的理由などによって旅行の機会に恵まれない人々に，観光旅行に参加しやすくするための条件整備を行うことをいう。もともとはヨーロッパで生まれた概念で，低所得者層である労働者階級の人々にも，観光を楽しむ権利があるとの主張から，観光旅行にかかる費用の補助など経済的支援を行うことが主だった。その後，すべての人々には観光を楽しむ権利があるとの考えから，例えば身体的に障がいがあるために旅行を楽しめない人など，観光から疎外されている人々に対しても，条件整備をおこなうべきとの考え方に広がっている。

2 観光のノーマライゼーション化と法的整備

　日本では，1970年代あたりから，障がいのある人々が少しずつ旅行に出かけるようになり，観光のノーマライゼーション◁1化が始まった。そのきっかけになったのが，石坂直行氏の『ヨーロッパ車いすひとり旅』◁2という著作である。この本は車いすユーザーである著者自身のヨーロッパ旅行（71年）をまとめた紀行文で，帰国後に刊行され大きな反響を呼んだ。76年からスタートした朝日新聞厚生文化事業団による「車いすヨーロッパの旅」もそのひとつである。
　その後80年代になると，さまざまな障がいのある人々が，観光旅行を行ううえでのバリアを何らかの方法でクリアしつつ，次から次へと国内だけでなく海外旅行にもチャレンジするようになる。82年には東京～日光間を障がいのある人専用の列車「ひまわり号」が走り，話題になった。84年からは純粋に観光を楽しむための日本初の障がいのある人向けの海外ツアーが発売された。◁3
　90年代になると，観光を楽しむ障がいのある人は特別な存在ではなくなり，すそ野が広がっていく。91年に，JTBの一般向け海外旅行パンフレットに「車いすツアー」が掲載されたこともその現れのひとつである。また大手旅行会社がバリアフリー旅行の専門部署を設け，ツアーを企画したり，中小の旅行会社でも障がいのある人の旅行を専門に扱うところが出てくるようになった。21世紀になってもこうした動きはさらに活性化し，「行けるところへ」から「行きたいところへ」という転換が行われるようになった。
　こうした動きを後追いするように，法的整備も進められ，ハートビル法（94

▷1　ノーマライゼーション
障がいの有無等に関係なく，すべての人が当たり前に生活できる社会が正常（ノーマル）であり，そのような社会の実現に向けて，社会的支援を必要としている人にノーマルな生活条件を提供していくということ。

▷2　石坂直行，1973，『ヨーロッパ車いすひとり旅』（現在絶版）。ヨーロッパ11カ国，21日間の旅行記である。

▷3　前述した「車いすヨーロッパの旅」を担当した旅行会社が，石坂氏の協力を得ながらスタートさせた。第一回目は北欧フィヨルドの旅が行われた。

年), 交通バリアフリー法 (00年) が矢継ぎ早に成立することになる[4]。また95年の観光政策審議会答申では「すべての人には旅をする権利がある」と高らかにうたい上げられた。さらに06年に成立した「**観光立国推進基本法**[5]」では、障がいのある人を含むすべての観光旅行者が円滑に旅行施設を利用できるようにするために必要な施策を講じることを、国の責務とした。

以上のような旅行環境の整備が進められたことによって、現在では、重い障がいがある人でも以前に比べはるかに旅行しやすくなっている。特に今後、超高齢社会を迎える我が国においては、高齢者も含めたすべての人が観光を楽しむことができるように、あらゆる努力を続けていかなければならない。

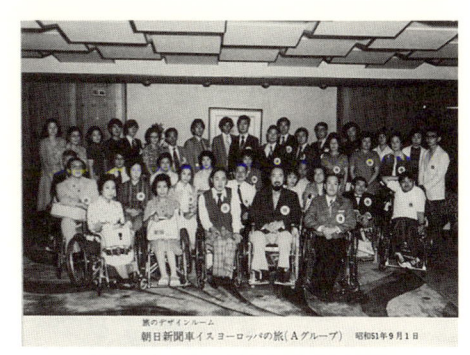

図Ⅵ-9-1 車いすヨーロッパの旅
注：羽田空港での出発式。中央右の車いすの人が石坂氏。

3　観光のノーマライゼーション化を妨げる4つのバリア

一般的には観光のノーマライゼーション化を妨げるバリアには、「経済的バリア」「物理的バリア」「情報のバリア」「人的バリア」があるといわれている。

まず「経済的バリア」についていえば、例えば障がいのある人の収入状況は、他の人に比べて格段に低い。しかも「**障害者自立支援法**[6]」の施行により、福祉サービス利用者の旅行はかなり減少したという調査もある。今後はヨーロッパで行われているような観光に対する個別の経済的支援が必要になってくると思われるが、日本ではまだ「観光＝ぜいたく」という意識が根強く、「観光＝人権」という意識が育っていないため、実現はかなり難しい。

2番目の「物理的バリア」については、法的整備が進み、かなり低くなってきている。今後は、単にアクセスできるかどうか（＝アクセシビリティ）より、快適に使えるかどうか（＝ユーザビリティ）まで追求する必要がある。そのためにも設計段階での多様な人の参加・参画が重要になってくる。

次の「情報のバリア」もインターネットの普及によりかなり低くなってきている。ただし障がいは各人さまざまであり、本当に必要な情報が正確かつ迅速に入手できるかとなるとまだまだ不十分である。例えば車いすマークですらマークの基準は統一されていない。また「点」の整備が進んでも、「線」あるいは「面」での整備が進まなければ、実質的には利用できないということが起こりうる。当事者の目線に立ったよりきめの細かい情報提供が必要となってくる。

最後の「人的バリア」というのは、観光を楽しむ際に、介助者が必要な場合の人の手配の難しさのことを指す。家族への負担を減らすためにも、社会資源として旅行を手伝う人々の育成を図っていく必要がある[7]。

福祉とはもともと「幸せ」を意味する。観光を楽しむということは、幸せになるための大変重要なひとつの手段である。こうした観光をすべての人に保障するために、今後ともさまざまな努力が求められる。

（馬場　清）

▷4　この2つの法律が合わさって2006年に成立したのが「バリアフリー新法」である。

▷5　観光立国推進基本法
第21条（観光旅行者の利便の増進）に国の責務についての記載がある。

▷6　障害者自立支援法
2006年に施行。「応益負担」の原則をとりいれ、福祉サービス利用者に対し、原則1割負担とした。また報酬単価を実質的に切り下げたこともあり、施設収入も減少。その結果、個人的にも旅行を控えたり、施設で行われる旅行を中止するところも相次いだ。

▷7　現在、さまざまな形で旅行中の介護をするための人材養成事業が始められている。例えばNPO法人日本トラベルヘルパー協会では「トラベルヘルパー」の養成を行っており、全国で600人以上の資格認定者がいる。

参考文献
多方一成他編, 2001,『現代社会とツーリズム』東海大学出版会。
馬場清, 2004,『障害をもつ人びととバリアフリー旅行』明石書店。
馬場清, 2010,『車いすでめぐる日本の世界自然遺産──バリアフリー旅行を解剖する』現代書館。

VI 観光社会学の領域

10 まちづくりと観光

① リゾート開発ブームと地域

　1980年代後半以降のバブル経済期に全国的に展開されたリゾート開発ブームは，地域と観光のあり方を考えるうえで重要な意味をもつできごとであった。当時，日銀の過剰な資金供給を背景に，中央の銀行や不動産・建設企業は大都市圏の外にも新たな投資（投機）先を求めた。その一方で，過疎問題に悩む農村地域の自治体は，所得や雇用の創出の機会としてリゾート開発事業に飛びついた。また，1987年に制定された総合保養地域整備法（リゾート法）は，そうした動きを後押しし，全国に波及させることになった。この法は規制緩和や各種補助を梃子にした民間活力による大型施設整備を内容としており，大企業による地域での外来型観光開発を意図していた。しかし開発後，実際に施設を開業した所では多くが経営難に陥り，倒産に追い込まれた事業もめずらしくない。リゾート法適用第一号であった宮崎の「シーガイア」の経営破綻（2001年）は象徴的なできごとであった。国民のゆとりある余暇生活を実現するというリゾート法の理念とは裏腹に，リゾート開発ブームはバブル経済の破綻とともに終焉し，自治体の多額の債務や自然破壊など，地域に深刻な禍根を残すことになった。

▷1　その後経営再建されるが，中核施設の「オーシャンドーム」は2007年に閉鎖された。

② 観光まちづくりの展開とその理念

　リゾート開発の頓挫と並行するように，高度経済成長期を通じて拡張してきた既存の観光地もまた苦境に立たされた。団体，慰安，男性を対象とする，囲い込み型の大型旅館を林立させてきた温泉観光地に代表されるように，多くの国内観光地において観光客の減少がみられるようになったのである。しかし他方では，これらとは対照的に，地域の個性を活かした観光のあり方を提示して，着実に発展を遂げてきた地域も存在している。例えば，小樽，小布施，三州足助，長浜，奈良町，境港，琴平，内子，湯布院，綾など，各々の地域の素材を活かした個性的なまちづくりが，観光と密接に関わりあいながら進展をみている。
　このような展開を反映して，これまでの地域における観光振興を見直し，地域の側から観光のあり方を考えようとする研究の動きが強まってきた。その結果，内発的観光開発，まちづくり型観光，観光まちづくり，地域主導型の観光などの議論が盛んになっている。そこに通底する関心は，外部の人との交流や共感を通じて地域資源の発掘や創造を企図するまちづくりを進め，そのことが

地域住民のアイデンティティの形成や文化創造に寄与する，という具合に，まちづくりとの連関のなかで観光を把握することにある。

まちづくりへの着目は，従来の観光が集客への関心や産業振興を優先した結果，地域住民との連関や自然・居住環境とのバランスがとれなかったことへの反省でもあった。そのため，まちづくり型の観光では，地域の行政・企業・住民が主体となり観光に対する地元住民の理解と参画が必要であるとされる。そして，既存施設を活用し，自然・社会の環境許容量に適合した規模の開発をするなかで，参加・体験のできる観光魅力を創出し，地域内の人的・産業的ネットワークを形成することが求められている。こうした特徴は，いわゆるサスティナブル・ツーリズムの概念とほぼ重なり合うものといえる。

▷2 II-4 参照。

3 構築過程としてのまちづくりと観光

しかし，まちづくりと観光の現実は，その理念通りに進むわけではない。端的にいえば，まちづくり型の観光といえども，これまでの観光の主流であるマス・ツーリズムと無縁ではなく，常にそのなかに回収される傾向にある。

▷3 詳しくは，堀野正人，2004，「地域と観光のまなざし」遠藤英樹・堀野正人編著『「観光のまなざし」の転回』春風社を参照。

ひとつは，人気の観光地となるにつれ，外部資本の参入や観光客の過剰入込が起こり，没個性的なグッズや店舗が登場し，従来の雰囲気が失われ，いわゆる俗化が進行する。また，観光客の大多数は，一時期，非日常の楽しみを求めて訪れ，消費をする人々であって，共感や交流を主目的としているわけではない。そこに双方向的な人間関係の成立を期待するのは難しい。さらに，この過程で，まちづくりの観光によって生み出された魅力も，メディアが表象する，美しい街並み景観，レトロな雰囲気，人々の素朴さや温かみ，といった一連の「地域らしさ」の記号へと還元され，人々に提示されていく。まちづくりのなかで地域住民のアイデンティティの拠り所とされるものが商品となり観光客の消費の対象となっていくのである。

まちづくりを担う側の問題もある。彼らも地域の歴史・文化等の魅力発揮や内外の交流のためだけでは動かない。特に過疎化の進行する地域や商店街の再生と結びついているような場合には，経済的な動機が強く働く。また現実のまちづくりでは地域が簡単に一枚岩となるわけではなく，そこには複雑な利害関係や競合が存在する。さらに，まちづくりのなかで見直されたり，創出されたりする地域の観光文化も，かつての共同体に内在していた，いわゆる「伝統」とは次元を異にする。それは常に当事者によって意図的に操作されつつ継承されていくものであり，不安定さを免れない。

このように，複雑に関連しあう主体間の力学のなかに，まちづくりと観光はある。まちづくりと連動する観光の姿形は，常にフィードバックされて再構築されるものであり，当事者たちがそのつど自覚的に地域の文化や意味を問い直し，それらを提示し続ける過程として捉えられるのである。

（堀野正人）

参考文献
佐藤誠，1990，『リゾート列島』岩波新書。
安村克己，2006，『観光まちづくりの力学』学文社。
観光まちづくり研究会編，2002，『新たな観光まちづくりの挑戦』ぎょうせい。

VI 観光社会学の領域

11 エスニシティと観光

1 商品化されるエスニシティ

　異なる生活習慣を経験することを目的とした観光形態は、「エスニック・ツーリズム」（民族観光）と呼ばれる。多くの場合、その対象となるのは、国民国家内に居住する先住／少数民族の人々であり、観光客はその「珍しい」「エキゾティックな」暮らしを直接目にし、体験することを期待する。

　エスニック・ツーリズムに参加する観光客にとって興味関心の中心にあるのは、対象となる人々に独特な生活習慣である。そしてそうした「独特さ」や「珍しさ」は、それ自体が特定の民族集団とその国の多数派民族との差異を表出させるものであるのと同時に、観光客向けのアトラクションとなる。エスニック・ツーリズムを受け入れるホストとなった人々は、自らの民族集団を特徴づける性質、「**エスニシティ**」◁1 を観光客による消費の対象、すなわち「商品」としているのである

2 観光がつくりだすエスニシティ

　では、観光による商品化は、エスニシティの在り方にいかなる影響をもたらすのであろうか。これまでも、観光による「文化の商品化」論では、市場における交換価値を有していなかった事物が商品化され、資本主義経済制度の内部へと組み込まれる過程を、文化要素の形骸化や「破壊」として批判してきた。エスニシティの商品化もまた同様に批判的に検討することは可能である。しかし、商品化を糾弾すべき「問題」として指摘するだけでは、エスニシティと観光の複雑で動態的な関係を十分に理解することはできない。

　これまでの研究では、エスニック・ツーリズムが民族集団の関係の再構成に関わる事例がたびたび報告されている◁2。例えば、アダムスがインドネシア・スラウェシ島南部のトラジャとブギスの事例をもとに論じるように、エスニック・ツーリズムによる経済的利益の獲得が、民族集団間の力関係に影響を及ぼすこともある◁3。多民族国家においては、観光におけるエスニシティの商品化と文化の展示が、多様な民族集団を国民国家へと統合するうえで、重要な役割を果たしていることも少なくない◁4。

　また、観光が民族集団のアイデンティティを強化する場合もある。用具理論や状況理論の立場からエスニシティを捉えるのであれば、経済的利益獲得の機

▷1　**エスニシティ**
「エスニシティ」概念には、研究者間で統一された定義があるわけではなく、この概念自体がひとつの論争の場となっている。ここでは、民族集団を特徴づける諸属性と帰属意識双方を指す概念として緩やかにこの語を用いている。

▷2　Van Den Berge, Pierre L., 1994, *Quest for the Other: Ethnic Tourism in San Cristobal, Mexico*, University of Washington Press.

▷3　Adams, Kathleen M., 1997, "Touting Touristic "Primadonas": Tourism, Ethnicity and National Integration in Sulawesi, Indonesia", Michel Picard and Robert E. Wood eds., *Tourism, Ethnicity, and the State in Asian and Pacific Societies*, University of Hawai'i Press, pp. 155-180.

▷4　山下晋司, 1999, 『バリ——観光人類学のレッスン』東京大学出版会.

会である観光は，エスニシティが資源として動員される場として理解される。ある民族集団が観光客向けの「魅力」として自らのエスニシティを強調することは，同時に自らの伝統や文化を再認識し，その持続を強化することにもつながるのである。

　さらに，ウッドが指摘するように，観光はエスニシティに影響を与える外部的要因であるというよりも，むしろそれを構成する一部分として捉えられる。インドネシア・バリ島のように，観光客との相互作用の中で「バリ文化」が構築されてきた場所では，観光という要素を抜きにしてバリ人のエスニシティを理解することはできない。観光によってエスニシティが商品化されるだけでなく，エスニシティそのものが，観光との関わりのなかからつくりだされるのである。

　ところで，一般にエスニック・ツーリズムの語から想起されるのは，「辺境」の地に暮らす少数民族の村々を訪ねる旅，あるいは「原始」の暮らしを体験する旅，といったものであろう。しかしエスニック・ツーリズムの舞台は，必ずしもそのような場所に限定されるわけではない。横浜や神戸の「中華街」のように，都市において「異文化」体験を可能とする観光地は世界各地に多数存在しており，都市におけるエスニック・ツーリズムもまた，現代観光を考えるうえで無視することはできない。都市におけるエスニック・ツーリズムは，上述のようなエスニシティと観光の密接な関係を端的に示している。すなわち，観光客向けにテーマパーク化された「エスニック・タウン」において，エスニシティはそれ自体が場所の「テーマ」であり，消費の対象である。現代においてエスニシティは，「観光的な」ものになりつつあるのである。

3　日常生活におけるエスニシティの消費と観光

　観光は，身近なエスニシティ消費の場であると同時に，エスニシティをめぐる政治的経済的な権力関係が可視化される場でもある。それゆえ，エスニシティと観光の関係についての考察は，観光という切り口から現代社会を考察する際に興味深いテーマを提供してくれる。

　もっとも，街中の「エスニック料理店」での食事や，自宅の一角に飾られた「エスニック雑貨」の存在に明らかなように，観光旅行に出かけなくともエスニシティの消費は日常的に行われている。もちろん，エスニック・ツーリズムとは異なり，そこには消費の対象となる人々の姿はない。しかし，このことは，観光的な消費の在り方が，遠く離れた観光地においてだけでなく，私たちの日常生活にも存在していることを知らせてくれる。この両者の連続と断絶は，観光現象を理解するうえで挑戦的な課題であると同時に，現代社会が観光という視角抜きでは考察しえないことを雄弁に物語っているのではないだろうか。

（鈴木涼太郎）

▷5　祖先や言語などの諸属性の共有を本質的な条件として位置づける実体理論に対し，エスニシティを，政治経済的利益をめぐる交渉の場における一種の道具として捉えるのが，用具理論や状況理論の立場である。

▷6　Wood, Robert E., 1998, "Touristic Ethnicity: a Brief Itinerary," *Ethnic and Racial Studies*, 21 (2): pp. 218-241.

▷7　Picard, Michel, 1996, *Bali: Cultural Tourism and Touristic Culture*, Archipelago Press.

▷8　▷6の文献。

Ⅵ 観光社会学の領域

12 遊びと観光

1 「仕事 vs 余暇」の二元論をこえて

　これまで「遊び」は,「余暇(レジャー)」というカテゴリーでくくられてきた。「仕事」は大切で「遊び」は大切でない,「仕事」は本質的で「遊び」は付随的だとされてきたのである。こうした「仕事 vs 余暇」の二元論が,経済至上主義的な近代社会を維持する仕組みのひとつとなってきた。だが「遊び」は今後ますます,私たちが生きていくうえで重要な役割を果たすようになるだろう。そうだとするならば,「遊び」を「余暇」つまり「(仕事が終わったあとの)余った暇な時間」として捉えていくのではなく,別のものとしてとらえていく必要がある。

　例えば「遊び」は,私たちの価値観,生き方(ライフスタイル)を導くものとしても重要である。アメリカの政治学者であるロナルド・イングルハートによれば,これまでのライフスタイル,すなわち近代社会におけるライフスタイルは,経済的な繁栄や衣食住をはじめとする物質的な享受を重視するという,いわゆる「物質主義」的なものだとされている。これに対し,これからのライフスタイル,すなわち脱近代(ポストモダン)[1]社会のライフスタイルは,物質的・経済的な満足感以上に自己実現や自己表現を重視する価値観を有しているとされ,イングルハートにより「脱物質主義」として概念化されている[2]。それは,いわゆる「物の豊かさ」よりも「こころの豊かさ」を重視するライフスタイルであるといえる。

　このような価値観や生き方(ライフスタイル)が,観光における「遊び」の要素とどのように結びついているのか。これについて,かつて調査を実施したことがある。そのときの調査結果からは,「遊び」の要素が,自己実現や自己表現などに重きをおく「脱物質主義」的なライフスタイルを生み出すうえで大切な社会的実践となっていることを確認できた[3]。

2 観光という「遊び」の社会理論へ

　このように,いま「仕事 vs 遊び」という二元論的な区分を抜け出すことが必要とされている。私たちは,「遊び」における文化＝社会的な創造性(creativity)にもっと光を当てていく必要があるのだ。

　これについて,オランダの歴史家であるヨハン・ホイジンガは,「遊び」こ

▷1　Ⅵ-13 参照。

▷2　Inglehart, Ronald, 1997, *Modernization and Postmodernization*, Princeton University Press.

▷3　遠藤英樹, 2005,「脱近代的なライフスタイルをつくる観光経験」須藤廣・遠藤英樹『観光社会学——ツーリズム研究の冒険的試み』明石書店, pp. 205-225。

そが人間にとって本質的な活動であることを指摘している。彼によれば,「遊び」とは, 決してつらい仕事のストレスに耐えるための休息としてあるのではない。また果たすことができなかった欲望に代わって, ひとときの夢を見せてくれるためにあるのでもない。「遊び」が行われるのは, それがただ「楽しいもの」「面白いもの」「歓び」だからである。そういうものとして,「遊び」は文化を創造し, 人間を人間たらしめてきた。人間はその本質からして,「ホモ・ルーデンス（遊ぶ人）」なのであると, ホイジンガはいう。

さらにフランスの社会学者であるロジェ・カイヨワは,『遊びと人間』という著書のなかで, こうしたホイジンガの主張を発展させた。彼は,「遊び」を6つの点において定義する。

①自由であること：誰からも強制されないからこそ「遊び」は楽しい。
②場所と時間が限定されていること：出発点と終着点（場所）, そして, はじまりと終わり（時間）が決まっているからこそ, 人は思いきり遊ぶ。
③結果がわからないこと：結果が未確定でどうなるかわからずに, ドキドキ, ハラハラするからこそ,「遊び」は面白い。
④非生産的であること：何かの「役に立つ」という功利性を超越していることが,「遊び」においては大切である。
⑤ルールがあること：ルール・規則が何もない状態だと,「遊び」は面白くなくなる。
⑥虚構であること：「遊び」には, 日常生活にないものがある。

カイヨワはこのような定義を行ったうえで,「遊び」を以下の4つにタイプ分けする。

①アゴン：サッカーや野球, チェスや将棋などの「競争の遊び」
②アレア：ルーレットや宝くじといった運だめしなどの「偶然の遊び」
③ミミクリ：コスプレ, 演劇, カーニヴァルなどの「模倣の遊び」
④イリンクス：ジェットコースターなど安定した知覚を崩すような「めまいの遊び」

実際の「遊び」は, 4つのタイプを組み合わせ混合したものであるという。このように, カイヨワはホイジンガの議論を精緻なものにしていこうとする。

観光もまた「遊び」を形成する活動のひとつである。観光において, 人は思ってもみなかったようなまちのおもしろさを発見したり, テーマパークで心の底から笑ったり, 食事をかこんで悦びを分かちあったりする。観光における「遊び」の要素がもつ文化＝社会的創造性に目を向け, 観光という「遊び」の社会理論を構築していくことは, 今後, 観光社会学にますます求められるようになるだろう。

（遠藤英樹）

▷4 ホイジンガ, J., 高橋英夫訳, 1973,『ホモ・ルーデンス』中公文庫。

▷5 カイヨワ, R., 多田道太郎・塚崎幹夫訳, 1990,『遊びと人間』講談社学術文庫。

▷6 カイヨワの分類には, まだまだ批判的に検討されるべき余地が多く残されている。V-11 参照。

▷7 以下の論文も参照してもらいたい。遠藤英樹, 2010,「観光の快楽をめぐる『外部の唯物論』——「遊び」＝「戯れ」を軸とした社会構想」遠藤英樹・堀野正人編著『観光社会学のアクチュアリティ』晃洋書房；遠藤英樹, 2010,「旅する——ウェルビーイングにおける『遊び』の重要性」鈴木七美・岩佐光広編著『高齢者のウェルビーイングとライフデザインの協働』お茶の水書房。

13 ポストモダン社会と観光

1 ポストモダン社会とは

　ポストモダン社会とは，近代の芸術・文化・政治等諸領域をつくりあげてきた，「理性」に基づく「真・善・美」の基準が揺らぎ，これらの領域における多様性，多義性が前面に押し出された先進国の社会をいう。リオタールは近代の科学や政治や芸術を正当化してきた「理性」にもとづく「人間」「真理」「発展」といった「大きな物語」に対する不信感にポストモダンの根源があるという。それはまた，消費型資本主義，多国籍資本主義の興隆とも関連がある。消費型資本主義社会においては，文化が生産と消費の対象となり，サービス産業に従事する中産階級が文化の生産および消費の主役となる。ここでは記号が経済活動の中心へと踊り出て，生活が「審美化」「スタイル化」する。かつて「大きな物語」が束ねていた文化的システムは，記号消費の「小さな物語」にすり替えられてゆく。

　かくして，ポストモダン社会がもつ「大きな物語」への不信は，記号消費という虚構の経験を，先進国中産階級文化の中心へと運び込む。実在が記号（あるいは言語）によって的確に表象されると思われていたモダンの時代には，記号という虚構が実在を無視して，勝手に現実をつくりあげるという余地はなかった。リアリズムこそがモダニズムの到達点なのである。しかし，記号消費が盛んになった1980年代以降，芸術や広告表現を通して，表象（あるいは記号化した商品そのもの）の現実創造性が注目されるようになる。

　実体から離れた記号，すなわちオリジナルなき「虚構」が生活世界を覆う，これはボードリヤールが「シミュラークル」と呼んだものと同一である。ここでは，オリジナルをシミュレート（コピー）したはずの記号（表象）が自立し，シミュレーションこそが本物という転倒した「現実」をつくりだす。記号商品がつくりだす美が，他者との差異，または過去の自分との差異を浮き立たせ，それらが「価値」となって流通する。私たちは「〜のようなもの」（「シミュレーション」）であることを知りつつ，それがつくりだす断片的な「現実」を生きるしかない。シミュレーションの全面化というポストモダン社会の特徴は，現代の観光文化のなかにも色濃く見られる。次にその特徴について考えてみよう。

▷1 「発展」を素朴に信じるモダン（近代）社会の後という意味での「ポストモダン社会」と，1970年代の建築様式の一潮流に始まる，芸術様式としての「ポストモダニズム」とは分けて考えるべきであるが，ここでは両者に通底する理念を簡潔にまとめた。

▷2 リオタール，J.-F.，小林康夫訳，1986，『ポスト・モダンの条件』水声社。

▷3 ジェイムソン，F，室井尚・吉岡洋訳，1987，「ポストモダニズムと消費社会」フォスター，H.編『反美学』勁草書房，pp. 199-230。

▷4 フェザーストン，M，小川葉子・川崎賢一編著訳，2003，『消費文化とポストモダニズム上・下』恒星社厚生閣。

▷5 ボードリヤール・J.，竹原あき子訳，1984，『シミュラークルとシミュレーション』法政大学出版会。

❷ シミュレーション世界のなかの観光

　江戸時代から観光地を紹介するガイドブックがあったことからもわかるように，もとより観光には，イメージが先に存在し，それに沿って経験が枠づけられるといった特徴があった。特に，非日常的な宗教儀礼を伴うような巡礼旅行の場合には，集合的イメージがつくりだす旅行経験のリアリティは，日常のそれを上回っていたと思われる。観光文化が元来もっていたイメージの先行性と，現代のシミュレーション的観光文化の経験は確かに重なるのである。とはいえ，伝統的な観光文化は，宗教のような集合的な儀礼に縛られているがゆえに，その「虚構」が「リアリティ」をもち得たことに比べ，現代の観光文化はその呪縛から解き放たれ，自由なイメージの「虚構」をもって商品化されている。現代の観光文化は，形を規定するものがないゆえに，非固定性，人工性，皮相性といった特徴をもたざるを得ないのである。現代の観光経験は，「シミュラークル」としての経験なのであり，ポストモダニズム文化の経験のあり方と同じように，実在と表象との対応関係の自明性はすでに失われている。しかしまた一方で，観光者とて「現実」の人工性を十分知りつつ，人工的な経験をもうひとつの「本物」として楽しんでもいることも指摘されよう。

❸ シミュレーションとしての観光が持つ両義性

　商品としての表象が「現実」をつくりだすといった，現代の観光文化のポストモダン的人工性は，観光客，観光地住民のアイデンティティを従来の固定的なものから解き放ち，一方で未決定かつ不安定なものに，他方では民主的で創造的なものにしてゆく。特に，観光客に「見られる」存在である観光地住民は，地域文化の商品化のなかで疎外されてゆく可能性をもつ反面，文化を積極的に表現する主体として力をつけてゆく可能性ももっている。

　また，観光は，地域文化を商品化させるなかで，地域文化の普遍性と特殊性という相反する二側面を住民に意識化させる。特に，均質化される観光文化のなかでの地域文化の特殊な位置づけを住民の意識に前景化させる。観光社会学には，住民のアイデンティティを賭けた「政治」の場として観光を観察する視点が要請される。

　ポストモダン的表現の深化とともに，観光の表象は人工的に枠づけられ，観光対象は，以前には想像もしなかったものにまで拡がってゆく（廃墟観光，工場萌え，マンガやアニメ聖地巡り等を見よ）。観光はメディアに依存しつつも，観光客が自らの創造性を発揮しつつ，彼らの「主体的」参加によって，非決定的，流動的に作り上げられてゆくものとなるだろう。そのことは，観光客や観光地住民のアイデンティティに創造性を付加するとともに，さらなる葛藤ももたらすことになる。そして観光の社会学はより非決定論的なものとなろう。　　（須藤　廣）

VI 観光社会学の領域

14 社会構想と観光

1 「遊び」としての観光の可能性

　観光は，これまで，人々が近代的な資本主義社会のもとで生きることが快適に思えるような，幻想の快楽をつくりだす社会的装置として機能してきた。ブーアスティンの「擬似イベント」論も，マキャーネルの「演出された真正性」論も，ボードリヤールの「シミュラークル」論も，観光が提供する楽しさ，快楽が想像的（イマジナリー）な幻想の快楽に過ぎないことを指摘した分析であった。観光社会学はこれまで，近代的な資本主義社会のもとで仕組まれている観光の幻想性＝構築性に照準を当て考察を展開してきたのである。

▷1　V-4　V-6　V-7　XI-1　XI-3　も参照。

　だが同時に，観光は「遊び」のひとつとして，快楽を自己目的化し，純粋な「遊び」＝「戯れ」を現出させる可能性も内在させている。たとえそれが仕組まれたものであれ，徹底的に快楽を自己目的化し消尽することで，観光は資本主義社会を維持するための単なる社会的装置であることをやめる。「ただ楽しいから」「ただそれが快楽であるから」という理由で「遊び」が行われるとき，既存の経済システム，政治体制，イデオロギー的幻想，常識的枠組み等々を維持・存続させることは困難となるのである。なぜならば「現実的な世界」は「目的─手段」の無限の連鎖から成り立っており，例えば"一所懸命に再び働けるようになるため一時の快楽を求める"という風に，快楽も何かの手段として位置づけられなくてはならないからである。近代的な資本主義社会が生み出した理性的な思考，すなわち〈近代的な知〉にとっては，「後に来る時を予測してそこに到達しようとするのではなく，この時それ自体として価値づけられる部分……は，考えようのない異質性」となる。フランスの思想家ジョルジュ・バタイユはこれを「非知」と呼んでいる。

▷2　マクシーン・ファイファーは，観光が資本主義社会によって仕組まれた記号の戯れに過ぎず，それを分かったうえで観光客は楽しんでいるという。彼女はそうした観光客を「ポストモダン・ツーリスト」と名づけている。だがファイファーのいう「ポストモダン・ツーリスト」はまだ不徹底であり，快楽を消尽するには至っていないと私は考えている。Feifer, M., 1985, *Going Places : The Way of the Tourist from Imperial Rome to the Present Day*, Macmillan.

▷3　湯浅博雄, 2006,『バタイユ──蕩尽』講談社学術文庫, pp. 385-386。

　観光は，このような「自己目的化した遊び」を顕在化させる可能性をもっている。もちろん，その可能性は一瞬のものに過ぎず，次の瞬間になると私たちは「擬似イベント」などの幻想の快楽へと連れ戻されてしまうかもしれない。だが，一瞬の可能性に賭けて社会を構想することは，これからの観光社会学にとって重要になるだろう。

2 観光のコンヴィヴィアリティ

　その際のキーワードとして，観光の「コンヴィヴィアリティ（conviviality）」

を挙げることができる。「コンヴィヴィアリティ」とは「陽気であること」「宴会好きであること」という意味の英語である。社会学者・哲学者であるイヴァン・イリイチはこの言葉を軸に社会批評を展開し次のようにいう。「私が『コンヴィヴィアリティ（宴の楽しさ）』という言葉を選んだのは，産業的な生産性と正反対のものを意味するためである。その言葉によって，人と人，人と環境の間でかわされる自律的で創造的な交歓を意味しようとしたのである。これは，他者や人工的な環境による要求（デマンド）に対する条件反射的な人々の反応とは正反対のものだ。『コンヴィヴィアリティ』とは，人々がお互いに支え合いながら実現される個々人の自由のことであり，そのようなものとして本来備わっている倫理的価値のことである。」

イリイチによれば，「コンヴィヴィアリティ」とは，「自律的で創造的な交歓」による「人々がお互いに支え合いながら実現される個々人の自由」を意味しているのである。人々が観光を徹底して楽しみ，快楽を消尽することで，その瞬間を共有する人間たちが異なる価値観をもったまま交わり笑い騒ぐ。エコツーリズムでイルカに触れたり，ディズニーランドでミッキーマウスの柔らかなぬいぐるみに抱きついたりしながら，お互いが微笑み合い話しかける。その一瞬人々は「遊び」＝「戯れ」の楽しさを通して，陽気で暖かみのある「人間的な相互依存関係」を形成することもある。それは，次の瞬間になると，はかなく消え去ってしまうような関係性なのかもしれない。だが，こうした「自由な人間の相互依存関係」を何度もあちらこちらに織り込んでいくことで，新しい形の社会を形成していくこともできるのではないか。

そうやって構想される社会は，決して等質な価値を有するアイデンティティに支えられた「共同体」になるのではない。そうではなく，異質な価値を有する人同士が異質な価値をもったままで，対等な立場で対話し合い，そのことを通じて相互にどのような人間であるのかが現れ出てくる空間＝「公共圏」となるはずである。私たちはそれぞれが異なる価値観を持ち，異なる宗教・性・民族性をもって暮らしている。哲学者ジャン・フランソワ・リオタールの言葉を用いるなら，社会の成員をひとつにまとめる「大きな物語」ではなく，分裂した「小さな物語」を私たちは生きている。そうであるなら「小さな物語」を否定し「大きな物語」を構築し直すのではなく，分裂した「小さな物語」のもとで「他者」を慈しみ，愛おしみ，赦し，ともに生きることを理念としていくべきである。上述の「公共圏」とは，そうしたことをめざしたものである。このような「公共圏」を形成する方策として，資本主義社会に対して何も寄与しない無為の「遊び」＝「戯れ」は重要性を増している。

観光社会学は，社会と観光の関連性を問いつつ観光の幻想性＝構築性を分析する責務と同時に，〈来るべき社会〉を構想する応答責任性（responsibility）も担っていくべきなのである。

（遠藤英樹）

▷4　Illich, I., 1973, *Tools for Conviviality*, Harper Colophon paperback edition, p. 11.

▷5　アレント，H., 志水速雄訳, 1994,『人間の条件』ちくま学芸文庫も参照のこと。

▷6　リオタール，J.-F., 小林康夫訳, 1986,『ポスト・モダンの条件』水声社。

▷7　以下の論文も参照してもらいたい。遠藤英樹, 2010,「観光の快楽をめぐる『外部の唯物論』――「遊び」＝「戯れ」を軸とした社会構想」遠藤英樹・堀野正人編著『観光社会学のアクチュアリティ』晃洋書房。

VI 観光社会学の領域

15 社会調査と観光

① 社会調査とは

　社会調査とは，社会学における主要な認識形式のひとつである。[1] 社会調査は，インタビューによるもの，手紙や日記を分析するもの，会話を分析するもの，質問紙調査によって得られた回答を分析するものなど多岐にわたっている。これら多岐にわたる認識形式は，社会学という〈知〉の歴史のなかで「社会調査」というひとつの枠組みへとまとめられてきた。だが，それらがひとつの枠組みへとまとめられていくこと自体，社会学という〈知〉が制度化されていく過程と切り離せないものであったはずだ。これを明確にすることはとても重要な課題である。それには「社会調査史」をテーマに綿密な議論を展開していく必要がある。[2] だがここでは，そうした複雑な問題には立ち入らず，まずはひとつの枠組みの中にまとめられている「社会調査（なるもの）」の種類について概略していくことにしよう。

② 社会調査の種類

○参与観察法

　参与観察法とは，調査者が比較的長期間，ある地域や集団の中に実際に参加し，メンバーたちと暮らしをともにしながら観察を行う方法のことをいう。文化人類学などでよく用いられる方法であり，調査者が調査地となるフィールドにいる人々と同じ目線にたって観察するのが特徴である。この具体例のひとつとしては，鵜飼正樹の『大衆演劇への旅──南條まさきの一年二ヶ月』がある。[3] これは，その名の通り，大衆演劇の劇団に一劇団員として住み込みながら観察を行ったものである。

○インタビュー法

　インタビュー法には，「構造化インタビュー」「非構造化インタビュー」「半構造化インタビュー」がある。構造化インタビューとは，調査者が調査対象者に対して決まった質問を投げかけて，その回答を得るというものである。それに対して，非構造化インタビューは，調査者が質問する項目を最初から決めないで，自由に調査対象者と語り合うものである。そして構造化インタビューと非構造化インタビューの中間に位置しているのが半構造化インタビューである。これはある程度調査対象者に対する質問を決めておくものの，話題の展開にあ

▷1　理論研究も認識形式のひとつである。

▷2　「社会調査史」の研究については以下の論稿を参照のこと。佐藤健二，2000，「社会調査はどのような歴史をたどってきたか？」大澤真幸編『社会学の知33』新書館，pp. 98-103；佐藤健二，2011，『社会調査史のリテラシー』新曜社。

▷3　鵜飼正樹，1994，『大衆演劇への旅──南條まさきの一年二ヶ月』未來社。

わせて、その都度適宜変更したり、新たな質問を付け加えたりするというものである。

◯生活史（ライフヒストリー）法

生活史（ライフヒストリー）法とは、「ある個人」の経験に焦点をあて、その人の記録をあつめて整理し、それによって、その人が生きている時代や社会のリアリティを多面的に明らかにしていく方法である。この方法では、インタビュー法はもちろんのこと、個人の日記、手紙、手記、遺書、写真、映像記録なども用いられる。この調査法の具体例としては、W. I. トマスとF. W. ズナニエツキによる『生活史の社会学——ヨーロッパとアメリカにおけるポーランド農民』がある。トマスとズナニエツキは、ポーランド農民に焦点を当て、新聞などに広告をだし情報提供を依頼し、彼らの日記や手紙などを収集し、そこから移民たちの生活世界を浮彫にしようとしたのである。

◯質問紙調査法

質問紙調査法とは、調査票（質問紙）を用い、調査票における質問項目に対する調査対象者の反応を得ることで、調査対象者の意識、行動、態度を探っていこうとする観察方法である。例えば、「地域の観光地化」に対する住民意識について複数の質問項目が書かれた調査票（質問紙）を作成し、質問項目に対する反応から、住民が「地域の観光地化」をどのように受けとめているのかという彼らの意識や態度を探っていこうとするのである。

▷4 ズナニエツキ, F. W., トマス, W. I., 桜井厚訳, 1983, 『生活史の社会学——ヨーロッパとアメリカにおけるポーランド農民』御茶の水書房。

3 「量的調査法／質的調査法」という区別

以上みてきたような参与観察法、インタビュー法、生活史（ライフヒストリー）法、質問紙調査法といった認識形式にはそれぞれに特質があり、そうした特質をふまえ調査を実施していくべきなのはいうまでもない。特に質問紙調査法は統計分析などの数値（量的なもの）が多く用いられることから「量的調査法」と呼ばれ、「質的調査法」と呼ばれる他のものと区別されている。「質的調査」「量的調査」という分け方によって調査法を分類することは、社会調査を学び始めたばかりの人々にとっては、調査法にまつわる概念を整理するうえでわかりやすい。だが、その「わかりやすさ」には気をつけておこう。

一般的な社会調査法のテキストにおいては、インタビュー法や参与観察法は人々の「語り」をひきだすことが重要といわれているが、実は、質問紙調査もその点で同じである。質問紙調査とは質問紙に対する人々の反応をデータとするものであり、そうして得られた反応もひとつの「語り」に他ならない。多くの場合それは数値で表されているが、数値であれ、言葉であれ、あるいは身振りや映像であれ、どんな形であれ、ひとつの「語り」であることに変わりはないはずだ。

また調査者と調査対象者の信頼関係を意味する「ラポール」も、インタ

ビュー法などでとても重要になると説明されているが，質問紙調査でも「ラポール」がないところでは調査するなど不可能にちかい。インタビュー法であれ質問紙調査法であれ，人間を相手にする限り，調査対象者との何らかの信頼関係（ラポール）は必ず必要になる。

このように考えるなら，「量的調査法／質的調査法」という区別は，あくまで便宜的な区別に過ぎないことになる。

❹ 社会調査に対する立場

桜井厚は，社会調査に対する立場を「実証主義」「解釈的客観主義」「対話的構築主義」の3つに分類している。[5]「実証主義」とは，社会現象や社会的現実を「透明な鏡」のごとく中立的・客観的に正確に写しとることが社会調査や観察の目的だと考える立場である。「解釈的客観主義」とは，人々の語りの中で紡ぎだす解釈を重ねていくことで，できるだけ客観的な「事実」に到達しようとする立場である。例えばインタビューによって観光地の商店街で暮らしてきた人々の想いを聞きとったとしても，人々が語ることには微妙なズレが存在する。そのままでは商店街のすがたを客観的に再現することはできない。そこで，できるだけ多くの人々にインタビューを重ねることで，ある共通した人々の語りを見つけ出していき，そこから商店街のすがたを浮彫にしていこうとする立場が「解釈的客観主義」である。これらに対し桜井は，「対話的構築主義」という立場を主張し，そもそも私たち調査者が社会現象や社会的現実から距離をとって中立的・客観的に観察することなど不可能だという。例えばインタビュー法においても，私たちは調査対象者たちと関わることで，彼らに影響を与えたり，彼らから影響を与えられたりする。[6]調査者が調査対象者との関係性の中に常に／すでに巻き込まれてしまっているのである。桜井は，この点にもっと自覚的になって調査を行うべきと主張する。

❺ 介入する社会調査

桜井のいうように，社会調査は，社会現象や社会的現実を正確に観察し写しとるものでは決してない。社会調査に対するこうした考え方を踏まえ，これをさらに進め，私は「介入する社会調査」という社会調査のあり方を提唱したい。「介入する社会調査」とは，以下2つについて介入をはかっていこうとする調査のあり方をいう。[7]

ひとつは「データに対する介入」である。調査データは調査者が調査対象者との関係性に巻き込まれた結果得られたものであることを自覚的に引き受け，これをより前向きに前景化していこうとする介入方法である。もちろん，そうしたデータはいわゆる「客観的」なものとはならないかもしれない。当然そこには，さまざまな利害・関心・欲望のせめぎ合いが介在することになる。研究

▷5 桜井厚, 2002, 『インタビューの社会学——ライフストーリーの聞き方』せりか書房。

▷6 調査対象者に対して調査者がいだく感情も，調査に大きな影響を及ぼす。これについては，以下の文献を参照。クラインマン，S.・コップ，A., 鎌田大資・寺岡伸悟訳, 2006, 『感情とフィールドワーク』世界思想社。

▷7 「介入する社会調査」は，「アクション・リサーチ」とは異なる。「アクション・リサーチ」とは計画的なプランニングのもとで社会的現実に対して意図的な介入をはかろうとする調査であるが，「介入する社会調査」は社会的現実に巻き込まれている（involved）感覚がどちらかというと強い。ただ「同じ巻き込まれている（involved）のなら，むしろ，それをプラスに考えていこう」とする立場が「介入する社会調査」である。これについては以下の論稿も参照してもらいたい。遠藤英樹, 2007, 「介入する社会調査」『奈良県立大学研究季報』17 (3・4合併号)：pp. 95-102。

者が，どのような視点から，何のために，いつ，どこで，何に向けて，いかにして調査対象者との関係性においてデータを構築していくのか。このことを，常に問い続けていく必要が生じる。

　もうひとつは「社会的現実に対する介入」である。これまで社会調査では，調査対象である社会的現実に介入し変容させてしまうことは厳しく禁じられてきた。だが調査者は，社会的現実から超越したポジションに立脚することは決してできない。それゆえ調査者は社会的現実に対して応答責任（responsibility）を負い，社会的現実への介入を積極的に行っていくべきだろう。

　調査者が絶対的な審級たる神のごとく，無垢な状態（タブラ・ラサ）において調査対象を客観的に観察することなどあり得ない。そうだとすれば調査対象者との関係性に常に／すでに巻き込まれていることをもう少しだけ前向きにとらえ，「データに対する介入」「社会的現実に対する介入」を図っていこうとする社会調査を，私は「介入する社会調査」と呼んでいるのである。

6　調査することと観光すること

　観光社会学は，以上のような「リフレクシヴ（再帰的）な社会調査」に対して，さらに問いをつきつける。かつて秋葉原へ観光社会学の調査に行ったときのことだ。私と共同研究者は，秋葉原でメイドのコスチュームを着ていた女性たちを熱心に撮影していた男性観光客たちのすがたを追っていた。あちらのメイドたちがいる方へ彼らが走ると私たちもあちらへ，こちらのメイドたちがいる方へ彼らが走ると私たちもこちらへと一所懸命に走り続けていた。そのうち私は不思議な感情にとらわれてきた。私自身がまるでひとりの観光客になってメイド服を着た女性を追いかけているように思えてきたのだ。男性観光客たちと私たち調査者はいったいどこが違うのだろう。そんな風に思いだしたのである。このように考えるのならば，観光することと，調査することや社会学することの間には，実はそれほど大きな隔たりはないのかもしれない。もし隔たりがあり，観光することよりも，調査することや社会学することの方がより深く重要なことを見ているのだと考えるならば，それは調査や社会学を特別視するエリート主義にほかならないのではないか。調査者も社会的現実のなかで生きる人々の単なる一員に過ぎないのであって，「真実」にアクセスする何の特権ももってはいない。その意味で，観光客と調査者を区別するものは何もない。調査者がもし観光客よりも深い「真実」に近づいていると主張したいのであれば，その都度，その都度，社会の内部において観光客と「知の覇権」を争っていかなくてはならないのではないだろうか。観光社会学がつきつける問いに，私たちはいま，もっと誠実に向き合わねばならない。

（遠藤英樹）

▷8　遠藤英樹，2007，『ガイドブック的！　観光社会学の歩き方』春風社。

Ⅶ 隣接する学問領域

1 人類学における観光

1 観光研究と人類学

1977年にV.スミス編集による *Hosts and Guests: The Anthropology of Tourism* が出版されて以来,人類学の分野における観光研究が盛んになった。1980年代中頃からは日本でも観光研究の成果が発表され,1990年代中頃には「観光人類学」の授業が開講された。初期にはなぜ観光を研究するのか,遊び,余暇,楽しみなどと同様に,まじめな学問の対象となることを訴える必要があった。その事情は社会学における観光研究と共通する。

異文化理解を標榜する人類学においては,近年まで先進国の文化現象や自文化を研究対象に据えることはなかった。しかし植民地経験後のあらゆる社会が世界的につながり,「未開」なるものの成立する余地がないと認識を新たにした研究者は,人類学的フィールドワークの手法を使い,都市やサブカルチャー,スポーツ,企業なども,観光現象と同様に研究対象とするようになった。

2 観光の文化人類学的研究の特徴

あらゆる調査地で観光者に遭遇するが,その観光者を避けて人類学者は観光研究から距離をとっていた。しかし観光研究は,当該社会を長年調査し言語も習得した研究者にとって,実は最もふさわしいテーマであった。観光は異郷において新たな経験をし,リフレッシュされて帰宅するという特徴をもつ。それは日常からの分離,境界領域での霊的経験,新たな日常への再統合という過程を経る典型的な「通過儀礼」の構造と通じ,特に宗教的聖地への巡礼と酷似している。N.グレイバーンは観光を「聖なる旅(=巡礼)」と考え,ヘネップやターナーの通過儀礼研究の成果を適応し,当初の観光研究を先導した。

V.ターナーは儀礼研究に新たな局面を拓いた。特に日常から分離され,境界(リミナル)領域の儀礼での霊的経験を通して新たな自己を獲得するときに,受礼者同士が真に人間同士のふれ合いを経験する「コミュニタス」的状況が巡礼に見出せると指摘した。そして巡礼者同士の実存的な出会いを可能にする境界領域での経験と現代社会における世俗的な観光との類似と相違を明らかにするために,新たに「リミノイド」(擬似的リミナル)という概念を提唱した。

グレイバーンの通過儀礼的分析とターナーのコミュニタス論は,観光者の「観光経験」に注目する研究への展望を拓いた点で特筆に値する。

▷1 Smith, Valene L. ed., [1977] 1989, *Hosts and Guests: The Anthropology of Tourism*, University of Pennsylvania Press. Ⅺ-2 参照。

▷2 Graburn, Nelson, 1977, "Tourism: the Sacred Journey", Valene L. Smith, ed., *Hosts and Guests: the Anthropology of Tourism*, University of Pennsylvania Press, pp. 17-31.

▷3 ターナー, V., 梶原景昭訳, 1981,『象徴と社会』紀伊國屋書店。

③ 文化の真正性

　観光研究における真正性の議論では，まずブーアスティンの「擬似イベント」とマキャーネルの「演出された真正性」が取り上げられる。文化人類学はさまざまな社会の文化現象を扱う学問を標榜しているが，先進国を扱うことには二の足を踏み，その間カルチュラル・スタディーズに先行されてきた。しかし現在，観光人類学はまがいものやフィクションなど，いかがわしいまでにポストモダン的な観光現象を対象に据え，人類学的フィールドワークを行い，日々新たに「創造される伝統」のありのままの姿を捉えようとしている。

　「真正性」の問題として，まずは民族文化に対する宗主国による植民地主義的介入と観光による影響が比較された。そして構築主義的なアプローチによる伝統の創造過程の解明，文化の客体化・商品化の問題，民族文化の著作権に関する議論，本来の上演場所から誰が持ち出す権限を持つのか，などの問題が研究された。研究者レベルでは，観光現場で提示される文化の「真正性」に関する議論が実りあるものとはもはや考えられていない。本来の文脈から切り離された時点で，博物館であろうと観光の場であろうと「真正」ではなくなる。しかしながら，提示者にとっては「真正であること」の重要性はいささかも減少していないのも現実である。文化の提示者や研究者が，そこでどのような判断や態度を示すのかが問われることになる。

④ 「観光経験」の人類学

　必要性は認められてもなかなか実現しなかったのが，観光者の「観光経験」研究であった。その理論的な枠組みを，実は文化人類学はもっていた。「通過儀礼」において受礼者が境界領域で何を獲得しどのように変化するか，そしてそこでの実存的コミュニタス経験をいかに今後の人生に活かすかという視点である。それによって，観光者が自らの観光経験の「真正性」に強いこだわりをもっていることが明らかになる。この観光経験の重要性を明らかにしたのが，自ら旅行者を引率した経験をもつ人類学者ブルーナーの『観光と文化』である。旅先での経験は，「ものがたり」の枠組みを与えられないうちは語るべき観光経験にならない。たとえよく知られた名所を通過するだけの観光であろうと，それなりの「ものがたり」が構築されないうちは，振り返ることができず，思い出すにふさわしい経験にはならないのである。

　観光経験の「ものがたり」は，地域文化を育んでいる人々との交流や，みやげもの製作過程の観察，店主とのやりとりなどの思い出が育むものである。「観光経験の人類学」は，真摯に地元文化を提示する地域の人々との交流経験の重要性に注目し，新たな観光研究の展望を拓くものとなる。

（橋本和也）

▷4　Boorstin, Daniel, 1964, *The Image: A Guide to Psedo-Events in America*, New York Atheneum. V-4 XI-1 参照。

▷5　MacCannell, Dean, 1973, "Staged Authenticity: Arrangements of Social Space in Tourist Settings", *American Journal of Sociology*, 79 : pp. 589-603. V-6 XI-3 参照。

▷6　V-10 参照。

▷7　ブルーナー，エドワード，安村克己・遠藤英樹他訳，2006，『観光と文化──旅の民族誌』学文社。

▷8　橋本和也，2011，『観光経験の人類学』世界思想社。

Ⅶ 隣接する学問領域

2 カルチュラル・スタディーズにおける観光

1 カルチュラル・スタディーズとは何か

　カルチュラル・スタディーズ（文化研究）のルーツはイギリスにある。古くは19世紀のアメリカ型大衆文化の批判に始まり，第二次大戦後，リチャード・ホガート，E. P. トンプソン，レイモンド・ウィリアムズ，スチュアート・ホールらが本格的に発展させた。マルクス主義の影響を受けつつも，経済決定論やエリート主義を脱し，抑圧された立場の人々にも生き生きした文化があることを正面から捉えた。この潮流は1970年代からアメリカ・中南米・オーストラリア・インド・香港・台湾・韓国・日本など，世界中に広がり流行した。

　カルチュラル・スタディーズは，社会学・政治学・メディア研究・文学・思想・歴史学・地理学・人類学などの学問領域を横断し，大学アカデミズムの制度的な知のあり方を根底から問い直した。だがその反面，他の学問と比べて定義・範囲・対象・方法が明確でなく，実に多様で曖昧である。「○○学者」のように，「カルチュラル・スタディーズ研究者」として自分をアイデンティファイする人も非常に少ない。また，とっつきやすいポピュラー文化を扱うことで，出版市場の書籍流通や大学の学生集めの利益と結びつき，批判性を弱めた面は否めない。日本でも一過性の流行が過ぎ，「カルスタ」と揶揄されてきた。

2 カルチュラル・スタディーズと観光社会学

　したがって，「カルチュラル・スタディーズにおける観光研究」といった，確固とした潮流があるわけでもない。とはいえカルチュラル・スタディーズと観光社会学は，多くの点で共通した志向性をもつ。まず，観光やマンガ，アニメのように，これまで大学の学問では「遊び」として軽視されてきたポピュラーな文化を，まじめな研究テーマとして取り上げたことである。

　次に，文化も観光もともに，他から切り離して単独に考えるのでなく，政治・経済・メディア・ジェンダーなど，他の諸領域や要素がそこで交錯して関係しあう重要な場として，ゆるく広く理解された。両潮流とも，過度の専門分化と領域への埋没を批判的に問い直し，領域横断的に現実の多面性を見ていく点で，社会的な事実をよりトータルに捉えようとした社会学の創始者デュルケームの志に立ち返る面をもつ。その軸や切り口となるのが文化であり，観光なのである。

　また，観光社会学は必然的に，観光にまつわるビジュアル文化，視覚的な表

▷1　日本では「カルチュラル・タイフーン」という年1回の国際シンポジウム・文化イベントが2003年から開かれ，東京・沖縄・京都・名古屋・仙台など，各地を回る形で続いている。研究者だけでなく一般の人にもオープンな点が，通常の学会とは一線を画す。

▷2　Ⅴ-5 Ⅺ-5 参照。

▷3　見る主体 subject と見られる客体 object の関係は，さまざまな分野で問い直すことができる。医者と患者，教師と学生，親と子，メディアの映す側と映される側，南北問題に直面する先進国と途上国，社会調査の研究者と対象者など，はたらきかけの主体の側が優位な立場にいて，都合のいい見方をしがちである。
　観光におけるツーリストと観光地の関係も同様である。ツーリストは自由に動き回る「見る主体」であり，観光地の風景や人は，「見られる客体」の位置に固定される。

象に関心を向けてきたが，カルチュラル・スタディーズもテレビ・映画・写真・雑誌・インターネットなど，多くのメディアの視覚的な表象を扱ってきた。

自然や都市，観光地の風景は，最初からありのままで美的な鑑賞の対象だったわけではない。ジョン・アーリのいう観光のまなざし[2]によって人為的に「名所」「リゾート」のフレームを与えられ，美化され，視覚的な商品として手を加えられた産物である。これは，スチュアート・ホールのメディア研究におけるコード化の議論とシンクロする。ニュースの送り手は現実をありのままに映すのでなく，自分たちの視点・立場・利害に即して現実を加工・編集して視聴者に送り届ける。観光のまなざしもコード化も，もとの現実をそのまま伝えるのでなく，現実の「自然さ」を生み出し，積極的に方向づける点で共通する。

❸ グローバルとローカル，場所のアイデンティティ

グローバル化が進む中で，ローカルな場所のアイデンティティはいかに変容をとげるか。これも，カルチュラル・スタディーズと観光社会学がともに重視してきた問題だ。今日の国際観光の高まりも，グローバルな交通・情報網の発達を背景にしている。人々は遠くのものと簡単にふれられるようになったが，他方で観光地に住む人々の経済生活はグローバルな観光客の動向に大きく左右され，場所の特質・役割やイメージは外から強く割り当てられるようになった。

とはいえローカルな場所の特性は，外から一方的に割り当てられるわけでもない。たしかに旅行エージェントは大量の観光客を現地へ送り込み，観光客はすでに先入観となったイメージを現地に確かめに来る。沖縄の例でいえば，「南の亜熱帯リゾート」「のんびりした癒しの島」など，日本本土の観光客に都合のいい形で沖縄は繰り返し表象され，「見られる客体」の位置に固定されてきた[3]。

だが沖縄側も，本土側のこうしたツーリスティックな称賛を，自己認識と誇りを得る契機として活用してもきた。全国向けに流通する沖縄イメージを「見る主体」として自ら消費し，沖縄県民のアイデンティティを身にまとってきた，より能動的で多様なプロセスがある。メディアや観光を通しての外からの承認の構図は，地元側の場所のアイデンティティの形成の契機にもなる。

これはまさに，カルチュラル・スタディーズの基本視点や，ホールの提示した「コード化／脱コード化」[4]と重なる。観光の支配的なコード化，優先的な読みに対し，地元側の脱コード化，交渉的で多様な読みもある。観光地の地元側も，与えられたイメージを受動的に強いられるのでなく，自分たちの生活の文脈に合わせて能動的に読みかえ，特有の意味づけを与えているのだ。

最後に観光社会学において，カルチュラル・スタディーズが提起した人種・ジェンダー・階級の重層的な作用や，先進国と途上国の非対称的な力関係，**ポストコロニアル**[5]，戦争・軍事，貧困などの問題は，世界の観光とも密接に関連しており，今後いっそう本格的に取り組まれるべき課題だろう。　（多田　治）

▷4　コード化／脱コード化
コード化は encoding，脱コード化は decoding の訳語。コード化とは，メッセージの送り手がその意味を独自に加工し，生産−流通−消費のプロセスに組み込むことである。だがメディアの内容は，生産者が一方的に消費者に押しつけているのでなく，消費者がそれを各自の文脈に置き直し，解読する脱コード化のプロセスがある。一般的にカルチュラル・スタディーズは受け手の能動性，読みの多様性を重視する。

▷5　ポストコロニアル
直訳すれば「植民地以後」だが，かつての宗主国と植民地の非対称的な力関係は，今日にもさまざまな形で影響を残している。そのためこの言葉は，単なる時代区分を指す用語ではなく，現代にもコロニアルな状況が独自の形で継続していることを意識化する用語である。V-12 参照。

参考文献
ロジェク，C., 渡辺潤・佐藤生実訳, 2009,『カルチュラル・スタディーズを学ぶ人のために』世界思想社。
吉見俊哉編, 2001,『カルチュラル・スタディーズ』講談社選書メチエ。
多田治, 2008,『沖縄イメージを旅する──柳田國男から移住ブームまで』中公新書ラクレ。

VII 隣接する学問領域

3 地理学における観光

1 地理学における観光研究と文化／空間論的転回

　地理学における観光研究は，英語圏においては「文化論的転回（cultural turn）」の影響によって1990年代に活発になった。文化論的転回とは，1980年代後半から生じた文化的次元への学際的な知的シフトのことを指しており，これは資本制下で進行するグローバリゼーションという社会的状況に対応したものであった。なぜなら，世界がますます均質化するなかで，国際分業において優位なポジションに立ち，資本投下の獲得・保持と雇用創出を果たして消費の中心となるために，経済資本よりも文化資本を充実して他の場所と差異化する必要性が生じたため，現代社会において文化が重要な問題となったからである。こうして，場所の資本主義的発達のために文化資本の蓄積による観光地化が重要になるという状況が生じ，地理学において観光が注目を集めるようになった。

　また，文化論的転回における議論は，フェミニズム，ポスト・コロニアリズム，カルチュラル・スタディーズなどの特権的な力に対する抵抗を提起する諸分野において，文化のはらむ権力や，他者やアイデンティティの問題に注目が集まるなかで展開されてきた。例えば，帝国主義時代における「心象地理（imaginative geographies）」のはらむ権力の問題を問うたE. サイードの議論や，ナショナリズム研究の重要な視座となったE. ホブズボウムの「伝統の創造（inventing tradition）」論といったものが，アイデンティティや他者，そして権力の問題が深く介在する観光現象を理解するための重要な視座となり，文化に注目した地理学における観光研究を活性化させたのである。

　加えて，学際的な文化論的転回は，グローバリゼーションの一方でローカリゼーションが進行するといった資本主義の空間性や，権力やアイデンティティの問題における地理的空間の重要性を浮き彫りにする，「空間論的転回（spatial turn）」と呼ばれる「空間」に対する注目を伴っていた。こうした議論は，D. ハーヴェイやE. ソジャといったポストモダンの文化・社会地理学者が，空間は社会／物質的な諸実践を通じて構成される社会的構築物であり，かつ社会も空間的に構成されると理解し，資本主義の空間性を論じるための空間認識を鍛え上げるなかで展開してきた。地理学における観光研究は，こうした空間論的転回の影響も受けるなかで，近年は文化や空間をキーワードとして議論がすすめられてきたのである。

▷1　Jackson, Peter, 2000, "tourism, geography of," R. J. Johnston, Derek Gregory, Geraldine Pratt, Michael Watts eds., *The dictionary of Human Geography: Forth edition*, Blackwell, pp. 840-843.

▷2　ハーヴェイ, D., 吉原直樹監訳, 1999, 『ポストモダニティの条件』青木書店.

▷3　ブリトン, S., 畠中昌教・滝波章弘・小原丈明訳, 1999, 「ツーリズム, 資本, 場所――ツーリズムの批判的な地理学にむけて」『空間・社会・地理思想』4：pp. 127-153.

▷4　サイード, E., 今沢紀子訳, 1986, 『オリエンタリズム』平凡社.

▷5　ホブズボウム, E., 前川啓治・梶原景昭他訳, 1992, 「序論――伝統は創り出される」ホブズボウム, E.・レンジャー, T. 編著『創られた伝統』紀伊国屋書店, pp. 9-28.

▷6　▷2の文献参照.

▷7　ソジャ, E., 加藤政洋・西部均・水内俊雄他訳, 2003, 『ポストモダン地理学』青土社.

2 地理学における観光研究の視座

　地理学の観光研究においては，観光地のような観光の目的地となる空間がしばしば注目される。そうした空間が，いかにして，どのようなものとしてつくりだされたのか，それがどう変容しているのかについて検討するのである。その際には，H.ルフェーブルの『空間の生産』における議論などを参考にしながら，イメージなどを介して私たちが直接的に生きる空間，都市計画などによって意図的に操作された空間，そして施設などの物理的な空間，といった異なる空間の次元の相互関係が考察されることが多い。そうすることで，想像的かつ現実的な観光のための空間が，いかに社会的に生産されているかが理解されるのである。

　こうした際に特に注目されるのが，観光客にとっての空間である。観光空間は，J.アーリが議論したような非日常性を求める観光客のまなざしが故に，差異が重要な空間になるという特徴があるからである。そしてこの差異が求められる観光空間については，特に政治的なイデオロギーと関わる問題にしばしば焦点があてられる。例えば，E.サイードが著書『オリエンタリズム』のなかで他所の心象地理がはらむ政治性について論じたように，植民地観光などにおける権力の問題について考察がなされている。社会的につくりだされる観光客のまなざしに注目することで，観光空間と社会との関係が検討されるのである。

　差異が重要となる観光空間は，他者との「出会いの空間」という特徴も有している。またそれは，観光客の欲望を反映するなかで，さまざまな異質なものが混じり合う「異種混淆の空間」にもなっている。先の権力の問題についても，観光空間のこうした特徴との関係から検討される。例えば，近代期のリゾートや博覧会は，野卑な下層市民／女性／野蛮な外国人／田舎／植民地が想像上で結びつけられ，さまざまな他者が出会う異種混淆の空間になっていたが，そこにおいて国家による国内統治と帝国主義的な戦略や，観光客を構成する中産階級の主体形成の問題といったものが，いかに関係していたかが議論されているのである。

　観光空間は非日常性ばかりでなく，日常性も有した半日常の空間であるという認識も重要である。非日常の魅力がなければ観光に行く動機が生じないし，日常性がなければ観光空間で安全で快適に過ごす事ができない。観光とはまさに矛盾した現象なのであり，それゆえにリゾート開発による自然破壊をはじめとする，保護と開発に関する問題が生じるのである。こうした観光空間における矛盾は，均質化と同時に差異化を求めるという，資本主義社会における空間の特徴である。このような性質は，グローバリゼーションとローカリゼーションが同時進行するという現代社会の特徴を生じさせているが，まさに観光はその両者の局面が関わる象徴的な現象となっている。こうしたことから，観光を空間に注目して考察することは，現代の資本主義社会の理解にもつながる，文化・社会科学における最先端の領域となっているのである。

（神田孝治）

▷8　ルフェーブル，H.，斉藤日出治訳，2000，『空間の生産』青木書店。

▷9　アーリ，J.，加太宏邦訳，1995，『観光のまなざし——現代社会におけるレジャーと旅行』法政大学出版局。Ⅴ-5　Ⅺ-5　参照。

▷10　▷4の文献参照。

▷11　Duncan, James and Derek Gregory eds., 1999, *Writes of Passage: Reading travel writing*, Routledge.

▷12　Crouch, David, 1999, "Introduction: encounters in leisure/tourism", David Crouch ed., *leisure/tourism geographies: practices and geographical knowledge*, Routledge, pp. 1-16.

▷13　ストリブラス，P.・ホワイト，A.，本橋哲也訳，1995，『境界侵犯——その詩学と政治学』ありな書房。

▷14　▷9の文献参照。

Ⅶ 隣接する学問領域

4 経済学における観光

1 観光の経済学的アプローチ

　観光が経済学の研究対象となったのは、20世紀初頭のヨーロッパが最初といわれている。第一次大戦後の経済復興策として、ヨーロッパの国々は観光を外貨獲得の重要な手段と捉え、観光統計が整備され、経済効果を測定する手法として経済学的研究の体系化が進んだ◁1。しかし、経済学の主流がヨーロッパからアメリカに移るにしたがい、観光の経済学的研究は主流派経済学の進展から大きく取り残されることになった。その理由のひとつは、観光概念や定義が経済学的に定式化し難く、その不明確さのために観光統計を精緻化できなかったことである。しかし、近年の観光者の増加や観光関連産業の成長によって、その経済効果が無視できなくなるにつれて、観光を経済学的枠組みから分析・研究しようとする動きが活発化している。また観光統計の整備が進むなかで、ミクロ的・マクロ的側面からの経済学的アプローチの重要性が認識され始めている。

2 ミクロ経済学的アプローチ

　観光とは、ミクロ経済学的側面からみると、観光関連財やサービスを購入する観光者の側面と、それらを複合的に生産する観光企業（観光業者）の側面とに二分される。観光者は、自己の所得と市場で与えられた価格を所与として、観光における自己の効用（満足）を最大にするために、観光関連財やサービスを購入（需要）する。一方、観光企業は、生産に伴う費用や価格という制約のもと、利潤最大化を目的として、財・サービスの生産（供給）を行う。この観光に対する需要と供給の取引において市場が形成され、需給が一致するところで観光関連財やサービスの取引数量と市場価格が決定される。市場は、その調整機能により、需要と供給のバランスを図る。しかし、市場の独占化や外部性などの**市場の失敗**◁2により、市場の調整メカニズムがうまく機能しない場合、国が介入して、価格規制や数量調整を行う。このようなミクロ的アプローチは**新古典派経済学**◁3と呼ばれており、合理的な経済主体を想定し、最適化行動を理論的前提として市場での効率的取引を定式化している。

3 マクロ経済学的アプローチ

　観光をマクロ経済学的側面から捉えると、そのひとつは、国民経済としての

▷1　イタリアのA.マリオッティ、ドイツのR.グリュックスマン、A.ボルマンなどの優れた研究者が登場した。

▷2　市場の失敗
市場メカニズムの下で効率的な資源配分が実現できないこと。

▷3　新古典派経済学
近代経済学の学派のひとつ。ケンブリッジ大学のA.マーシャルやA.C.ピグーなどの学説を継承し、市場機能を重視する学派である。

国や地域の観光消費，観光投資，そしてそれらの需要から生み出される経済波及効果（所得効果，雇用効果，税収効果）などを分析対象としている。観光者による観光消費（宿泊費，交通費，飲食費，土産・買物費，遊興・娯楽費等）や観光企業による観光投資（ホテル，レストラン，観光施設の建設等）がどのような要因によって決定され，またそれらが観光関連産業や他産業の生産や雇用にどのような経済効果を及ぼすのかをマクロ経済学的手法のひとつである**乗数理論**や産業連関表により分析する。近年，コンピュータ技術の発達によりその分析手法や精度も向上し，観光イベントや観光振興策の経済波及効果の測定にこれらの手法は幅広く用いられている。また，マクロ的アプローチとして，国際観光分野の経済学的研究の発展も目覚ましい。**インバウンド・アウトバウンド**の統計整備が進むにつれて，旅行需要に対する為替効果や所得効果などの国際比較研究も進展している。そのほか，都市経済学，産業組織論，交通経済学，環境経済学などの応用経済学的視点からの観光研究も進みつつある。

❹ 観光統計の整備

これまで観光の経済学的研究が遅々として進まなかった原因のひとつとして観光統計の未整備があげられる。国や地域ごとに観光の定義が不明確で，集計方法に統一性がなく，観光入込数ですら単純に比較ができなかった。しかし現在，観光の経済効果が重視されるにしたがい，わが国の観光行政は観光統計の体系的整備の必要性を痛感し，宿泊統計，観光入込客統計，外国人旅行者に関する統計，旅行・観光消費動向調査の4つの観光統計の整備を進めている。また，世界観光機関の指導の下，観光統計の世界標準化が進みつつあり，**旅行・観光サテライト勘定**（TSA）が開発され，すでに60ヶ国以上の国々で活用されており，わが国でも，本格的に導入されている。TSAの導入により観光関連産業での消費構造が明らかとなり，付加価値の把握や国内総生産に対する観光の寄与度が測定でき，統一基準の下でそれらを国際比較することが可能となる。

❺ 社会的費用と環境評価

観光とは，経済学的にみると，さまざまな産業が複合的に組み合わさり提供される財やサービスであり，国や地域に与える経済波及効果は非常に大きい。それゆえ実際，多くの自治体は地域振興の柱として観光を捉えている。しかし一方で，このようなプラスの側面だけでなく，観光活動に伴う社会的費用（観光ゴミや交通渋滞，騒音等）が発生するのも事実である。環境経済学の分野では，自然環境やアメニティなどの市場価格で評価されない非市場的価値を測定する分析手法の研究が進められ，現在，観光の環境側面におけるインパクトを測定する方法として，**仮想市場評価法**（CVM）をはじめとする多くの研究成果が学会等において報告されている。

（麻生憲一）

▷4 **乗数理論**
投資などの有効需要の増加が最終的に経済全体の国民所得に与える影響の大きさを説明する理論。

▷5 **インバウンド・アウトバウンド**
インバウンドとは，非居住者の当該国への旅行であり，アウトバウンドとは，居住者の他国への旅行である。

▷6 **旅行・観光サテライト勘定**
国民経済計算体系（SNA）のひとつとして位置づけられている。GDP統計等との整合性・比較可能性を保ちつつ，新しい経済概念に対応していく枠組みである。

▷7 **仮想市場評価法**
アンケート票を用いて評価対象に対する支払意思額を利用者等に尋ねることで，市場価格化されていない評価対象の市場価値を金額で評価する方法である。

参考文献
香川眞編，1996，『現代観光研究』嵯峨野書院。
栗山浩一・庄子康，2005，『環境と観光の経済評価』勁草書房。
塩田正志，1996，『観光学研究』学術選書。
シンクレア，T. M.・スタブラー，M.，小沢健市監訳，2001，『観光の経済学』学文社。

Ⅶ 隣接する学問領域

5 歴史学における観光

① 近代ヨーロッパの産物としての観光

　永遠の命を求めて旅したシュメールの王ギルガメッシュの例を出すまでもなく，古今東西，旅は，人を動かし，異なる文化や事物，人々との出会いをもたらす知的営みである。しかしながら，「これまで旅が歴史学の一分野として主張されたことはない」と，『旅の思想史』の著者エリック・リードは言う。

　似たようなことが，観光（ツーリズム）という文化現象についてもいえる。観光は近代ヨーロッパの産物であり，産業革命を経て経済大国となり，ヨーロッパの（そして世界の）覇権を握った19世紀のイギリスで発展したのだが，歴史学が関心を寄せたのは，もっぱら「金持ちが温泉や海辺のリゾート地を訪れる」という現象がその下の社会階層に広がっていくプロセスであり，観光の産業化や対象地の多様化とその諸要因（交通革命や情報革新等）など，欧米中心の分析でしかなかった。

　ここでは，イギリスを中心に近代観光の展開を具体的に概観して20世紀のマス・ツーリズムへの道のりを見ながら，「マス」に代替する観光のあり方が欧米中心の「観光の歴史」をどのように変えつつあるか，見ていこう。

② グランド・ツアー：近代観光へのテイクオフ

　大航海時代を経験したヨーロッパ人たちは，17世紀後半以降，理性に基づく科学的認識によって無知や迷信を払拭する啓蒙思想を発展させるとともに，世界中の知識や情報を所有したいという思いを膨らませた。「啓蒙」と訳される"Enlightenment"という英語は，文字通り，「闇（蒙）を啓く光（light）」という意味である。この時代風潮のなか，社会の安定を得て経済力を増しはじめたイギリスの貴族や地主らは，ジェントルマン教育の総仕上げとして，息子たちを「光」，すなわち文化の先進国であるフランスやイタリアに外遊させるようになった。「グランド・ツアー」と呼ばれたこの旅には，お目付役として家庭教師が同行しており，なかにはその後歴史に名を残した知識人も少なくない。[1]

　「文明の光を観に行く」――「観光」という新しい日本語を生んだ明治日本の岩倉遣欧使節団を想起させるグランド・ツアーだったが，経済力を蓄えたブルジョアの間でヨーロッパ諸国への旅が一般化するにしたがって形骸化した。"tourism"という新しい英語が生まれたのは1811年頃のこと。蒸気船や鉄道に

▷1　家庭教師としての経験のなかで，ジョン・ロックは「若者たちは外国語の習得には遅すぎるし，異文化理解を通じた知識と人格の向上には早すぎる」と感じ，アダム・スミスはグランド・ツアーを生んだそもそもの原因であるイギリスの大学教育レベルの低さを問題視している。

よる交通革命の追い風を受けて，マス・ツーリズムへの動きが始まった。

3 せめぎあう大衆化と差異化

1841年7月，イングランド北部を貸し切り列車で行く鉄道の旅に，1000人余りの労働者が参加した。ツアーコンダクターは印刷業を営むトマス・クック。禁酒運動家の彼が，飲酒から「健全な娯楽」である旅へと労働者を引き寄せるべく考案した仕掛けこそ，すべてお任せの団体割引パックツアーだ。1851年，世界初のロンドン万博ツアーの成功によって，「みんなで行けば安くなる」という新しい旅の常識は一気に広まった。それが，骨折り（travail）と語源を同じくする旅（travel）を，安全かつ快適に各地を回って元に戻ってくる周遊旅行（tour）へと転換させた。

ほどなくトマス・クック社は海外に新たな展開を求め，アルプス登山やエジプト旅行などを手がけた。南北戦争（1861-65）直後の「アメリカ古戦場ツアー」は，観光が戦争を商品化する先例ともなった。その後，観光をはっきりとビジネスとして捉えた息子ジョンは，19世紀後半の植民地獲得戦争のなかで対象地を拡大していった。そのなかで，セイロン（現スリランカ）は「世界の庭園」，タヒチは「最後の楽園」など，ヨーロッパ人の感性に合わせた各地の観光化が進み，そのイメージが定着，固定化されることになった。

19世紀末にはトマス・クック社のライバルとなるアメリカン・エクスプレス社が現れ，1910年代にアメリカ人のヨーロッパ観光ブームを牽引した。欧米を中心に観光の産業化が進むなか，差異化されたはずの観光が真似されることで，観光の大衆化はさらに進んだ。その延長線上に，交通手段の大型化，高速化に伴い，20世紀のマス・ツーリズムが姿を現した。

4 グローバル化時代の「観光の歴史学」

「探検とは未知（unknown）の発見，旅はよく知られていないもの（ill-known）の発見，そして観光とはすでに十分知られているもの（well-known）の発見である」――歴史学者ピアーズ・ブレンドンのこの言葉は，欧米中心に進められてきた「観光の歴史」の中身を端的に物語っている。

秘境という未知の空間の喪失，パッケージ・ツアー開拓の頭打ちなどにより，マス・ツーリズムの不振がとり沙汰されるいま，グローバル化やIT革命の流れとも相まって，「観光とは何か」の考え方も大きく変化しつつある。歴史学の分野でこの変化を象徴するのは，2009年イギリスで創刊された『観光歴史学雑誌（*The Journal of Tourism History*）』だろう。同誌は，従来の歴史学の観光に対する関心の低さを反省し，欧米中心主義を脱して，非西欧社会とその文化のなかに観光という現象を置き直し，再考することを提唱する。それが歴史学にどのような局面を拓くかは，歴史家に託された課題である。（井野瀬久美惠）

▷2 ホテル・クーポンを考案し，ガイドブック出版にも力を入れたジョンは，父とは異なる「旅の差異化」路線を提唱し，スーダンのハルツームで孤立して戦死（1885）した国民的英雄「ゴードン将軍追悼ツアー」や「ボーア戦争（1899-1902）史跡ツアー」などを続々と打ち出した。

▷3 ちなみに，日本では，伊勢神宮や熊野詣といった旅を楽しむ土台はあったものの，トマス・クックのような起業家は現れなかった。日本政府が外国人旅行者の受入れを目的にJTBを設立（1912）以来，第二次世界大戦後になるまで，日本で団体旅行を扱うエージェントは外国人旅行者の受け入れが中心業務であった。

参考文献

ブレンドン，ピアーズ，石井昭夫訳，1995，『トマス・クック物語――近代ツーリズムの創始者』中央公論社。

リード，エリック・J., 伊藤誓訳，1993，『旅の思想史――ギルガメッシュ叙事詩から世界観光旅行へ』法政大学出版会。

石森秀三編，1996，『観光の20世紀』ドメス出版。

本城靖久，1983，『グランド・ツアー――良き時代の良き旅』中公新書。

第4部

事例を読み解く

Ⅷ 観光施設の社会性

1 ホテル

1 公共空間としてのホテル

　ホテルは，観光というシステムを成立させるための重要なインフラ施設のひとつである。旅行者が安全かつ快適に宿泊，休息できる空間と機能を整えることは，ホテルという施設に求められる基本的な要件であるに違いない。しかしながら，社会学的視点からホテルという施設を捉える時，それは，単なる宿泊・休息機能を超えた社会的，そして文化的意味をもつ施設として論じられる必要がある。

　今日，私たちが一般にホテルと呼ぶ施設の原型のひとつは，19世紀の西洋で成立したグランドホテルであるといわれている。産業革命に伴う技術革新と経済発展が近代観光を成立させ，その担い手として富裕層を生み出したが，この富裕層旅行者の求める新たな施設としてグランドホテルは登場した。利用者である富裕層の社会的エリート意識を満足させるため，グランドホテルでは豪華な室内装飾やサービスが用意された。このことからもすでにホテルという施設がその起源において特定の社会階層と深く結びついた社会性を帯びた施設であることがうかがわれるだろう。

　そして，グランドホテルは，単なる宿泊機能のみならず，これら富裕層の社交の場としても機能した。このことは，ホテルという施設がもつより広い意味での社会性を私たちに気づかせる。すなわち，ホテルは，旅行者のみならず，地元の人間も含めてさまざまな人々が交流し，それを媒介として多様なコミュニケーションが展開するメディアとしての機能をもった一種の公共空間なのである。ホテルが宴会場や会議施設を設けていることはその端的な現れであるし，ロビーやその他の「パブリック・スペース」で繰り広げられる人々の諸活動を観察してみれば，ホテルという施設のもつ社会的意味が容易に了解されるに違いない。

2 ホテル空間にみる文化構築の動態

　近代西洋に出現したホテルという施設は，西洋を起点とする近代社会の地理的な拡大に伴って地球規模で普及していった。したがって，特に日本をはじめとする非西洋世界においてホテルという施設には，西洋人旅行者にとって非西洋世界の異文化がもつリスクを減少させ，かれらが慣れ親しんでいる西洋的生

活様式を可能にするための基本要素をパッケージとして提供することが求められた。そして，この西洋式生活様式の基本パッケージは，そのままホテルの基本的な施設やサービスのありかたを規定した。そして，後にホテル経営事業のグローバル化が進展するなかで，その標準化，規格化はさらに進むこととなった。

他方で，ホテルは，それがいかにその施設とサービスの内容を標準化しようとも，立地するそれぞれの地域の文化的文脈のなかに置かれている。とりわけ，異なる土地への旅行者にとって，その土地らしさは，一方で慣れ親しんだ生活様式の快適さを享受しつつも，他方で追求されるアンビバレントな欲望である。このような欲望は，ホテル空間の意匠やそれが提供するサービスの内容にさまざまな形で取り入れられ，演出されている。すなわち，ホテルという文化空間では，グローバルなるものとローカルなるものがせめぎあう動態的な状況が展開していると見ることができる。

3 ホテルと近代性

ホテルがそれぞれの立地する個別の社会にどのように節合され，個々の社会的文脈の中でいかなる機能をもっているかという問題は，ホテルが西洋起源の施設であることを考えると，非西洋世界においてとりわけ重要な問題である。

ホテルはそもそも近代が生み出した施設であるが，特に非西洋世界にとってホテルは，都市や国家の近代化，文明化という課題と深く結びつくものであった。近代化，文明化を図ろうとする都市や国家にとって，その近代性にふさわしい設備と規模をもつホテルを建設，整備することは，きわめて重要な課題であったため，しばしばホテル建設は国家や都市がその威信をかけて取り組む事業であり，ホテルは近代性の象徴でもあった。したがって，そのようにして建設されたホテルは，その国家や都市のシンボルとしての意味が付与される対象ともなったのである。

4 ホテルとその類似施設の多様性

ホテルという施設を社会学的視点から捉えた時に浮かび上がってくる公共性や近代性，さらにはその文化空間としての特殊性といった観点は，ホテルと呼ばれる具体的な個々の施設や，ホテルとは異なる成立の背景をもちつつも宿泊機能という意味では類似する他の施設の実態を比較検討する際に，重要な切り口を用意するはずである。例えば，日本の旅館という施設をホテルと公共性のありかたの観点から比較する，また，**クラブ・メッド**のようなそれ自体ですべてが自己完結している滞在型宿泊施設をホテルのもつ文化的租界性の観点から比較する，といった作業は，ホテルや観光施設をめぐる従来の実務経営的，静態的議論を超える興味深い領域を成すことだろう。

（大橋健一）

▷1 クラブ・メッド
フランスのバカンスサービス会社が世界各地に運営する滞在型バカンス施設。宿泊，飲食，レジャー活動などのすべてをバカンス村と呼ばれる施設内で完結させることを特徴としている。

参考文献
長谷川堯，1994，『日本ホテル館物語』プレジデント社。
ハイナー，N. S., 田嶋淳子訳，1997，『ホテル・ライフ』ハーベスト社。
大橋健一，2007，「文化装置としてのホテル」山下晋司編『観光文化学』新曜社，pp. 98-102。
富田昭次，2003，『ホテルと近代日本』青弓社。

Ⅷ 観光施設の社会性

2 博物館・美術館

1 博物館・美術館と観光

　日本の博物館法（1951年制定）の定義では，博物館とは，「歴史，芸術，民俗，産業，自然科学等に関する資料を収集し，保管（育成を含む）し，展示して教育的配慮の下に一般公衆の利用に供し，その教養，調査研究，リクリエーション等に資するために必要な事業を行い，あわせてこれらの資料に関する調査研究をすることを目的とする機関」とされている。近年，博物館・美術館に展示される対象は，著名作家の希少な作品だけではなく，ある意味「無限」に広がりつつあり，施設数は日本だけでも大小合わせて約5700館（2008年）になり，有力な観光施設となっている。

　観光における美術館・博物館の基本的な役割は，観光形態のひとつである「**文化観光**」の場として，「優れた」展示品の鑑賞・体験を通じて感動を観光者に与えることであり，観光事業のなかではこれらの施設は「集客施設」としてのみ捉えられがちである。しかしながら，観光と博物館・美術館の関係はそれだけとはいえない。

2 地域の記憶を保存する「装置」としての博物館

　近年の博物館は，「貴重な」文化財を保管するだけではなく，地域住民の生活そのもの，伝統芸能，自然・生活景観，戦争・災害の痕跡など，地域のあらゆる「記憶」を保存する場所となっている。

　そのなかで，社会における観光の影響力の増大とともに，博物館とそこを訪れる観光者とのかかわりは密接不可分なものとなっている。例えば，UNESCO（国際連合教育科学文化機関）の関係団体であるICOM（国際博物館協会）は，文書・声明において，博物館と観光との関係を積極的に捉えたうえで，観光者の博物館利用による利益が当該地域のコミュニティに還元される仕組みを構築することとともに，そのコミュニティが博物館の施設運営（プログラムなど）へ積極的に参与することも求めており，有形・無形遺産の保全と観光利用との良好な関係構築を訴えている。

　ところで，多様化する博物館の形態のひとつとして，エコミュージアムがある。これは，地域住民参加の下，地域社会の生活・自然・文化および社会環境の発達過程をまとめ，さまざまな遺産を保存・育成・展示する場のことで，単

▷1　厳しい条件を前提に税制上の優遇が認められる登録博物館は907館で，博物館の事業に類する事業を行う施設である博物館相当施設は341館，事業が明確に規定されていない博物館類似施設は4527施設あり，日本の観光地に見られる博物館・美術館の多くは，この博物館類似施設である。

▷2　文化観光
文化観光とは，歴史的・宗教的空間や，文化的景観，産業遺産，博物館・美術館などの訪問を目的とする観光形態をいう。

▷3　ICOM, 2000, *Museums, Heritage and Cultural Tourism.*

体の施設にとどまらず，地域全体を博物館として捉えている点に特徴がある。このエコミュージアムや民族博物館では，対象地域や民族の文化を観光者向けにわかりやすく凝縮して再現する「模型文化」（モデル・カルチャー）的な示し方を通じて，観光者の地域への関心を喚起することが多いが，その「見せ方」は，観光の場でのホストとゲストとの関係を考えるうえで重要なテーマといえる。

また，博物館における展示内容・方法の多様化と相まって，展示という行為自体あるいはその場が有する「政治性」も無視できない。

③ 文化創造の場としての美術館と「観光地化」

観光における美術館の役割として，新たな文化の「発信源」という点が挙げられる。クリスタラーをはじめとする研究者が指摘するように[4]，芸術家など，優れた感性の持ち主はいままで知られていなかった地域の魅力をいち早く見つけ出すことができる。彼らは，その地域に創作・展示拠点としての美術館やアトリエをもつこと（移住を伴うこともある）があり，そのことが地域全体の活性化へとつながる。その効果に期待し，芸術家を地域で受け入れ（創作環境の提供を目的として）創作活動を行ってもらう，アーティスト・イン・レジデンス（Artist in Residence）というシステムを取り入れる地域も増えてきている。また，地域の民族芸術を基礎にしながら，観光者向けに多様な創意工夫を加えてつくりだされる「観光芸術」も文化創造のひとつの形といえよう。

近年では，香川県直島町など，美術関係者がまちづくり全体に積極的に関与していくケースが注目されている。彼らは観光事業を含めた地域内外での人間関係を重視して活動を行う一方，その地域に対しある種の「ロマン主義的」視点を有していることがあり，過度な観光地化とは距離を置いた立場を取ることが多い。

その一方で，特に既存観光地においては，観光者を一時的に楽しませるための「アミューズメント性」に特化した美術館が，観光者を獲得する傾向もある。全国各地に類似した施設が現れ，その展示内容も同様のもの（ガラス工芸，オルゴールなど）が多く，地域性や独自性が見られないことから，観光地の大衆化に伴う「俗化」要因として指摘されることがある。

④ 展示内容・手法の多様化が及ぼす影響

これまで見てきたように，文化観光が重要な観光形態となるなかにあって，観光地における博物館・美術館は，単なる集客施設にとどまらず，地域のコミュニティやまちづくり全体にまで影響を及ぼす大きな要素となっている。

展示内容のみならず，高度化したデジタル技術の駆使，野外展示，アートトリエンナーレなど展示手法も多様化するなかで，今後さらに観光と博物館・美術館との関係は多岐かつ複雑に深まっていくといえる。

（古本泰之）

▷ 4 Christaller, Walter., 1963, "Some Considerations of Tourism in Europe: The Peripheral Regions-Undeveloped Countries-Recreation Areas", *Regional Science Association Papers*, Volume XII: pp. 95-104.

参考文献

アーリ, J., 加太宏邦訳, 1995,『観光のまなざし』法政大学出版局。

須藤廣, 2005,「田園観光と『ロマン主義的まなざし』」須藤廣・遠藤英樹『観光社会学――ツーリズム研究の冒険的試み』明石書店, pp. 172-203。

中村純子, 2003,「観光文化としての先住民家屋――ニューカレドニアのカーズ観光」橋本和也・佐藤幸男編『観光開発と文化――南からの問いかけ』世界思想社, pp. 148-170。

並木誠士・中川理, 2006,『美術館の可能性』学芸出版社。

美山良夫, 2010,「『文化観光』と文化施設マネジメントの近未来」美山良夫・池田幸弘・粂川麻里生・渡辺葉子編『文化観光「観光」のリマスタリング』慶應義塾大学アート・センター, pp. 23-34。

第4部　事例を読み解く

Ⅷ　観光施設の社会性

3　動物園・水族館

1　「園」と「館」

　動物園と水族館は対照的な施設である。ややステレオタイプ的な記述になるが，動物園は夏は暑く冬は寒い。特有の臭いがする。幼児・小学生とその親や祖父母が多い。一方，水族館はエアコンが効いていていつ行っても快適であり，臭いもしない。デートで利用する若者も多い。これらは「動物」と「水族」の違いではなく，「園」と「館」の違いによるのかもしれない。

　日本における動物園の始まりは1882（明治15）年の上野動物園の開園であり，その園内に「観魚室（うおのぞき）」という施設が設置されたのが水族館の始まりとされる。水族館は動物園の一部だったのだが，今日では，ほとんどが別のところにある別のものとなっている。

　動物園・水族館の開設前，日本には「動物」や「水族」という捉え方は存在しなかった。飼育した生きものを見せる／見るという行為も，基本的にはあまり行われなかった。日本人は，豊かな自然のなかで暮らし，そこに住む生きものと人間を近しい存在，自然界では同等の存在と捉えるアニミズムという自然観をもっていたため，そのようなことはほとんどなかったのである。

　それほど生きものと一体化していた日本人だが，現在，私たちの生活では一体化どころか，生きものと接することはほとんどない。目にするのは，家族の一員のようになったかわいいペットくらいである。そう考えると，動物園・水族館というのは，現代社会において，ペットではない（野生でもないのだが）生きものを見ることができる貴重なふたつの施設，といえるかもしれない。

2　動物園と水族館の現在

　日本の動物園史にのこる最も大きな出来事は，1972年（昭和47年）の上野動物園におけるジャイアントパンダの公開ではないだろうか。それは社会現象にもなり，1974年（昭和49年）の760万人を最高に，1980年（昭和55年）まで上野動物園には年間600万人をこえる人が訪れた。しかし，1980年代から後は，テーマパークをはじめとする新レジャー産業の隆盛のためか，また珍しい動物でないと人々が関心をもたなくなったためか，上野動物園も入園者数を減らしていき，遊園地併設型の動物園の多くは閉園していった。

　そういう状況のなか，現在は動物園が自らの存在意義を問い直している時機

▷1　日本動物園水族館協会に正会員として加盟している施設は，2010年4月1日現在，動物園89施設，水族館67施設である。なお，水族館の中には，葛西臨海水族園，須磨海浜水族園というように「園」を名のる施設もあるが，ここでは一般的な呼称として水族館としている。

▷2　動物の収集・飼育・展示をする場としての近代動物園は，1828年のロンドン動物園の開設に始まるとされている。水族館は1853年にロンドン動物園内に，水槽を卓上に並べたフィッシュハウス（Fish House）という施設がつくられたのが始まりとされている。

▷3　江戸時代には「花鳥茶屋」「孔雀茶屋」という鳥を見せる常設施設はあったが，中・大型哺乳類を常設展示する施設はほぼなかったようである。「珍しいものを見せる／見る」という関係は成立していたが，それでもラクダやロバなどの「見世物」は単発展示だった（石田戢，2010，『日本の動物園』東京大学出版会）。

といえるかもしれない。環境教育に力を注ぐ上野動物園，生息地の環境をできるだけ再現してそのなかでの動物を見せようとする天王寺動物園やよこはま動物園ズーラシア，里山の再生と日本産動物にこだわる富山ファミリーパーク，行動展示を行う旭山動物園など動物園の個性化が進んでいる。

一方，水族館については，1980年代後半から大きな変化が起こった。アクリルパネルを使った大型水槽をもつレジャー型水族館の開館が相次いだのである。1987年に須磨海浜水族園が，1990年に海遊館が，1992年に名古屋港水族館が，1993年に八景島シーパラダイスが，それぞれ開館した。これらは大型水槽を作りレジャー化をはかっただけでなく，新レジャー産業と競うためにさまざまな展示の工夫を凝らした。須磨海浜水族園では「生きざま展示」と銘打って魚の特徴的な姿を見せ，名古屋港水族館では水槽で泳ぐペンギンの姿を見せた。八景島シーパラダイスは水族館で初めてホッキョクグマを展示し，海遊館では太平洋を取り囲む自然環境をできる限り忠実に再現した。

3 旭山動物園の行動展示

1980年代以降のレジャーの多様化に対して，水族館は展示の工夫により対応していったが，動物園は効果的な手を打てず入園者数を減らし続けた。だが，2000年代に入り，動物園は大きな話題を提供するようになった。国内最北の動物園である北海道旭川市の旭山動物園に，上野動物園に次ぐ入園者が押し寄せたというのだ。その秘密は「行動展示」という独自の展示方法にあるといわれている。行動展示とは，旭山動物園飼育員の長年のアイデアの蓄積に加え，水族館の展示も参考にしてうまれた，動物本来の動きを引き出して見せる展示方法である。

入園者は，例えば「ぺんぎん館」において，深さと広さを十分とったプールの中を泳ぐペンギンの姿を水中トンネルから仰ぎ見ることで，ペンギンが鳥の仲間であることを理解する。「ほっきょくぐま館」ではプールのアクリル越しに人間の頭をアザラシと勘違いして飛び込んでくるホッキョクグマの迫力を体感する。「もうじゅう館」「あざらし館」などについても同じように，それぞれ，館だからこそ可能となる生き生きとした展示を行っている。旭山動物園は，ある意味で，園内に多くの魅力的な「館」をつくったといえるかもしれない。

動物本来の動きを見て，入園者は「かわいい」ではなく「すごい」という。「すごい」といわせているのが珍獣でないところが，旭山動物園の行動展示の「すごい」ところである。動物の存在そのものに子どもだけでなく若者も大人も目を見張り，日本各地から観光客が押し寄せる。それは，アニミズムの国にペット以外は身近に生きものが存在しなくなったことの裏返しかもしれない。あるいは，別々の施設となっていった動物園と水族館の先祖がえり的なハイブリッド化による奇跡の産物といえるかもしれない。

（工藤保則）

▷4　旭山動物園の入園者数は，2008年度は276万人，2009年度は246万人である。動物園を訪れるのは「100km圏内に住む人」といわれているが，日本各地からの入園者がある旭山動物園はその意味でも特別な存在である。

▷5　それまでの動物園は，主に，檻に入れた動物を見せる「形態展示」，動物が本来生息している環境を再現してその中で見せる「生態展示」，という方法をとっていた。「行動展示」は「環境エンリッチメント」といわれる動物の幸福な暮らしの追求にもかなったものでもある。

▷6　「オランウータン舎」のように建物の中で展示しないものも，発想的には館の展示と同様と考えられる。

参考文献
小菅正夫，2006，『旭山動物園革命』角川oneテーマ21。
鈴木克己・西源三郎，2005，『水族館学』東海大学出版会。
渡辺守男他，2000，『動物園というメディア』青弓社。

Ⅷ 観光施設の社会性

4 ショッピング・モール

1 拡大するショッピング・モール

　複数の小売店舗が集まった商業施設であるショッピング・モールは，20世紀中葉にアメリカのモータリゼーションと郊外住宅の拡大を背景として発展してきた。その後，一個のまちと呼べる巨大なモールが生まれ，周辺の州からも買い物やアミューズメントを目的とする客が集まるようになった。例えば1992年にミネソタ州ミネアポリスに開業したモール・オブ・アメリカは，延床面積約39万m²，店舗数500超で，4つのデパート，ホテル，テーマパーク，シネマコンプレックス，水族館まで備え，年間4000万人の入場者を数える大規模なものであり，国外からも観光客が絶えない。21世紀に入って中国やアジア各地には，さらに巨大なショッピング・モールが建設されている。

▷1 ショッピング・センターとも呼ばれる。一般に両者は明確に区別されていない。

2 ショッピング・モールの演出空間

　日本では1990年代後半から，テーマパーク的な手法を取り入れたショッピング・モールが登場するようになった。それらは，主要都市の周辺部に広大な敷地を占めて，演出性の強い空間を作り上げるという共通した特徴をもち，観光スポットにもなっている。鐘紡福岡工場の跡地に1996年に誕生した「キャナルシティ博多」を例にとってみよう。その外観はポップなデザインと色彩で構成され，近代の機能主義的なビルとは対照的である。このモールは，ホテル，ファッション・飲食店，劇場，フードテーマパーク，シネマコンプレックス，ゲームセンター，大型専門店などの入った巨大なビルの複合によって形成されている。ゲートはないが，建物の狭間につくられた空間に入ると，人工的な運河に沿って水辺空間が広がる。そこは，噴水，植木，イルミネーションで彩られ，周辺の都会の雑踏とは別世界である。中央には円形のステージが置かれ，パントマイムやミニコンサートといったパフォーマンスが催される。建物の外形も内部の店舗フロアも曲線を基調に設計されており，迷路を歩くような感じを覚えさせる。このように，来訪者にモール全体を回遊させて滞在時間を延ばし，消費を誘発するための工夫が巧妙に仕掛けられている。

　キャナルシティだけでなく，大都市周辺につくられたモールの見せ場は，アトリウムやガレリアと名づけられた巨大な吹抜けをもつ内部空間であり，そこには川や庭園やまちが広がる。この擬似環境は，外界とは区分された閉鎖的な

▷2 ほかにサッポロファクトリー，クイーンズ・スクエア横浜，ヴィーナスフォート，なんばパークスなどが知られている。

132

施設の「内部」でありながら「外」という入れ子構造になっている。そこに仕掛けられた風景という舞台のなかで，人々は自分自身をまるでその舞台の登場人物のように認識し，自らが，さらにはショッピングという行為までもが風景の一部となるのである。[3]

❸ 消費手段としてのショッピング・モール

人々が演出空間に誘われ，買い物を楽しむショッピング・モールを，ジョージ・リッツァは新しい消費手段として捉えた。それは，人々の必要か否かの判断力を鈍らせ，本来の購買能力を超えて商品・サービスをやみくもに消費させる手段のことである。進んだ資本主義社会は生産から消費へと焦点を転換し，特に消費者の意志と行動を管理することに力を注ぐようになる。そこで，従来の広告やマーケティングだけでなく，モールをはじめとする新しい消費手段——クレジットカード，ファストフード・レストラン，サイバーモール，テーマパーク，クルーズ船，カジノなど——を発達させる。これらのせいで人々は無意識のうちに必要以上の消費を強制され，そのおかげで資本主義の拡大再生産は保たれる[4]。だから，モールは本当に提供すべき商品を販売しているのではない。それと同じ商品なら，ほとんどどこにでも売られている。モールが売っているのは，ついついそこで商品を買ってしまうような魅惑的な環境なのである。巨大なモールやディズニーランドやラスベガスは，人気の観光アトラクションである。だがリッツァは，これらの観光アトラクションが，ほかの商品を売るための手段にすぎなくなっている点に着目すべきだという。モール・オブ・アメリカはテーマパークをもつモールであり，ディズニーワールドはモールをもつテーマパークである。両者の間に実際にみられる唯一の相違は，店と娯楽の割合が相対的に異なるところだけである。[6]

❹ ショッピング・モールの行方

いまや娯楽としてのショッピングは，観光の決定的ともいえる目的のひとつである。現代の高度に発達した資本主義社会では，いよいよ商業と観光がわかちがたく相互嵌入する。ショッピング・モールはその典型である。しかし，同類の商業空間は次々に登場してくるし，博物館や商店街にも演出の手法が浸透して相互の差異を希薄にする[7]。他方では，演出に慣れきった人々が，テーマパーク的な商業空間を物語世界として単純に読み解かなくなる恐れもある[8]。楽しげで思わせぶりな記号をふんだんに配したモールの空間は，客を誘う自らの商品価値の逓減と常に格闘せざるをえないだろう。

(堀野正人)

図Ⅷ-4-1 キャナルシティ博多

▷3　中川理，2006，「環境問題としての風景論」鈴木博之他編『都市・建築の現在』東京大学出版会，pp. 281-282参照。

▷4　リッツァ，G., 正岡寛司監訳，2001，『マクドナルド化の世界』早稲田大学出版部，pp. 208-209参照。

▷5　▷4の文献のp. 217参照。

▷6　▷4の文献のpp. 248-249参照。

▷7　Ⅳ-4 参照。

▷8　北田暁大は，ディズニーランド以降に展開したテーマパークやモールの演出手法が退化し，若者もそれらの空間を物語の舞台として読み取らなくなってきたと論じている。北田暁大，2002，『広告都市・東京——その誕生と死』廣済堂出版。

Ⅷ　観光施設の社会性

5　映画館

1　仮想的な旅行としての映画

　映画とは仮想的な観光旅行である――こうした直観が映画の最初期から人々の間に共有されていたのは間違いない。1895年パリで最初に公開されたリュミエール兄弟の映画作品が「列車の到着」であるのは有名だが，兄弟はそれ以降も，世界中に技師を派遣して各地の珍しい風景を撮影させている。最初期の映画は，いながらにして世界旅行ができるという触れ込みで人気を博したのである。興味深いことに，映画と旅行をあからさまにリンクさせた装置がこの時期のアメリカに登場している。ヘイルズ・ツアーと呼ばれたその装置は，列車の先頭から進行方向を撮影したフィルムを，実物の客車そっくりの座席や窓のついた館内で映写し，列車旅行を擬似的に体験させるアトラクションであった。映画と旅行の結びつきは，また別の方面からも確認できる。つまりある意味では，19世紀の鉄道旅行においてすでに映画的知覚が用意されていたのだともいえる。というのも鉄道旅行では近景が消失し，遠景を連続的に眺めるパノラマ的知覚が成立するのだが，車窓から風景を眺める旅行者の態度は，スクリーンを眺める観客の態度とよく似ている。

2　ニッケルオディオンからピクチュア・パレスへ

　映画と観光旅行とは，いずれも日常的ルーティンを一時的に離脱して（仮想と現実という違いはあれ）非日常的な空間に遊ぶという点が共通している。だが映画がもたらす非日常性の質は，時代とともに移り変わっている。以下，アメリカの事例を中心に変遷をたどってみよう。映画は当初，ヴォードヴィルの演目に付加される呼び物として上映された。そこでは虚構の世界のうちに没入するという楽しみ方とは異なり，映画という装置の視覚的効果それ自体が，見世物めいたアトラクションとして楽しまれていた。ニッケルオディオン期になっても映画は，スライド上映つきの観客による合唱などを含む雑多なプログラムのもとで，いまだアトラクション的に享受されていた。数千人規模の収容人数を誇るピクチュア・パレスを舞台に，長編劇映画が上映される1920年代に入ると，ようやく作品自体のストーリー展開に没入しながら楽しむという享受様式が定着する。非日常的な物語世界に足を踏み入れる映画体験――それは，いながらにしての異国情緒あふれる観光体験でもあった。こうした非日常性の感覚

▷1　A．フリードバーグは，街路を散策する遊歩者やウィンドウ・ショッピングをする女性，またパノラマやジオラマなどの視覚装置を系譜とする「移動性をもった仮想の視線」について，それがまずは映画として結実し，やがて現代の視覚経験の中心的位置を占めるようになるプロセスを描き出している（フリードバーグ，A．，井原慶一郎・宗洋・小林朋子訳，2008，『ウィンドウ・ショッピング――映画とポストモダン』松柏社）。

▷2　シヴェルブシュ，W．，加藤二郎訳，1982，『鉄道旅行の歴史――19世紀における空間と時間の工業化』法政大学出版局。

▷3　以下，ニッケルオディオンからピクチュア・パレス，ドライブインシアター，シネマ・コンプレックスへといたるアメリカの映画館の変遷については，加藤幹郎，2006，『映画館と観客の文化史』中公新書が詳しい。

▷4　ヴォードヴィルとは，歌やダンス，コントなどのライブパフォーマンスを中心とする大衆娯楽である。

▷5　T．ガニングは初期映画がイリュージョンを生み出す視覚的効果のメディアとして受容された点を強調

は，映画館の外観にもよく体現されている。ピクチュア・パレスはしばしば，中国風やエジプト風などエキゾチックなテーマ化をほどこされ，のちのショッピングモールの先駆となるような非日常性の演出装置となっていた。

❸ 過渡的施設としてのドライブインシアター

大衆車の普及と住宅の郊外化を背景に，1950年代にはドライブインシアターが台頭する。家族という私的領域をそのまま公共空間に持ち込み，互いに干渉しないまま映画を見ることができる施設——そこではいわば移動しないための移動が果たされていた。自家用車に乗り，わが家からシアターへと物理的には移動しているのだが，家族という私的領域からは一歩も出ていないのだ。部屋着のままでだらしなく映画を見たいという，横着な願望を満たすこの施設は，家庭内でのテレビ視聴を先取りしている。ドライブインシアターとは，映画をテレビ的な仕方で享受させてくれる過渡的施設なのだ。それゆえテレビが一般家庭に普及し始めると，とたんにこの施設は衰退の一途をたどるようになる。

❹ シネマ・コンプレックスとテーマパーク化する都市

映画の居場所は1980年代以降，シネマ・コンプレックスに集中するようになる。複数の映画を同時並列的に上映するこの施設は，しばしばそれ自体が複合的ショッピングモールに組み込まれている。このモールに対応するのは，映画を見る，食事をする，ショッピングをする等々の目的がまずあって，それから出かける場所を決めるのではなく，とりあえず複合消費施設のある場所に出かけてから，したいことを探すという消費スタイルである。そこでは映画を見ること，食べること，ショッピングをすること等々の個々の消費形態から得られる快楽と同時に，複数ジャンルの快楽が滑らかに接続されること自体を資源とする快楽が生じる。巨大ショッピングモールはそうした滑らかさの快楽を担保するべく，あらゆる消費形態を一箇所に集積させシームレスに配列する。

いまや都市全体もまた，このようなモール的消費空間を模倣しつつある。その結果，快適にデザインされた環境のもとで，諸々のテーマにそった記号とイメージが浮遊する層に浅く浸るという都市経験が支配的になってきている。自治体版「るるぶ」の人気に示されるように，自分の住むまちを，メディアによる情報を媒介に観光客のように楽しむ態度も出現してきているが，そもそも観光情報誌全般が，グルメ情報やショッピング情報で埋め尽くされるようになっている以上，消費の論理が浸透した観光のまなざしが日常の都市環境に向けられても不思議はない。こうした都市のテーマパーク化という趨勢のなかで，観光と，日常の消費生活とが互いに融合を果たしつつある。そこには，しかし，どこにでも行けるという全能感と，どこにも行き着けないという苛立ちとが，貼り合わせの形で漂っているようにも思われる。

（近森高明）

しつつ，それを「アトラクションの映画」と特徴づけている（ガニング, T., 中村秀之訳, 2003,「アトラクションの映画 初期映画とその観客，そしてアヴァンギャルド」長谷正人・中村秀之編訳『アンチ・スペクタクル——沸騰する映画文化の考古学』東京大学出版会, pp. 303-315)。

▷6 ニッケルオディオンとは，5セントのニッケル硬貨で入場できる常設的な小規模映画館の呼称である。1905年から10年代半ばにかけてアメリカで隆盛した。

▷7 消費空間のテーマパーク化については，ブライマン, A., 能登路雅子監訳，森岡洋二訳, 2008,『ディズニー化する社会——文化・消費・労働とグローバリゼーション』明石書店。V-13 Ⅷ-4 参照。

▷8 JTBパブリッシングでは2003年の「るるぶ練馬区」の刊行以降，大田区，中央区，足立区，杉並区など23区版にくわえ，静岡市，北九州市などの自治体版「るるぶ」を相次いで刊行している。

第4部　事例を読み解く

VIII　観光施設の社会性

6　テーマパーク・遊園地

▷1　テーマパーク
ある特定の統一テーマをもったレジャーランドの意。以下，この節では遊園地を含む総称として，テーマパークという呼称を用いる。

▷2　IKEA
イケア。広大な店舗面積を持つ，スウェーデン発祥の総合家具店。

▷3　サブカルチャー
メインカルチャー（上位文化）に対する，下位文化を指す。アニメやフィギュア，コスプレやメイドカフェなどが，その典型である。

▷4　TDR
東京ディズニーリゾートの略称。1983年当初，TDL（東京ディズニーランド）として開園したが，2001年，TDS（東京ディズニーシー）が隣接して開園し，ひっくるめてTDRという略称が定着した。株式会社オリエンタルランドが運営。

▷5　マイケル・ジャクソン（1958-2009，アメリカ）
歌手，エンタテイナー。卓抜な楽曲・歌唱・ダンスに加えて，自宅をテーマパーク化する奇矯な行動でも知られる。

▷6　ウォルト・ディズニー（1901-1966，アメリカ）
マンガ家，アニメーターとして若き日を送り，1923年，エンターテインメント企業

① 業態としてのテーマパークと博物館

テーマパーク[1]といえば絶叫マシンなどが印象的だが，実はそうしたハード（施設）面でなく，ソフト（運用）面から定義できる。すなわち「**IKEA**[2]は家具のテーマパークだ」といった宣伝文のように，ハード面では一般の商業（物販・飲食・サービス）施設と区別が難しい反面，一定の域内を閉ざし，その内側で特殊な観光リソース（秘宝・体験・情報）を展示し，対価として入場料を課金するソフト面でのみ，テーマパークは本質的に一般商業施設と区別できる。

例えば，秋葉原一帯を塀で囲んで入場料を課金すれば，「家電と**サブカルチャー**[3]のテーマパーク」に変わるし，逆に**TDR**[4]の塀を取り払えば，ハイテク遊具と飲食・物販店が混在する「ディズニー尽くしの一般商業施設」になる。

この「観光リソースの域内への囲い込み」という点で，テーマパーク観光は，娯楽vs教育，収益vs公共，屋外vs屋内といった現象面での差異を超えて，本質的に博物館見学や社寺拝観，コンサート・サーカス・映画・スポーツなど見世物鑑賞と同じ本質をもつ。新横浜ラーメン博物館は塀を閉ざし，ラーメン代とは別に入場料を課す点で，飲食店の雑多な集積ではなく，統一的なテーマパークである。「ネバーランド」は，故**マイケル・ジャクソン**[5]の私邸に過ぎないが，今後，塀を閉ざして課金運用すれば，立派なテーマパークとなりうる。

② オーセンティシティ（真正性）とロイヤリティ（著作権料）

「ネバーランド」の遊具・施設には，マイケル・ジャクソンの歌やダンスの独創性（originality）はないが，「かつて大スターが住んでいた私邸」という点で，たとえ廃墟と化しても，真正性（authenticity）を後世に保証する。

TDRの遊具・施設・キャラクターも，創設者**ウォルト・ディズニー**[6]亡き後も，半永久的に真正性が保証されている。もともと真正性は，一点物の絵画などの著作権（copyright）に由来するが，個人の枠を超えて法人や施設にまで拡大されるとき，それ自体は複製品でありつつも真正性を身にまとった「ブランド」として社会的に公認され，グローバルな財産権・肖像権が保証される。

2007年，偽キャラクターを集めた「パクリ遊園地」と報道された**石景山遊楽園**[7]は，自ら独創性を懸命に主張したが，その「ブランド」価値は認められなかった。逆の見方をすれば，石景山遊楽園になく，TDRにある真正性の背後

136

には，欧米列強の帝国主義に由来する植民地的利権を見て取ることもできよう。現に，TDRは真正性を担保してもらう代償に，毎年，巨額のロイヤリティ（royalty，著作権料）を本国アメリカのディズニー本社に支払っている。

ディズニーアニメを着ぐるみや遊具・劇場へと立体的に複製・拡張し，世界中に「ディズニー帝国の植民地」を増殖させた点で，TDRは情報化社会における「ワンソース・マルチメディア[8]」ビジネスモデルの典型である。

３ フロー（流動），イリンクス（めまい），未来派

ワクワク興奮するような刺激的な喜びをもたらすテーマパークに対し，博物館は蓄積された情報や文化財に基づく知的な喜びをもたらす。こうした喜び体験の質の違いを，アメリカの心理学者M.チクセントミハイは，フロー（流動）vsストック（蓄積）という概念で捉えた。フロー感覚とは，絶叫マシンのスピード感や着ぐるみの愛らしい動作に心から没入する際に体感する意識・経験の状態であり，まさに客がテーマパークに求める魅力の源泉である。

フロー感覚は，没我の境地の中，独特の浮遊感や全能感，軽い視野狭窄やめまいの感覚を伴うことがある。フランスの社会学者R.カイヨワは，遊びの要素として，ミミクリ（模倣）・アゴン（競争）・アレア（運）・イリンクス（めまい）を挙げたが，テーマパークこそ，自前のブランド資産を自己模倣しつつ，競争と運を極力排して危険をなくし，安全なめまいを生み出す遊戯施設である。

美術史的には，イタリアの芸術家F.マリネッティが，『未来派宣言』(1902)の中で，古典的な芸術を否定し，戦争や破壊に伴う躍動的な新しい美の理想を宣言し，人間を機械に同調させた劇場装置の未来像を提示した。テーマパークは，**未来派[10]**の理想が具現化した，可動式（mobile）のオブジェといえよう。

４ スペクタクルと画一化

テーマパークは，その弊害として，常に画一化と陳腐化を免れることができない。単純な遊具から映像へ，バーチャルな三次元的体感装置へとアミューズメント性を高めたテーマパークであるが，毎年，巨額の追加設備投資を行い，最新アトラクションを増やさない限り，顧客獲得競争を生き残れない。TDR開園以降，テーマパークのスクラップ＆ビルドの動きが加速した事実は否定できない。

すでに第二次大戦中，ユダヤ系哲学者ホルクハイマーとアドルノは，映画をはじめとする大衆文化産業が相互模倣と自己検閲を繰り返しつつ，画一化していく必然的プロセスを論証した。日本の小説家・小林恭二は，国家全体が見世物を提供するだけの機関，「テーマパーク国家」化することで滅びに向かう姿を，SFとして描き出した。こうした悲観的なシナリオをたどるか否かは別として，テーマパークは，単なる観光施設以上に，現代文明のゆくえを占う社会学的な思考実験モデルとして，私たちの前に立ち現われている。　（藤本憲一）

ウォルト・ディズニー・カンパニーを起業。脚本家，映画監督，プロデューサーとして絶大な権力を手にした。

▷7　**石景山遊楽園**
中国・北京の公営テーマパーク。「パクリ」を報道されてからは，しだいに無断盗用したキャラクター群を減らしていった。

▷8　**ワンソース・マルチメディア**
ひとつのアイデアを，多メディアに展開させる手法のこと。

▷9　Ⅴ-11　Ⅵ-12　参照。

▷10　**未来派**
イタリアを中心に，20世紀初頭に起こった，芸術ジャンルを横断する，前衛的な芸術運動。政治運動としてのファシズムとの関連が指摘される。

参考文献
チクセントミハイ，M.，今村浩明訳，1996，『フロー体験　喜びの現象学』世界思想社。
カイヨワ，R.，多田道太郎・塚崎幹夫訳，1971，『遊びと人間』（増補版）講談社。
ホルクハイマー，M.・アドルノ，Th.，徳永恂訳，2007，『啓蒙の弁証法』岩波書店。
小林恭二，1987，『ゼウスガーデン衰亡史』福武書店。
橋爪紳也，2000，『日本の遊園地』講談社。

Ⅸ　観光の文化装置

1　B級グルメと郷土食

「食による町おこし」が活発だ。早い取組みの例として，熊本県の太平燕（タイピーエン）がある。太平燕は中国福建省由来の具だくさん春雨スープ。熊本の人たちは，太平燕を全国どこにでもある，と最近まで思い込んでいた――というのはよくある話で，地元ならではの食文化は，山ひとつ越えただけで変わる。

1　「B級グルメ」の誕生とB-1グランプリ

県民性を紹介するメディアでも食に関するものが多くを占める。「グルメ」という言葉は1980年代に一般化した。「味はA級，でも値段はB級」。バブル崩壊後も，人々は安価でより旨いものを求めた。

2010年9月，第五回B-1グランプリが神奈川県厚木市で開催され，全国から参加した46団体がご当地グルメの順位を競った。食べた人は好きな団体の投票箱に使った箸を入れて，その重さで順位を競う。2日間で46万3000人が押し寄せる盛況となった。こうした「B級ご当地グルメ」が話題になり，各地の小さな町が注目を集めている。ソース焼きそばをおだしに入れた「黒石つゆ焼きそば」のために，観光客が行列をつくる――といった賑わいをもたらすB級グルメは，青森県黒石市のように人口4万人に満たない斜陽の町にとって希望の光となった。

2　ご当地グルメと地域ブランド

B-1グランプリは青森県八戸市から始まった。新幹線開通をきっかけに，八戸の地域ブランド力を高めたいとひとりの住人が考えたのである。何を八戸の名物とすべきか。彼は，せんべい汁という，塩味の煎餅をお鍋，お吸い物や鍋に入れて日常的に食べる八戸独特の食文化に着目した。やませが吹きつける南部地方は米づくりに適さないので，麦や蕎麦など粉の食文化＝「粉もん」は人々の暮らしに欠かせない。なかでもせんべい汁は定番のひとつだが，家庭内食であるため八戸せんべい汁を提供する店もなく，「こんなもん，お客さんにお金を出してもらって食べさせるわけにはいかない」と反対も多かった。

「せんべいなのに，アルデンテ」。堅焼きの煎餅は，お汁に入れて五分ほど煮込むと，おだしを含み，やや芯を残して表面は柔らかくなる。味はオーソドックスだが食感がユニークだ。彼は八戸せんべい汁研究所を立ち上げ，仲間とともにB-1グランプリ開催を計画，ようやく集まった10団体で第一回目は開催された。

そんななか静岡県の富士宮やきそば学会は，「富士宮やきそば」を登録商標

▷1　第一回八戸，第二回富士宮，第三回久留米，第四回横手で開催。

として地域ブランド化を進め，観光資源として活用している。「ミッション麺ポッシブル」「ヤキソバサダー」「三国同麺」などのダジャレ企画を連発することでメディア露出を高め，B級ご当地グルメを観光資源として定着させた。

「三国同麺」のひとつ，秋田県横手市では2009年に第四回B-1グランプリが開催され，期間中人口10万人ほどの町に26万7000人が押し寄せた。横手市は第一回から市長みずから参加している唯一の町で，横手やきそばは富士宮やきそば，厚木シロコロホルモンとともにB-1殿堂入りとなっている。

▷2 太田焼きそば（群馬），横手焼きそば（秋田），富士宮焼きそば（静岡）の3つ。

3 郷土料理の物語性

八戸せんべい汁に代表されるように，青森県南西部から岩手県北部にかけての南部地方は粉もんの宝庫だ。2010年からはじまった「北のコナモン博覧会」のガイドブックには串もち，そばかっけ，豆しとぎ，へっちょこ団子など，珍しい郷土の粉食文化が紹介されている。例えば，岩手県久慈市のまめぶは水で練った小麦粉でクルミと黒砂糖を包んで丸めたものを野菜たっぷりのおだしで煮込んだ料理。みみこもち，ほどやきなど同じ材料で形や加熱方法をかえたバリエーションもあり，郷土の小さな食べ物にまつわる物語は訪ねた者にとって大きな魅力となっている。だが郷土料理の多くは，見た目が地味で手間もかかり，商品には不向きだ。家庭ごとの伝承に頼るしかないのだが，「おばあちゃんはつくっていたけど，美味しいものがたくさんあるから，私たちはつくらない」と途絶えることも多い。

食材も流通の発展とともに様変わりした。海のない長野県では，塩丸イカというイカの塩蔵品が活用されてきたが，貧しい時代の食材と，いまは敬遠される。生イカにはない食感と味わい，保存という知恵の集積と美味しく食べようとする創意工夫こそが食文化の核心である。目先の人気メニューに躍らされて，核心をなおざりにした地域食振興は時間とともに飽きられるだけ。日々，家庭で営まれる食文化の継承が今後の課題だ。

4 食文化遺産の継承

食のグローバル化による画一化が進む一方で，地域独自の作り方，食べ方，素材の特徴は名所旧跡に匹敵する観光資源として光を放つ。これをあえて「食文化遺産」として考えるなら，次の3つに分類されるだろう。江戸期より地元民が土地ごと，家庭ごとに培ってきた「郷土食」，海外から伝播しアレンジされた「異文化折衷食」，産業に従事する労働者が好んだ「産業遺産食」である。今後は世界をも視野に入れた文化学の視点，現代社会の経済的側面も考慮しつつ，地元の潜在能力を高め，各地の「食文化遺産」を継承し盛り立てていくための理論と実践の枠組みを提示することが求められる。

（熊谷真菜）

第4部　事例を読み解く

IX　観光の文化装置

2　ツアー・ガイド

1　ツアー・ガイドのはたらき

　旅行形態や専門とする領域によって旅における位置づけはさまざまであるが，ツアー・ガイドはゲストである旅行者とホストである旅行会社や旅行地のインターフェースとして旅の現場に立ち合う。

　旅行商品は無形であって事前に手にとってみることも事後の返品もできないことから，旅行者と旅行会社との間で結ばれた契約にのっとった旅行サービスが滞りなく提供されるよう旅程と品質を管理し，必要な情報提供や案内を通して旅行者の安全と安心を担保しながら付加価値の高い旅の実現に寄与するのがツアー・ガイドのはたらきである。旅は非日常でありいくばくかの緊張感や時に摩擦を伴うものだが，それらを軽減する文化仲介者としての役割も併せもつ。

2　ガイドの登場

　1841年，イギリスではトーマス・クックが，当時営業運転を開始したばかりの鉄道を利用して団体旅行を実施した。クックは，1845年に世界で最初の旅行代理業を開業し，イギリス国内のリゾート地への団体旅行やロンドンで開催された第一回万国博覧会（1851年）と第二回パリ万博（1855年）へのツアー，さらに1872年には世界一周旅行を企画して旅行者を集め，自らはガイドとして旅に同行した。

　日本では，1905（明治38）年に，南新助（みなみしんすけ）が日本旅行会（現（株）日本旅行）を組織し，高野山や伊勢神宮参詣を目的とする団体旅行を実施した。南自身が添乗員となり，ガリ版刷りの案内書や宿での余興を用意するなどして旅行者に応対した。それよりも前の時代に目を転じると，鎌倉・室町時代から熊野詣でなどでは"先達（せんだつ）"が案内役として活躍し，江戸時代に入り伊勢参りが盛んになると"御師（おんし）"（伊勢地域以外では"御師（おし）"と呼ばれる）が参詣者の世話や案内を務めるなど，今日の旅行業や案内業の先駆けともいえる役割を担う人々が登場していた。

　また，外国人旅行者の接遇を目的として1893（明治26）年に「喜賓会」が設立されたが，それに先立つ明治初頭から，雇われて外国人旅行者に付き添い，食事の世話や荷物の運搬，通訳などを行う者がいた。後に洋風レストランやホテルなどの外国人旅行者向けの施設が整備されるにつれ，観光案内が主たる業

務となった。今日イメージする"ガイド"とはかなり性質が異なっているが，わが国における通訳ガイド業の始まりとみることができる。

③ ガイドに関連する法制度

わが国では，1949（昭和24）年，通訳案内業の健全な発達と外客の接遇向上を目的として「通訳案内業法」が公布・施行され，「外国人旅行者に対して外国語を用い報酬を得て通訳案内を行う」者についての資格制度が整備された。2005年に「通訳案内士法」への名称変更を含む改正が行われ，その後，2018年の改正法施行時に通訳案内士による業務独占規制が撤廃され，以来資格を有さなくとも有償での通訳案内を行うことが可能となった。◁1

他方，1982年の「旅行業法」（1952年，旧「旅行あっ旋業法」）改正時に「旅程管理」の考え方が法に取り入れられ，旅行会社が実施する国内外向けの企画旅行（いわゆる「パッケージツアー」など）に同行する者（一般に「添乗員」）が旅程管理業務を担うこととなり，主任添乗員に「旅程管理」資格が求められるようになった。◁2

④ ガイドをめぐる課題と期待

近年，観光インフラやICT（情報通信技術）の進展により，ガイドや事業者の支援が無くとも自由な旅が可能になってきている。一方で，いつの時代にも経験の少ない新たな旅行者が登場し，団体旅行に旅の仲間や安心・安全を求めたい層もあってガイドが同行するグループ旅行のニーズも高いものがある。

旅の安全と満足という重責を担うガイドであるが，取り巻く環境には課題も多い。求められる知識やスキルは年々専門化・細分化しているものの知識の修得やスキルの向上は個人の取り組みに任されがちであり，さまざまな要素がかかわることで客観的な評価が難しい。旅行商品は季節変動や社会情勢の影響を受けやすく，従事者はフリーランスや派遣など非正規雇用が一般的で就労環境は不安定となりやすい。

わが国は観光立国をかかげ外客誘致を積極的に推進しており，各地から多様な旅行者を迎えている。また，環境への意識の変化とともに自然を対象とする旅への関心が高まるなど，観光をめぐる情勢は日々変化している。自然を解説する"インタープリター"や"ネイチャーガイド"らが活躍の場を広げ，地域のにぎわい創出への取り組みを背景として各地でボランティアガイドが組織されている。旅行者が旅に期待するものはますます多様化しており，資格の有無や有償無償の別を超えてさまざまなタイプの"ガイド"たちがこれからの旅を支えていくと考えられる。

（橋本佳恵）

▷1 改正通訳案内士法により通訳案内士資格は求められなくなったが資格試験は引き続き実施されており，通訳案内士の名称を用いることができるのは資格保有者のみとなっている。

▷2 「旅行業法」に旅程管理の考え方が取り入れられたことによる。

参考文献
有泉晶子，2003，「通訳案内業」前田勇編著『21世紀の観光学』学文社，pp. 179-196。
橋本佳枝，2005，「旅行者をサポートする業務――ガイド」安村克己・細野昌和・野口洋平編著『観光事業論講義』くんぷる，pp. 133-144。
前田勇・橋本俊哉，1995，「観光の世界史」「観光の日本史」前田勇編著，『現代観光総論』学文社，pp. 17-36。

IX　観光の文化装置

3　旅行記

① 旅行の語りとツーリスト経験

旅行記[1]には観光研究でいう**ツーリスト経験**[2]が投影されている。ツーリスト経験には、**疎外の解消**[3]としての真正性の追求、**通過儀礼**[4]的な過程（日常→非日常→日常）、人・場所・自己との出会い、物語的な問題の解決など、いくつかの枠組みがある。しかも、ツーリスト経験はそれ自体で存在することはなく、時代や媒体に左右されている。

ところが、旅行記にはもうひとつ重要な側面が存在する。ある旅行記はそれ以前の旅行記の影響を受けるという点である。何かを読み、その追体験のように自らの旅行を語る場合もあれば、ある人が旅行記を読み、その内容が別の人に伝わり、いつの間にか社会に共有される旅行観が成立している場合もある。また、先行テクスト、すなわち以前に書かれた諸分野の著作が旅行記で参照される場合もあれば、そうでない場合もある。

ここでは、具体例として外国人の描く富士山に焦点を当ててみたい。白幡洋三郎によれば、幕末から明治にかけて、富士山を描いた外国人には先行テクストの富士山像が大きく影響していた[5]。日本が依然として遠い国であるヨーロッパ人にとっては、現代でもそうした側面が残っているのではないか。

② フランス人の富士山

次に示すのは、日本を旅したフランス人女性が、1999年にフランスの旅行雑誌の読者欄に寄せた旅行記である。「私は日本が気に入った。日本の秘めた面、日本の寺の見事さと静けさ、日本人の心遣いと遠慮深い態度、引き戸を開ければ布団の押入れや坪庭が出てくる旅館。……富士山も私の考えを絶対に証明してくれる。好きな時だけ姿を見せるから」[6]。雲で見えない日の多い富士山、そして引き戸の奥にある布団や坪庭が、神秘的な日本文化に関連づけられている。

この記述を読むと、1934年に出版された**ブルーノ・タウト**[7]の旅行記が想起される。（富士山が）「特異に見えるのは、一片の陸地もそこに考えられないような厚い雲の上に忽然としてその頂上を現す時である。……このような風景を見ると、日本人が石や小さな池を使って、その風景の縮尺の模型を造る理由が理解される」。旅行記にはタウト自身の挿し絵もあり、富士山が雲に隠れ、頂上だけ見える姿が、日本庭園の見立てに重ねられている。上に引いたフランス人

▷1　旅行記
広義には学校の作文や雑誌の投稿欄の旅行文や口頭でのみやげ話、インタビューに答えての旅行の語りなども含められる。狭義には著名人などが刊行した書籍類を指すだろう。

▷2　ツーリスト経験
やや曖昧な概念だが、旅先におけるツーリストの旅行体験の意味や意義を示す。

▷3　疎外の解消
旅行とは日常の疎外を解消するため、旅先に真正な経験を求めるものだ、というツーリスト経験研究の考え方がある。日常の疎外が多いほど、旅先に求める真正性は大きいとされる。

▷4　通過儀礼
ある状態から、儀礼を経ることで一歩前進した状態になることを指す。例えば祭りを経ることで、社会の構成員として成長するとされる。旅行もまた、旅先での体験が人を成長させるので、通過儀礼的に捉えられる。

▷5　白幡洋三郎，1996，「外国人にとっての〈富士山〉」『まほら』9：pp. 8-13。

▷6　l'Autre Voyage, no. 5, 1999.

▷7　ブルーノ・タウト
1880-1938。ドイツの建築家で、1933年に来日し、桂

女性がタウトを読んだのか，それともタウトを読んだ人が書いた何かを見たのかは不明だが，少なくともふたつのテクストには共通して，雲に包まれる富士山を日本文化の表れとみなす語り口が見られる。

フランス人が描いた富士山をもうひとつ示したい。それは2004年の旅行記で，「霧しぐれ富士を見ぬ日ぞ面白き」という松尾芭蕉[48]の句で始まる。しかし，主題は行列をつくって日の出を見る登山の様子である。「宿の人によれば，今日富士山に登るのは一万人だという。［中略］この混雑はグロテスクでおかしささえある状況をつくる。皆，標高3600mで数分間，強烈な突風にあおられ，前に進めないほどの人間の渋滞の中でひと固まりになっている。［中略］しかしこれが富士の経験，すなわち日出ずる国の集団志向，一体感だ」[49]。この本には100編の日本への旅行記が掲載され，テーマは和紙からコンビニまで，場所は知床から沖縄までと，盛りだくさんで今日の日本を描いている。したがって，この旅行記の書き手が富士登山の例から現代日本社会を論じるのも当然と考えていい。

この旅行記の書き手は元エールフランス日本支社長で，日本には詳しい。そのため，タウトがいうような「雲に隠れる富士山」というステレオタイプにはとらわれていない。しかし，「日本＝混雑」，「日本人＝団体志向」という図式もまた，多くの先行テクストが描いてきたステレオタイプではないだろうか。つまり，古典的なイメージが，いくぶん現代的になったにすぎず，この旅行記が他のテクストから独立しているわけではない。

3 エキゾチズムとステレオタイプ

たしかに，「雲に隠れる富士山」，「渋滞ができる富士登山」といったイメージの裏にあるのは，日本文化の神秘性や日本人の集団志向を強調したステレオタイプなエキゾチズムかもしれない。しかし，だからといって，現代日本人のなかに富士山のステレオタイプなイメージが存在しないことにはならない。多くの日本人にとって，富士山といえば，山容が明瞭に見える円錐形の姿形だろう。しかし，それは広告や教科書に載せられ，銭湯の壁やパンフレットに描かれてきた富士山の理想像であって，実態そのものではない。事実，富士山が見えない日は多いし，富士登山の混雑度もかなりのもので，むしろフランス人の方が現実の姿を指摘しているとさえいうこともできる。

結論を急ぐことはできないが，外国人であっても，日本人であっても，先行テクストの影響から自由になることは難しく，外国人の場合にはエキゾチズム的ステレオタイプが，日本人の場合にはイコン的ステレオタイプが優先的に表出するという違いしかないのではないだろうか。

（滝波章弘）

IX-3 旅行記

図IX-3-1 タウトの描いた富士山
出所：ブルーノ・タウト，1991，『ニッポン』講談社より。

離宮や合掌造りなどの日本建築を世界に紹介したことで知られる。引用は，タウト，ブルーノ，1991，『ニッポン』講談社。

▷8 松尾芭蕉
1644-1694。海外にもよく知られた俳人。「霧しぐれ……」の句は芭蕉の紀行文のひとつ『野ざらし紀行』にある。

▷9 *100 regards inédits sur le Japon*, Jipango, 2004

参考文献
滝波章弘，1998，「ツーリスト経験と対照性の構築――『旅』の読者旅行文をもとに」『人文地理』50：pp. 340-362。
滝波章弘，2005，『遠い風景――ツーリズムの視線』京都大学学術出版会。
滝波章弘，2009，「読者旅行文にみる一般人のツーリスト経験」神田孝治編『観光の空間――視点とアプローチ』ナカニシヤ書店，pp. 145-153。

Ⅸ 観光の文化装置

4 ガイドブック
その変遷と可能性

1 ガイドブックの長い歴史

　観光ガイドブックは，ガイド（案内者や添乗員）の役割を果たす書籍である。ただしそれは「ガイドの代替物」にはとどまらない，独自の特性をもつメディアでもあり，21世紀の現在，「書籍」を超えた可能性を手に入れつつある。

　ガイドブックの歴史は古い。それは観光をめぐる他の現象と同様に，宗教と密接な関わりをもって発展してきた。例えばキリスト教圏では，エルサレムおよびローマと並ぶ「三大聖地」としてサンティアゴ・デ・コンポステーラ（イベリア半島北西部の町）が9世紀に登場すると，同地へ旅する信徒のための『サンティヤーゴ巡礼案内書』が編まれた。このガイドブックは「巡礼」という旅のかたちを整え，「巡礼者」になって旅をする道筋を人々に示した。◁1

　日本でも，伊勢参詣の方法をまとめた『旅行用心集』（1810年）をはじめ，巡礼のためのガイドブックは古くから存在する。また平安時代の西行法師の旅に憧れて陸奥へ旅立った松尾芭蕉の『おくのほそ道』（1702年）や，芭蕉に影響を受けて旅立った与謝蕪村や小林一茶の著作のように，人々に旅心を抱かせた個人の紀行文や旅行記も数多くある。これらも視野に入れれば，日本のガイドブックの歴史も長く，そして豊かであり，宗教学や文学研究や歴史学などの成果を援用した「ガイドブック史」の研究が可能であることが見えてくる。

　ここでは観光社会学の視点から，上記の中世のガイドブックや紀行文には無い，近代的ガイドブックがもつふたつの特性に注目したい。それは「改訂」と，その結果生まれた「シリーズ化」というメディア特性である。

2 近代的ガイドブックの特性

　近代的ガイドブックの原型は，1820年代から30年代にかけて，ドイツのカール・ベデカーとイギリスのジョン・マレーがそれぞれの国で出版した『旅行者のための手引書（Handbook for Travellers）』で形成されたとされる。◁2 ベデカーのシリーズは精確な地図と詳細な記事で知られ，20世紀に入る頃には「ガイドブックの代名詞」になった。他方でマレーのガイドブックは紹介するエリアを積極的に広げ，早くも1880年代には日本編（英語）を出版している。

　ライバル関係にあったベデカーとマレーのガイドブックは，創業者の死後も改訂とシリーズ化を重ねて競い，のちに登場するミシュラン社（1900年創刊）

▷1 『サンティヤーゴ巡礼案内書』の全訳は，柳宗玄，2005，『柳宗玄著作選6 サンティヤーゴの巡礼路』八坂書房に所収。

▷2 同時期の1841年にパッケージ・ツアーの原型を生み出したトーマス・クックも，ツアー参加者のためのガイドブックを制作している。ブレンドン，P.，石井昭夫訳，1995，『トーマス・クック物語』中央公論新社。

144

やロンリー・プラネット社（1973年創刊）などにも通じる「近代的ガイドブックの基本形」を生み出した。

近代的ガイドブックの特徴は，改訂とシリーズ化を繰り返すことにある。これは交通機関の発展や新しい観光名所など，旅先の変化に対応するための措置と考えられるが，例えば数年ごとに不定期で改訂されたマレーの日本編を通時分析すると，外国人旅行者が見ようとした「日本」の変遷を垣間見ることができる。良質なガイドブックは貴重な歴史資料にもなるのだ。

もちろん改訂されたガイドブックの情報は，常に旅先の変化を的確に映し出すものだけではなく，信用できる情報ばかりが掲載されるとは限らない。そこで分析者の検討が必要となり，複数の資料による比較が必要となる。しかし旅先の現実から完全に遊離した情報ばかりを載せたガイドブックの改訂も不可能である。つまり改訂されるガイドブックには，「旅先の社会の現在形」とともに，それを編集して出版する「制作者の意図」のふたつの情報が映し出されているのであり，その両方を複数の資料によって比較分析することが求められる。そうして複数のガイドブックや同時代の新聞などの資料を比較分析することで，ガイドブックによる歴史社会学も可能になるだろう。

3　日本型ガイドブックの現状と可能性

いま人気を博しているガイドブックの大半が，定期的な改訂とシリーズ化を行っている。例えば世界中で最も読まれているロンリー・プラネット社のガイドブックは数年おきに，また日本で人気の『地球の歩き方』（1979年創刊）や『るるぶ情報版』（国内旅行は1978年，海外旅行は1988年創刊）は，ほぼ毎年，改訂される。ただし改訂される記述内容は，ガイドブックによって異なる傾向にあり，そうした情報の差異も比較研究のテーマになる。

特に「るるぶ情報版」に代表される，写真を多用した雑誌サイズの大型ガイドブックは，欧米には見られない，日本で独自に発達したメディアである。その特徴は，改訂ごとにグルメとショッピングに関する「値札つき消費情報」を増加させる，商品カタログのような誌面構成にある。「るるぶ」のようなカタログ型ガイドブックが日本で人気を博するに至った背景には，日本人の観光行動の変化がある。それゆえ「日本型ガイドブック」の独自発達は，日本社会の変容と無関係な現象ではなく，観光社会学のテーマとなりうるだろう。

さらに近年ではiPhoneをはじめとする次世代メディアに対応した，ガイドブックも登場している。位置情報システム（GPS）などを活用した「非書籍ガイド」は，旅行者の位置を中心に据えながら多様な情報を提供し，また改訂の頻度を高めることで新たなガイドブックの可能性を示している。ただし書籍の「古い情報」を「新しいメディア」でも提供すること以上の革新的な試みが必要であり，そうした研究と調査が期待される。　　　　　　　（山口　誠）

▷3　戦後日本のガイドブックの変遷については山口誠，2010，『ニッポンの海外旅行――観光メディアと若者の50年史』ちくま新書などを参照。

▷4　GPSを活用した観光情報の提供は，自動車のナビゲーション・システム（カーナビ）が先行している。この他にも新しいガイドブックのあり方を可能にする技術が続々と実用化されているため，ガイドブックの特性とその課題を分析する基礎的研究が果たす役割は大きくなっている。

IX 観光の文化装置

5 みやげ

1 観光と「みやげ」

どこかへ旅行すると家族のために「おみやげ」を買って帰る。あるいはどこかへ旅行していた友人から「おみやげ」を貰う。観光が日常化した今日において、「当たり前」と思われている光景だ。しかしこうした行為が成り立つには、みやげの買い手自身が、短期間のうちに再び自宅へ戻る必要がある。自宅へ戻らないならば、そもそもみやげは買わない。また、これから旅行へ行こうとしている友人に、みやげを頼む場合がある。ここでみやげの依頼主は、これからどこかへ出掛ける友人が近いうちに帰ってくることを、予め知っている。だからこそ友人にみやげを頼むのだ。つまり、自宅を出発した人間が短期間のうちに再び自宅へ戻ってくる、という観光の構造を前提として、みやげそのものやみやげにまつわる行為は成立している。

2 「買い手」と「売り手」と「つくり手」

みやげを買う者と貰う者がいるならば、みやげをつくり、それを売る者が存在する。ここで気をつけたいのは、「何」がみやげとして観光地で売買されるのか、という点である。買い手にしてみれば、訪れた場所に固有なものやそこを訪れた証拠となるものを欲するし、また、買ったものを自宅まで持ち帰る必要があるため、かさばるもの、壊れやすいもの、腐りやすいものは避ける。これにあわせてみやげの売り手やつくり手は、その土地の特徴が強く反映されたもの、その土地の名前がはっきりと刻まれたもの、従来よりも小型軽量化しより小さく折り畳めるもの、壊れにくい形態や素材でできたもの、常温で日もちするものを提供しようとする。

このようにみやげの売り手やつくり手は、売るものやつくるもののデザイン、サイズ、素材、色、かたちなどを買い手の嗜好に沿わせて変更したり、もち運びが容易になる工夫を施したり、時にはそれまで売られていなかったものを売り出したり、つくられていなかったものを新たにつくり出したりもする。▷1

3 みやげをつくり、売り、買い、貰うこと

みやげは基本的に、それをつくって売る側とそれを買ってもち帰る側というふたつの社会の間でやりとりされる。したがってまず生産者側の社会は、ツー

▷1 このような現象は、観光を契機として観光地に発現する文化変容、文化の商品化、文化創造の一形態として理解することができる。

リスト相手にみやげをつくりそれを売ることによって，みやげの消費者側の社会からもち込まれた「外貨」を獲得することができる。また，みやげの生産者は，それが消費者側の社会にもち帰られることを知っているため，消費者たちにもって貰いたい自分たちのイメージをみやげのなかに織り込んだり，自分たちのアイデンティティと深く関わる事物をみやげとして販売したりする。◁2

　みやげの買い手であるツーリストは，自らが属する社会とは異なる社会での買い物を楽しむと同時に，売り手との交流を果たすべく，許される環境であれば「値切り」に挑戦する。その後，自宅へもち帰られたみやげは貰い手に配られることとなるが，ある観光地へ行ってきたという客観的事実だけではなく，日頃の感謝や出発前に渡された餞別，かつて貰ったみやげに対する「お返し」としての意味も付与されて，みやげは買い手から貰い手に手渡される。それに対し，買い手からみやげを贈られた貰い手は，みやげそのものを受け取るだけではなく，みやげを通して買い手が現地で経験したことの一部を共有しつつ，◁3 買い手がみやげに託した「気持ち」も同時に受け取ることとなる。

　このように，みやげは生産される社会と消費される社会を繋ぐ「媒介」として機能するだけでなく，買い手から貰い手に「贈与」されることにより，買い手と貰い手のコミュニケーション「手段」としての役割を果たしている。◁4

❹ 「いやげ物」

　観光が日常化し，多くのツーリストが観光地を訪れるようになると，そこで売買されるみやげの量も必然的に増加する。こうしたみやげの大量生産大量消費という状況に応じてみられる現象のひとつが「複製」である。つまり，同じような姿形をした置物，人形，ペン立て，菓子などが大量につくられ，あちこちの観光地で売られていく。しかしここで注意すべきは，姿形が同じであってもそれらが売られる場所は異なるという点である。そのため，生産者はそれらが売られる観光地の「名前」を書き込むことによって，みやげとしての矜持と他の観光地との差異を保とうとする。その結果，地名は異なるものの姿形はほぼ同一というみやげが，あちこちの観光地に同時に登場することとなる。

　みうらじゅんは，このようなみやげやその土地の特徴が過度にデフォルメされたみやげを，貰っても嬉しくないみやげものという意味を込めて「いやげ物」◁5 と名づける。みうらのこうした着想は，ここまで整理してきた現代観光におけるみやげの位置や特性，みやげという存在を裏支えする行為主体者間の関係性，みやげを取り巻く大量生産大量消費という現状を鋭く抉り出すことに成功しているといえ，そもそも「いやげ物」というネーミング自体が，みやげを買って帰るという行為が現代社会においてもはや「儀礼」と化していることを的確に言い当てている。「いやげ物」という枠組みを用いてみうらが突きつける問題群を，私たちはただただ笑ってやり過ごすわけにはいかない。　　（千住　一）

▷2　こうした観点からすると，ビジット・ジャパン・キャンペーンの一環として近年の観光庁が推し進めている「魅力ある日本のおみやげコンテスト」は，きわめて興味深い現象である。

▷3　経験の共有という意味では，ツーリストが撮ってきた写真を見ることや，ツーリストが語る体験談を聞くことも，みやげを貰うという行為に近似しよう。

▷4　このようなみやげを介して成立する買い手と貰い手の関係性は，一般的に，マルセル・モースが著した『贈与論』を下敷きにして説明される。モース，M., 吉田禎吾・江川純一訳，2009，『贈与論』筑摩書房。

▷5　その土地と縁もゆかりもない「キティ」というキャラクターに，各地の特性が強調されて重ね合わされることによって成立している「ご当地キティ」も，デフォルメ化の一事例であると言える。

参考文献

鵜飼敦子，2007，「美術工芸品——ダサい土産物がなぜ売れる？」葉口英子・河田学・ウスビ・サコ編『知のリテラシー——文化』ナカニシヤ出版，pp. 151-168。

Rodrigo de Azerdo Gründeald, 2009, 阿曽村邦昭・阿曽村智子訳「Pataxó族の観光美術と文化的真正性」M. K. スミス・M. ロビンソン編『文化観光論・下』古今書院, pp. 249-264。

みうらじゅん，1998，『いやげ物——no thank you souvenir』メディアファクトリー。

Ⅸ 観光の文化装置

6 写真

1 イメージの確認行為としての観光旅行

　かつて旅とは，行く先々に何が待ち構えているのかを知らないままに，異郷や他者との出会いを求めて出かけてゆく冒険的営みであった。それに対して現在の観光は，すでに流通している観光地のイメージを確認し，なぞるだけの行為になっている。沖縄といえば青い海に白い砂浜，椰子やハイビスカス。北海道といえば，広い草原やラベンダー畑。私たちはそういう典型的なイメージを予め抱いて旅行に出かけ，現地の風景を眺めてみて，「ああ，イメージ通りだ」と満足する――あるいは「イメージと違う」とがっかりする。そのような観光地のイメージを提供する主要なメディアが写真である。旅行パンフレットや旅行情報誌には，魅力的な写真があふれている。それらの写真に惹かれて私たちは旅行に出かけ，当の場所を自分の目で確かめ，パンフレットや情報誌と同じような構図の写真を撮影する。そうして自宅に戻ってから，家族や友人に写真を見せ，ここに出かけたのだと自慢したりする。このように写真は現在の観光という経験に，最初から最後までつきまとっている。

2 写真と観光のまなざし

　観光現象が成立するには，ある特殊な制度化された認識モードが必要になるとJ. アーリはいう。アーリはそれを「観光のまなざし」と呼ぶ。ある風景や街並みが観光の対象になる場合，それらはもともと鑑賞に値する意味や価値を有しているわけではない。まずもって対象を，それが埋め込まれた日常的文脈から引きはがし，鑑賞されるべき対象として措定する認識上の操作が必要となる。例として「工場萌え」をあげてみよう。現地で働いている人々にとっては，工場の風景は単なる日常の背景であり，特に興味をそそられる対象ではない。けれども，外からやってきてその形状美をあえて愛でようとする「工場萌え」の人々にとっては，工場は審美的な鑑賞対象となる。こうした認識モードのありようは，写真のメディア特性と大きく重なる。写真は，ある現実から視覚的要素のみを切り出し，他の要素を捨象することによって審美的対象を構成するメディアである。だから写真は，ある意味で観光のまなざしを物質的に具現化したメディアだともいえる。別のいい方をすれば，観光客がファインダーを覗き込むとき，そこに，純化された観光のまなざしが生起するのだ。

▷1　ブーアスティン，D., 後藤和彦・星野郁美訳，1964,『幻影の時代――マスコミが製造する事実』東京創元社。Ⅴ-4　Ⅺ-1 参照。

▷2　アーリ，J., 加太宏邦訳，1995,『観光のまなざし――現代社会におけるレジャーと旅行』法政大学出版局。Ⅴ-5　Ⅺ-5 参照。

▷3　従来では悪い景観の代表格であった工場について，その高炉やパイプの形状，また工場の夜景を，あえて美的鑑賞の対象として愛好しようとする動き（およびそれを支持する人々）が「工場萌え」と呼ばれる。2007年に刊行された写真集が話題を呼んだ（石井哲［写真］・大山顕［文］, 2007,『工場萌え』東京書籍）。工場地帯を鑑賞するツアーやクルーズも企画されている。

3 写真のポジティヴな側面

　私たちが観光旅行に必ずカメラをもっていくのは，何よりも，それが優秀な記録の道具であるからだろう。いつ，どこに，誰と出かけ，何を食べ，どういう場所に宿泊し，どんな出来事があったのか。さまざまなシーンを記録した写真は，そうした情報をコンパクトな視覚イメージにまとめて保存してくれる。私たちは撮影した写真を眺めつつ，ひとりで旅の思い出に浸ったり，誰かと思い出を語り合ったりすることができるのだ。けれども写真は，観光の経験を保存する中立的な記録の道具にとどまるわけではない。まず観光の経験があり，その記録を写真が残してくれるというわけではない。写真の撮影行為は，もっと深く観光の経験に食い込み，観光の経験そのものに構成的に作用している。例えば写真の撮影行為は，旅の連続的プロセスに区切りを与え，個々の場所で「何かを経験した」という実感をもたらしてくれる。撮影行為が，それ自体は曖昧な観光の経験にくっきりとした輪郭を与え，ある場所で写真を撮ったからもうOK，それでは次の場所へ，という移動のリズムをつくり出してくれるのだ。写真を撮るという小さな儀式は，どこか観光客を安心させてくれる。旅の記録を残す，という以上に，だから，観光の経験を確からしいものにする必須の補助具として，私たちはカメラを旅行にもっていくのだともいえる。

▷4　以下，撮影行為による観光経験への構成的作用や，撮影行為にまつわる記号の支配力，対象の所有行為としての写真撮影といった論点については，ソンタグ, S., 近藤耕人訳, 1979,『写真論』晶文社を参照。

4 写真のネガティヴな側面

　だが一方，写真には，観光の経験を薄っぺらくしてしまうネガティヴな側面もある。観光客のまなざしは，日々のメディア接触のなかで醸成された，それっぽい記号の体系に支配されている。北海道そのものではなく，北海道っぽい記号こそが観光客にはリアリティをもつ。観光客はそれっぽい記号を求めて歩き，それっぽい記号に反応してレンズを向け，それっぽい記号のコレクションを作成しようとする。そうしてお約束的な写真を片っ端から撮り，撮っては次の撮影スポットに移動する，あたかもスタンプラリーのような営みが展開される。このスタンプラリー的な営みが行き過ぎると，観光の経験は貧しくなってしまう。写真を撮ることに忙しく，ろくに風景を味わっていない，という事態にもなりかねないのだ。また写真の撮影は，ある意味で対象を所有する行為でもある。カメラを構えた瞬間に，そこには写す／写されるという非対称的な関係が生成する。現地の人々は興味深い撮影対象として飼い慣らされ，風景の一部として扱われる。と同時に，邪魔者はいらだたしげに排除される。フレーム内に他の観光客が見切れてはならず，場違いな（と思われる）事物はフレームから避けられる。理想的なイメージを作成するために，観光客が思わず発揮してしまう横暴さ――そこにはおそらく観光のまなざしに固有の暴力性が垣間見えているだろう。

（近森高明）

▷5　撮影行為をめぐる微細な権力関係については，ブルーナー, E. M., 安村克己他訳, 2007,『観光と文化――旅の民族誌』学文社を参照。

Ⅸ 観光の文化装置

7 温泉

1 温泉とは何か

観光旅行の目的地として，温泉の人気は高い。ここではまず，温泉とは何かを確認しておきたい。1948年制定（2007年一部改正）の温泉法第二条で，温泉とは，地中から湧出する温水，鉱水，水蒸気その他のガスで，摂氏25度以上の温度，または指定された物質のうちいずれかひとつが一定の含有量をもつもの，と定義されている。したがって，温度が25度以上であれば成分は少なくともかまわないし，物質の含有量が基準を満たしていれば，低温でも温泉として扱われる。温泉の利用許可を得た施設では，温泉の成分・禁忌症等の掲示が必要とされており，掲示内容は登録分析機関の行う温泉成分分析の結果に基づかなければならない。

2 温泉をめぐる動向

さて，日本国内には，どれくらいの温泉があるのだろうか。第二次大戦後には，ボーリング技術やポンプの性能の向上によって，より深く掘削して多くの湯を汲み上げることが可能になり，温泉の開発が進んだ。温泉の新規掘削の申請には，1963〜67年，1973年，1989年〜90年という，3つのピークがみられる。

1965年度には温泉地数1331，源泉数1万1913を数えた（図Ⅸ-7-1）。その後，温泉地数は右肩上がりで，1990年代後半に増加が目立ち，2005年度には3162ヶ所に達したが，この数年はやや停滞気味である。温泉地の増加には，1988年から交付された**ふるさと創生1億円事業**をきっかけに，地域振興の手段として多くの町村で温泉の掘削が行われ，温泉施設が整備されたことが影響している。ひとつでも宿泊施設があれば，温泉地として計上されるからである。源泉数と毎分の湧出量も増加を続け，2万8000ヶ所，270万リットルを超えている。

これらの動きと異なり，宿泊施設数は1978年度に1万5000を上回ってから頭打ちとなって，1990年代後半からは徐々に減少している。旅館やホテルが大型化して収容能力が高くなり，厳しい宿泊客獲得競争のなかで，施設が淘汰されているためである。

温泉地の宿泊客数は，高度経済成長期に押し寄せた団体旅行客が減少し，小グループによる個人旅行が主流になったことに加え，宿泊を伴わない立ち寄り湯の形式が普及したことにより低迷している。いまでは日帰りで温泉を楽しむ

▷1 炭化水素を主成分とする天然ガスを除く。

▷2 温泉源から採取されるときの温度。

▷3 溶存物質（ガス性のものを除く）・遊離炭酸・水素イオン・総硫黄・ラドンなど19種類。

▷4 昭和初期までの動向については，関戸明子，2007，『近代ツーリズムと温泉』ナカニシヤ出版を参照。1934年には温泉地数868，源泉数5889を数えた。

▷5 山村順次，1998，『新版日本の温泉地――その発達・現状とあり方』日本温泉協会，p. 152。

▷6 ふるさと創生1億円事業
正式名称は「自ら考え自ら行う地域づくり事業」で，全国の市区町村に対して一律1億円が交付された。

▷7 旅行の同行者について，職場・学校・地域などの団体とした回答は，1966年と1968年には50％を超えていたが，2001年以降は10％前後となっている。日本観光協会，2010，『平成21年度版 観光の実態と志向』による。

ことが，ごく当たり前となった。温泉を利用する**公衆浴場**[8]は，1965年度に1629件だったのが，1993年度に4000件，2003年度に7000件を上回って，激増している[9]。日帰り入浴は「安い　近い　短い」を特徴とするレジャーのひとつとして定着した。

③ 人気温泉地ランキング

全国的に人気がある温泉地は，どこだろうか。ここでは「じゃらんネット」によるアンケート調査を利用したい。表Ⅸ-7-1にその結果をまとめた。

それによれば，2006年の調査開始以来，箱根・湯布院・草津・登別・別府という上位5位までの温泉地の順位は不変で，かつ回答者の2割弱から1割の人が投票しており，安定した人気が続いている。このランキングは，「これまで行ったことがある」温泉地から「もう一度行ってみたい」ところを選んだ結果であり，「まだ行ったことがない」温泉地を対象とした投票では，湯布院・登別・草津と続く。この上位3つも4年間変わっていない。いずれも著名な温泉地が並んでいる。

それぞれの温泉地を選択した理由をみると[10]，箱根では「交通の便が良いから」（55.3％），「自然に囲まれているから」（52.5％），「街の雰囲気が好きだから」（51.4％），湯布院では「街」（77.3％），「自然」（56.4％），草津では「街」（68.1％），「温泉の効能や泉質が気に入っているから」（61.5％），登別では「温泉」（52.2％），「自然」（51.9％），別府では「街」（57.0％），「温泉」（49.7％）が上位にあげられている。ここでは，街の雰囲気，温泉の効能・泉質，周囲の自然が人気の鍵となっていることがわかる。これらに続くのは，「手頃な料金で行けるから」，「周辺の観光スポットが充実しているから」といった選択肢である。温泉街の雰囲気と温泉そのものに魅力があり，便利かつ安価で，自然探勝も含め周遊観光を楽しめることが，これらの温泉地の人気を支えているといえよう。

温泉地の数が大きく増え，多様な情報があふれている今日，どのように差別化して生き残りをかけていくのか，各地の競争は激しい。「何度も行きたい」，「一度は訪れたい」と思う温泉地の魅力とは何だろうか。

（関戸明子）

図Ⅸ-7-1　温泉地数・源泉数・湧出量・宿泊施設数の推移

注：温泉地数は宿泊施設のある場所を計上。
出所：環境省「温泉利用経年変化表」より作成（http://www.env.go.jp/nature/onsen/data/riyou_nendo.pdf）。

▷8　**公衆浴場**
公衆浴場とは，公衆浴場法で，温湯，潮湯，温泉その他を使用して，公衆を入浴させる施設と定義されている。

▷9　データは図Ⅸ-7-1と同じ。

▷10　2009年の調査結果から，40％を超える選択肢とその割合を示す。

表Ⅸ-7-1　人気温泉地の得票数の推移

順位	温泉地名		2006年		2007年		2008年		2009年	
1	箱根温泉	神奈川	1,648	16.3%	1,228	18.3%	1,041	17.9%	917	18.0%
2	湯布院温泉	大分	1,501	14.9%	1,003	14.9%	865	14.9%	731	14.3%
3	草津温泉	群馬	1,300	12.9%	938	13.9%	713	12.3%	689	13.5%
4	登別温泉	北海道	1,154	11.4%	813	12.1%	694	12.0%	651	12.7%
5	別府温泉郷	大分	971	9.6%	647	9.6%	582	10.0%	519	10.2%
	有効回答者数		10,087		6,728		5,800		5,106	

注：2006年334，2007年323，2008年325，2009年331の温泉地を選択肢とし，これまで行ったことがある温泉地のうち「もう一度行ってみたい」温泉地を，5つまで複数回答した調査。回答者は「じゃらんネット」で予約した利用者。湯布院温泉の2008年までの選択肢は「由布院・湯平温泉」。
出所：リクルート国内旅行カンパニーじゃらん編集部「じゃらん人気温泉地ランキング2007, 2008, 2009, 2010」より作成。

Ⅸ　観光の文化装置

8　博覧会

1　博覧会のはじまり

　歴史上最初の博覧会はフランス革命で荒廃した国内産業の復興をめざして開催されたフランスの内国博覧会（1798）であった。しかし最初の国際博覧会すなわち万博は，イギリスの工業製品の展示を受け入れまいとする思惑のあったフランスではなく，そうした制約のないイギリスで1851年に開催された。ロンドンのハイドパークにガラスと鉄骨で建てられた巨大な水晶宮がその会場であった。この第一回のロンドン万博は，入場料を下げる日が設定されて労働者階級にも門戸が開かれたことや，当時発行部数を大きく伸ばしていた新聞が大々的に取り上げたこと，また国内鉄道網の整備が進んだことなどが相まって，のべ600万人の入場者を記録している。旅行代理店の草分けであるトーマス・クックの事業がビジネスとして確立されるきっかけも，この万博であったといわれる（表Ⅸ-8-1）。

　日本の博覧会との関わりは1867年のパリ万博に始まり[1]，1873年のウィーン万博への明治新政府の出展や岩倉使節団の視察を経て，殖産興業や富国強兵のための装置として理解が深まった。それが1877年に東京・上野で開催された第一回内国勧業博覧会を皮切りとした国内での博覧会開催へとつながっていく。

▷1　当時の江戸幕府と薩摩藩と佐賀藩がそれぞれ独自に出展した。

2　国家的イベントの雛型と商業化

　当初は国威発揚と産業振興を主な目的としていた博覧会は，20世紀半ばになると帝国主義のプロパガンダとしての役割を担っていく。1867年のパリ万博以後参加国が競ってパビリオンを建てるようになった。

　また，博覧会は同時代の消費文化を呈示する広告装置にもなってきた。産業中心の展示だけでなく家庭生活用品の展示が行われる一方，その展示手法を参考にして百貨店の建築や陳列がなされていく。また百貨店資本も博覧会の出展を行うことで，両者の結びつきは強まっていった。同時に博覧会は大衆娯楽的な見世物としても機能し，19世紀後半から20世紀に至るまで消費生活のモデルを広く提供し続けた。さらに万博のなかでナショナリズムが誇示される様式はその後の五輪やサッカーＷ杯などの巨大イベントの雛型にもなっていった[2]。

　20世紀以降，シカゴ万博（1933〜34）や2回のニューヨーク万博（1939〜40，1964〜65）を通じ，万博は企業のアピールの場として大々的に利用されるようになった。多数の企業パビリオンが建設され，その傾向はのちのモントリオー

▷2　例えば初期近代五輪の第二回パリ大会（1900）や第三回セントルイス大会（1904）は，万博の併催イベントとして開催されたほか，メダルを授与する制度は万博における出品者の表彰制度に範をとったという。またベルリン五輪（1936）から取り入れられた開会式における国旗を掲げての行進も，万博の開会式に由来するといわれる。

表IX-8-1 主要な万博のデータ

開催年	開催地	入場者数(万人)	会場面積(ヘクタール)	開催期間(月)	政府館数	企業館数
1851	ロンドン	600	10	4.8		
1855	パリ	520	15	6.7		
1867	パリ	1500	69	7.2	20	10
1873	ウィーン	730	233	6.2	7	9
1889	パリ	3240	96	5.7	31	2
1900	パリ	5090	120	7	32	2
1904	セントルイス	1970	500	6.1	19	—
1933	シカゴ	3890	170	12	6	10
1939	ニューヨーク	4500	500	12	22	34
1964	ニューヨーク	5170	261	12	34	37
1967	モントリオール	5030	405	6	40	27
1970	大阪	6420	330	6	38	22
2005	愛知	2200	173	6	66	9
2010	上海	7310	528	6	93	18

出所：吉見俊哉, 1992,『博覧会の政治学』に加筆。

図IX-8-1 上海万博の中国館
出所：筆者撮影

ル万博（1967），大阪万博（1970）に引き継がれていく。

また64〜65年のニューヨーク博でW.ディズニーが出展企画で活躍したように，博覧会はテーマパーク事業とも繋がっていった。移設されたアトラクションの代表にNY博ペプシ館の「イッツ・ア・スモールワールド」がある。1980年代後半の日本で各地に乱立した地方博でも企業によるアトラクションが繰り返し出展されたが，やがて飽和したあげくに陳腐化していったきらいがある。

3 21世紀における万博の意義とは？

21世紀の到来と相前後して，内外では博覧会の存在意義に否定的な議論が渦巻いていた。1996年に東京で予定されていた世界都市博の中止，2000年末から2001年にかけて開催されたインターネット博覧会（インパク）への批判などが続き，欧州でも2000年のハノーヴァー万博は予想入場者数を大幅に下回り，多額の赤字を残した。もはや万博の時代ではないという声が高まる中で2005年，21世紀最初の万博として愛知万博（愛・地球博）が開催された。会場予定地の環境問題が浮かび上がったことをきっかけに，市民運動を巻き込んで開発型のイベントから環境重視のイベントへのシフトが生じ，数々の市民参加の機会が用意され，来場者に多様な経験の場が開かれていた点で，新たな可能性を示す博覧会となった。防災と情報配信などITインフラの実験場として貴重な機会になったことでも，その果たした役割は大きい。

しかしながら，2010年の上海万博では愛知万博からの理念の継承が謳われ，環境問題が重視された一方で，再び国家の威信が誇示されるとともに（写真1），新興国への近代化モデルの移植としての様相も呈していた。2015年のミラノ万博は主要国のイタリアでの開催となったが，2017年のアスタナ（カザフスタン），2020年のドバイ（アラブ首長国連邦）と，新興国での開催が相次いで予定されていて，この傾向はしばらく続きそうである。

（岡田朋之）

▷3 1982年，ウォルト・ディズニー・ワールドに設置されたテーマパークのEPCOTは企業提供のパビリオンがメインの施設になっている。

▷4 開幕準備の段階でスタッフが大阪市や大阪府をたびたび訪れ，大阪万博についての情報を収集していたという。

▷5 2015年のミラノ万博は「食」に焦点を当て「地球を養う。命のためのエネルギー（Feeding The Planet, Energy For Life）」をテーマに開催される。

参考文献

吉見俊哉, 2010,『博覧会の政治学——まなざしの近代』講談社学術文庫。
吉見俊哉, 2011,『万博と戦後日本』講談社学術文庫。
加藤晴明・岡田朋之・小川明子編, 2006,『私の愛した地球博——愛知万博2204万人の物語』リベルタ出版。
福間良明・難波功士・谷本奈穂編著, 2009,『博覧の世紀——消費／ナショナリティ／メディア』梓出版社。

IX 観光の文化装置

9 音楽イベント

1 野外フェスティバル

現代は「野外フェス」の時代である。なかでも代表的なフジロック・フェスティバル（新潟，1997年〜），ロックインジャパン・フェスティバル（茨城・千葉，2000年〜），サマーソニック（千葉＋大阪，2000年〜）は，毎年10万人以上の観客動員数を達成していて，北海道のライジングサン・ロック・フェスティバル（1999年〜）をあわせた4大ロックフェスは，夏の恒例行事といえるほどに定番化している。フェスティバル形式のライブは，通常のコンサートと異なり，複数のミュージシャンが一堂に会し，複数のステージで競い合うように演奏を行う。野外のロケーションで朝から晩まで数日にわたって音楽に浸れる開放感が受けて，今日の盛況を迎えている。

夏前になると各種情報誌が大々的にフェスの特集を組み，ネットの情報交換サイトはその話題でもちきりになり，アウトドア・ショップにはウェアや携行品を求めて人々が集ってくる。上記の4大フェスにとどまらず，地方（自治体）や放送局が主催するイベントや，ジャズ，レゲエ，レイヴパーティなどのイベントが，全国津々浦々で季節を問わず開催されるようになっており，日本のライブ文化を語るうえでフェスは無視することのできない存在になっている。

2 ツーリズムとしてのフェス

フェスティバルに集う人々を観光という視点で考えてみると，独特の姿が浮かび上がる。フェスは，都市型のものを除いて，緑の豊かな地方で開かれることが多く，参加者は小旅行のように会場へ出かける。特徴的なのは，旅行における同伴者の在り方である。ふつう旅行というと，ひとりで行くか，家族や友人と連れ立っていくことが一般的である。しかし，フェスに行く人たちは違う。もちろん仲間と楽しむ場合もあるが，知らない人同士で同じ車に乗り合わせたり，現地で初めて出会った人と一緒にライブやテント生活を楽しんだりするのである。

その理由のひとつに，チケット発売の仕方がある。たいていの大型フェスは，開催の何ヶ月も前にチケットが売り出される。その時点で出演ミュージシャンは1組も発表されていないが，リピーターたちはチケットを押さえる。新規に行く人は，チケット購入を迷いつつ，徐々にミュージシャンが発表されるタイ

▷1 フェス全体での動員数は，2008年で約147万人。市場規模は約150億円にのぼる。（ぴあ調べ）

▷2 フェスに集う人は自分たちのことを「参加者」と呼ぶ。また，フェスにいくことを「参戦する」と表現したりもする。

▷3 ミュージシャンを「観る」目的でなく，フェスの空間に「いる」ことを目的とする参加者の感覚に，今日のフェスブームは支えられている。

ミングで参加するかどうかを決める。こうして，開催の少し前から，チケットを余分に取ってしまった人と，あわてて入手しようとする人との交流がはじまる。テントサイトや旅館のシェアの申し出，車の同乗者の募集などの活発な交渉が，ネットのBBSやSNSを介して繰り広げられるのである。◁4

　フェス参加は，直前までメンバーがわからないという不確実性に満ちている。であるからこそ，そこで出会った"縁"は，当事者たちにかけがえのないものとなる。昨日まで知りもしなかった人と会場で乾杯したり，一緒に歩いたり，それどころか寝泊まりしたりする。フェスが終了した後は，「来年また会おう」といって別れ，実際，次のフェスの機会まで連絡を取らないことも往々にしてある。いつ離脱しても参入してもよい関係性を築き，その場その場のノリを共有するスタイルは，バウマンがいう**クローク型共同体**に近い。◁5

③ 地域への経済効果

　フェスには，商業的なイベントから無料のイベントまでさまざまな形式がある。無料やそれに近い値段で行われるフェスは，地元企業や商工会などがスポンサーになっている例が多く，来場による地域活性化が期待されている。その経済効果はどれほどのものなのか，興味深いところである。総合的にまとめられたものはまだ少ないが，沖縄の宮古アイランド・ロック・フェスティバルについては，りゅうぎん総合研究所が経済効果をレポートしていて，2010年度で約3億円の経済効果と試算されている。これはインターネットで閲覧することができる。◁6

　若者のなかにはフェスを中心としてアルバイトの年間計画を組み立てるものもいて，地域に落とす金額は多そうに思える。しかしテントサイトを伴うフェスの場合は，会場内だけで食事や宿泊をまかなえてしまえることもあり，車で訪れた参加者は会場に直行して終演後どこにも寄らずそのまま帰るというパターンも少なくない。その場合，開催地域に還元されるお金は期待するほどではなく，地域側としては今後の課題であろう。

④ フェスの今後

　デジタル化によってCDコンテンツの売上げが減衰してしまった現在，野外フェスをはじめとする音楽ライブは注目を集めている。生の実演は，音楽産業にとって有望な希少財となるからである。そしてそれ以外にも，社会学の立場からすれば，野外フェスは音楽を媒介としたコミュニケーションについて考えるきっかけをもたらす。「フェスバブル」ともいわれる昨今，計画性のない音楽イベントはこれから淘汰されていくだろうが，人は音楽を通じて"集う"ことをやめないだろう。その行く末を，観光という視点から見通すことには意義があると感じる。

（南田勝也）

▷4　永井純一は，フェスでの集いの形を〈スノーボール〉〈オフライン〉〈シェア〉の3つに分類している。いずれも口コミやネット利用を特徴としている。永井純一，2008，「なぜロックフェスティバルに集うのか」南田勝也・辻泉編『文化社会学の視座』ミネルヴァ書房，pp. 169-192。

▷5　クローク型共同体
クローク型共同体とは，共通の熱狂や興奮を基盤とするが非継続的で一時的に終わる連帯のこと。バウマン，Z., 森田典正訳，2001，『リキッド・モダニティ』大月書店。

▷6　http://www.ryugin-ri.co.jp/tyousareport/2791.html

参考文献
ぴあ総合研究所，2009，『ぴあライブ・エンタテインメント白書』。

第4部　事例を読み解く

IX　観光の文化装置

10　スポーツ

1　SeeingからDoingへ

　近年の観光は「観ること（Seeing）」から，訪れた場所で何らかの活動を「すること（Doing）」に変わったといわれる。

　その先鞭をつけたのは，ホノルルマラソンである。観光地としてのハワイはスポーツという文化装置によって，新しい観光客を手に入れたのである。1985年からは，航空会社がスポンサーとなったマラソンツアーは爆発的な人気を博し，毎年日本人が3万人近く参加する大会となった。ホノルルのダイヤモンドヘッドを背景として走るコースが，新たな観光地となった。さらに，ボランティアとして沿道で水を渡してくれたり，応援をしてくれる地元住民との触れ合いもマラソンならではの演出である。また，このマラソンの特徴は，ゴールまでの制限時間を設けていないことで，競争ではなく，自分のペースで友達と観光しながら参加することができる。

　2007年から始まった東京マラソンには約30万人もの応募があり，抽選で選ばれた3万7000人（2019年）がコースを走る。これは，東京の観光地である皇居や東京タワー，銀座や浅草をマラソンしながら観光できるイベントである。また主催者側もマラソンの前に観光をしてもらおうと，受付を前日に済ませるようにしている。

　このような市民マラソンは，日本全国で繰り広げられ，他府県から多くの人が参加し盛り上がりを見せている。これは，マラソンを走るために旅行することから，スポーツ・ツーリズムと呼んでよい。参加する人々は，走ることもさることながら，参加した見知らぬ人や地元の人との新しい出会い，また単なる観光では味わえない人との触れ合いに感動するのである。

2　日常から非日常へ

　市民マラソンによるスポーツ・ツーリズムが盛んなもうひとつの理由は，普段は走ったり，歩いたりしてはいけない車道を走ることができるからである。つまり，日常を非日常に変える遊びの楽しさがあるのだ。もちろん，観光自体が非日常の世界を体験させるのはいうまでもない。

　1990年代に入って，このような非日常をもたらすスポーツが流行した。

　3on3のバスケットボールはもともとストリートバスケットボールと呼ば

▷1　スキーや登山などの自然を相手としたスポーツは，スポーツ・ツーリズムの原点だといってもよい。

れ，道路に設置されたバスケットゴールを使うアメリカで始まったゲームである。都市の道路という日常を，バスケットボールによって非日常に変えたのである。スケートボードも，歩道を滑ったり，階段を下りたりと都市のルールを破るという点において非日常の世界で遊んでいるといえる。

これらのスポーツの出現は，日常世界に埋没したスポーツという文化装置が，遊びの世界，つまり非日常の世界での出来事であることを私たちに思い出させてくれる。そして，このスポーツの非日常性によって，私たちは都市に居ながらにして観光気分を味わうことができるのだ。

❸ スタジアムからアミューズメントパークへ

スポーツイベントへの観戦ツアーもスポーツ・ツーリズムのひとつである。オリンピックやワールドカップといったメガイベントから高校野球まで，人々は観戦するために移動する。それは，お伊勢参りや聖地巡礼と同じように，スタジアムが一種の聖地と化すのだ。例えば，甲子園球場は高校野球の聖地として，国立競技場は高校サッカーの聖地として存在する。

ただ観戦するのなら，メディアのほうがはるかに優れている。テレビは選手の表情からベンチの中まで見せてくれるし，私たちをフィールドの中まで連れて行ってくれる。さらに，劇的なシーンはスローモーションで見せてくれるし，最近では3Dで臨場感あふれる映像を茶の間に届けてくれる。

では，なぜ人々はわざわざスタジアムまで足を運ぶのだろうか。それは，スタジアムでしか味わえないような仕掛けがあるからだ。

その仕掛けとは，スタジアムがアミューズメントパークになることである。近年新しくつくられる球場では，レストランで食事をしながら野球が観戦できたり，アメリカのメジャーリーグのスタジアムではバーベキューコーナーがあったりする。また，ホームランに合わせて花火を打ち上げたりすることで，祭り気分を盛り上げる。まさに祝祭空間としてのスタジアムの仕掛けである。

さらに，応援のパフォーマンスが人々をスタジアムに誘う。甲子園球場では7回にジェット風船を上げたり，応援歌を歌ったりし，サッカースタジアムでは，お気に入りの選手のレプリカを着て，顔にペインティングして，「日本チャチャチャ」と応援のパフォーマンスをする。**パブリックビューイング**や**スポーツバー**も，この応援のパフォーマンスをするためにある。もはやスタジアムにスポーツ観戦（Seeing）に行くのではなく，応援（Doing）に行くのである。

このようにスポーツが観光の文化装置として優れているのは，身体的なパフォーマンスをすることで観光にとって大切な記憶を身体に焼きつけることができるところにある。そして，訪れた街をテレビでを見たり，話をすることで，その記憶は容易に再生され，思い出として楽しむことができる。しかも同じ体験をした人とその記憶を共有できるところにその特徴がある。

（杉本厚夫）

▷2 **パブリックビューイング**
スタジアムや街頭の巨大なテレビ画面を見ながら，みんなで応援をするイベントのこと。2002年のサッカー日韓ワールドカップから一般化した。

▷3 **スポーツバー**
大画面のスクリーンでスポーツ観戦ができる飲食店。1990年代にアメリカで流行し，世界に拡がった。

参考文献
杉本厚夫，2005，『映画に学ぶスポーツ社会学』世界思想社。
黒田勇編，2012，『メディアスポーツへの招待』ミネルヴァ書房。
橋爪紳也・杉本厚夫，2022，『大阪マラソンの挑戦』創文企画。

第4部　事例を読み解く

IX　観光の文化装置

11　ホスピタリティ

1　ホスピタリティとは

　わが国でもホスピタリティ（hospitality）という言葉が市民権を得てきた。ホテル，飲食などの接客対応を要する産業だけでなく，福祉，医療などの領域や，地域の住民にさえもホスピタリティの重要性が説かれている。ホスピタリティの語源は，客人歓待を意味するラテン語のホスペス（hospes）に由来し，キリスト教では「隣人を愛せよ」という慈悲の心を根底に据えた言葉として用いられてきた。この場合のホスピタリティは経済的利益や報酬を期待するものではないし，商品でもない。

　日本では「手厚いおもてなし」という言葉に翻訳されるが，研究の領域では，より幅広く，日常的な場面での人間関係の調整原理と考えられている。ホスピタリティの基本的性格として，自発性，個別性，非営利性，非作為性といったものが挙げられる。また，ホスピタリティは主体による一方向の行為ではなく，受け手である客体もそれに応えて感謝の意を表し，両者の双方向の行為のなかにつくられる持続的関係だとされる◁1。この点で，奴隷を意味するラテン語のセルバス（servus）に由来するサービス（service）が，権利・義務的な主従関係を基本においた一方向の行為であることと対照的である。

2　観光産業とホスピタリティ

　第二次大戦後，アメリカのホテル・レストラン産業では，機能的，均質的なサービスを越える情緒的な満足をもたらす人的応接を，ホスピタリティと呼ぶようになった。現在，日本でも宿泊・飲食等のサービス産業の拡張と競争が激化し，ホスピタリティが経営成功のひとつの鍵とみなされるようになったが，ビジネス用語としてのホスピタリティは，比較的近年の産物なのである。

　しかし先に述べたように，ホスピタリティが本来は利益を求めない自発的な行為だとすれば，企業による指揮命令の下に利益の実現をはかる従業員の行為とは相容れないことになる。それはサービスであり，本来のホスピタリティとは無縁とする解釈も可能である◁2。とはいえ，実際の経済社会では，もはやサービスにホスピタリティを付加する，あるいは内包させることは当然視されている。こうした現実をどう考えればよいのか。

　自主的で非営利であるという性格は，個々の従業員の労働における意識と実

▷1　服部勝人，1996，『ホスピタリティ・マネジメント』丸善ライブラリー。

▷2　前田勇，2007，『現代観光とホスピタリティ』学文社。

践のなかでは成り立つ。実際，顧客に少しでも心地よく過ごしてもらおうという気遣いは，サービス労働に従事する多くの人々に共通しているだろう。しかし同時に，企業は戦略的にそうした従業員の個別的で高品質のサービスを武器に競争に打ち勝たなければならないので，個人の自主性から発せられるホスピタリティを商品化していく。かくして，従業員個人の仕事に対する高い自覚や意欲がホスピタリティとして現れ，他方で，それが企業のサービスの高品質化を実現し，売り上げと利益に貢献するということになる。

❸ ホスピタリティのもつ危うさ

だが，ことはそう簡単ではない。ホスピタリティのやっかいな点のひとつは，その主観性である。特に観光のようなサービス産業でのホスピタリティは，実際にはゲスト＝顧客が主観的に「ある」と感じたときに「ある」ことになる。サービス消費におけるホスピタリティの存否の最終判断は顧客に委ねられるのだ。同業他社あるいは社会全般での接客におけるホスピタリティの質向上が図られるならば，常にその水準は上昇し，より細かな気配りが要請される。個々人の内発的なホスピタリティは，企業や業界の平準的なサービスとされ，とりだてて感謝すべきものとは感じられなくなるかもしれない。

ホスピタリティはさらに深刻な問題も孕んでいる。より質の高いもてなしを当然のように要求する顧客のふるまいが，いわゆる「お客様」社会の様相を呈することである。過度に消費者優位の社会では，客は世の中でたったひとりの「私」の要望は満たされて当然であり，メディアで紹介された最上のホスピタリティを自分も享受したいと思う。仮にそれが感じられなければ不満が残り，時としてクレームになって顕現する。また，ホスピタリティを求められる仕事は，常に笑顔で臨機応変に顧客のニーズに応え，クレームを迅速に処理しなければならない。たとえそれが理不尽なクレームや非礼な言動を伴っていてもである。そこから来る疲労は単なる休憩・休暇では回復できないため，慢性的にストレスがかかり，心身の不調をきたすこともある。こうした仕事は「感情労働」とも呼ばれ，現代社会の新たな労働疎外として問題になっている。

❹ 観光地におけるホスピタリティ

近年，市町村の観光計画などの施策で目に付くのは，観光客を受け入れる地域の住民にホスピタリティを求めていることである。すでに述べたように人間関係の調整原理的な働きは地域社会においても重要だが，観光による地域経済効果の達成のために，住民のホスピタリティが間接的に利用されることが同時に起きている。これは，サービス産業での矛盾の地域版とみることもできよう。

このようにみてくると，「ホスピタリティ」とは，誰が，何のために，どういう意味で用いるのかを，常に批判的に捉える必要があるだろう。　　（堀野正人）

▷3　森真一，2010，『「お客様」がやかましい』ちくまプリマー新書。

▷4　Ⅴ-2 参照。

IX　観光の文化装置

12　鉄道

1　鉄道網発達のもうひとつの源流として

　知られるように，日本初の鉄道が新橋〜横浜間に開通したのは1872（明治5）年である。しかし本格的に発達し始めるのは，その後の19世紀末から20世紀初頭にかけてであった。2度の私鉄建設ブームを経て，日本全国に鉄道網が延びていき，1906（明治39）年には鉄道国有法が成立した。また同年には，南満州鉄道（満鉄）の設立総会も開かれている。当時，「富国強兵」「殖産興業」といったスローガンを掲げ，後発的に近代化にまい進し，日清（1894年）・日露（1904年）両戦争に勝利した日本にとって，鉄道は帝国主義と深く結び付いて，国内整備および植民地拡大とその経営のためのインフラであった。

　しかしながら，日本社会における鉄道網の発達には，もうひとつの側面があったことを忘れてはならないだろう。民俗学者の柳田国男は『明治大正史世相篇』の中で，この点を「汽車の巡礼本位」と呼び，「なくては済まなかった一通りの幹線が敷設し終わ」ったのちは，むしろ宗教的な巡礼や遊覧を目的とした鉄道が発達していったと指摘している。

　具体的には，1889（明治22）年に開業した讃岐鉄道や1897（明治30）年に開業した成田鉄道は，それぞれ金刀比羅宮，成田山新勝寺を目的地としており，その後も参詣客輸送を目的とした鉄道が各地に発達していった。

　このように，鉄道は日本社会の近代化を支えた大動脈であり，そのシンボルであった一方で，むしろ前近代的な巡礼という要素に支えられて発達してきた側面も有していたのである。

　これと関連して経済学者の宇田正は，昭和初期に至るまで，国内旅行の案内書で中心的に用いられていたのは，「遊覧」「回遊」「周遊」といった「巡礼」習俗に根差した表現であったと指摘している。そして，元々は国外旅行に用いられていた「観光」という用語が国内旅行にも用いられるようになったのは，昭和10年代以降のことなのだという。

2　観光産業としての鉄道

　大正期以降，近代化が一定の成果を結ぶようになり，東京や大阪近辺では，いわゆる「サラリーマン」世帯が居住する，都市化された社会が姿を見せ始める。また，労働と余暇の分離という近代的ライフスタイルが広まるにつれ，こうし

▷1　1885〜90年頃と1894〜97年頃の2度。

▷2　柳田国男，[1970] 2001,『明治大正史世相篇』中公クラシックス，p. 199。

▷3　宇田正，2007,『鉄道日本文化史考』思文閣出版。

た大都市近郊には，余暇時間を楽しむための観光地が開発されていくことになる。

　そのような動きを先駆的になしたのは，主に関西圏の私鉄だったといえるだろう。とりわけ阪急電鉄の前身となる箕面有馬電気軌道が，小規模な鉱泉しかなかった同鉄道の終点である宝塚に宝塚新温泉を開業し，さらに1914（大正3）年には宝塚少女歌劇の公演を開始したことはその典型例である。他にも阪神電気鉄道は甲子園の一連のレクリエーション施設の開発を行った。

　一方関東圏でも，東武鉄道による日光・鬼怒川地域の開発のように，より広域な観光開発が私鉄によって進められた。東武鉄道は1935（昭和10）年に東京から直通の特急電車の運行を開始しているが，もともと山岳信仰の聖地であった日光や鬼怒川地域において，東武鉄道は交通網の整備やホテル建設を行うなどして，一体的な観光開発を進めて行った。

　こうして近代化の進展する中で新たな観光開発が進むとともに，前近代的な「巡礼」習俗もまた同時に再編されていくことになる。そして単なる移動手段としてだけでなく，観光開発の主体としてこの開発と再編に中心的な位置づけをもったのが鉄道なのである。その後，戦争を挟みつつ，高度経済成長期のモータリゼーションの波が押し寄せるまで，鉄道は観光開発と最も強い結びつきをもった交通機関であり続けた。

3　観光資源としての鉄道

　高度経済成長期以降，鉄道の斜陽化が進み，自家用車の所有率も上昇する中で，鉄道と観光の結びつきも新たな局面を迎えることとなる。

　それまでは，鉄道事業者自体が観光開発や観光産業を営む主体として関わりをもち，その点で大きく変わるところはないものの，移動手段としての主役を自動車や航空機に譲渡していく中で，むしろ鉄道という存在そのものが観光の対象として見つめ直されていくようになるのである。

　その典型例として，1970年代における「SLブーム」と，その後の各地における蒸気機関車の保存運転を挙げることができるだろう。「SLブーム」とは，1976（昭和51）年に当時の国鉄の営業用蒸気機関車が全廃されるのを控え，その姿を撮影しておこうと，全国各地にファンが押し寄せていった現象をいう。その後，静岡県の大井川鉄道における動態保存運転を端緒に，国鉄でも山口線で「SLやまぐち号」の運転を開始し，全国各地に蒸気機関車の保存運転が広まっていくことになる。

　今日，「環境にやさしい」交通機関として鉄道が脚光を浴びているものの，大都市圏を除き日本社会においては，かつてのようにその主役に鉄道が再び返り咲く可能性は低いと言わざるを得ないだろう。しかしながら，観光についていえば，単なる手段としてではなく，むしろ観光の目的そのものとして鉄道を位置づけなおしていく可能性が見出せるのではないだろうか。

（辻　泉）

▷4　野球場や遊園地など。

▷5　観光開発と鉄道の結びつきについては，以下の青木栄一の論考を参照のこと。青木栄一，1986，「観光開発と鉄道」野田正穂・原田勝正・青木栄一・老川慶喜編『鉄道史叢書2　日本の鉄道──成立と展開』日本経済評論社，pp. 209-217。

参考文献

青木栄一，1986，「観光開発と鉄道」野田正穂・原田勝正・青木栄一・老川慶喜編『鉄道史叢書2　日本の鉄道──成立と展開』日本経済評論社，pp. 209-217。
原田勝正・小池滋・青木栄一・宇田正編，1986，『鉄道と文化』日本経済評論社。
宇田正，2007，『鉄道日本文化史考』思文閣出版。
柳田国男，［1970］2001，『明治大正史世相篇』中公クラシックス。

第4部　事例を読み解く

IX　観光の文化装置

13　世界遺産・文化遺産

▷1　**UNESCO**
国際連合教育科学文化機関 (United Nations Educational, Scientific and Cultural Organization)。本部はパリ。1946年に設立された国連の専門機関。教育，科学，文化に関する国際協力を促進し，世界の平和と安全に貢献することを目的とする。日本は51年に加盟。

▷2　**世界遺産条約**
正式名称「世界の文化遺産および自然遺産の保護に関する条約 (Convention Concerning the Protection of the World Cultural and Natural Heritage)。顕著で普遍的価値を有する文化遺産および自然遺産を人類全体のための遺産として保護しようという国際条約。1975年に発効。

▷3　**世界遺産委員会**
正式名称「世界の文化遺産及び自然遺産の保護のための政府間委員会 (Intergovernmental Committee for the Protection of the World Cultural and Natural Heritage)」。世界遺産条約に基づいて設置された組織。登録遺産の保護支援，登録候補地の審査，危機遺産の登録・削除などを行う。締約国の中から，異なる地域・文化を代表するように選出された21カ国で構成される。

▷4　**ICOMOS**
国際記念物遺跡会議 (International Council on Monuments and Sites)。1965年設立。UNESCOの諮問・協力機関。歴史的な遺跡や記念物など，文化遺産の保存・復元などに関わる国際的な非政府組織 (NGO)。1965年設立。本部はパリ。

▷5　**IUCN**
国際自然保護連合 (International Union for Conser-

1　世界遺産条約とその意義

1972年11月16日，パリで開催されたUNESCO▷1の第17回総会において，**世界遺産条約**▷2が採択された。いわゆる「世界遺産」とは，この条約に基づいて，「世界遺産一覧表 (*World Heritage List*)」（通称「世界遺産リスト」）に登録された物件のことを指す。条約の目的は，登録された遺産を人類共通の宝として，損壊や減失の脅威から保護，保存し，将来の世代へ伝えていくことである。日本は1992年に世界遺産条約を批准し，125番目の加盟国となった。条約締約国は，2024年8月現在，196ヶ国にのぼる。

条約締約国のうちの21ヶ国によって，**世界遺産委員会**▷3 (*World Heritage Committee*) が組織されている（第8条）。世界遺産委員会は，締約国から提出された目録に基づき，世界遺産リストに登録するにふさわしい物件を審議し，随時更新，公表を行っている（第11条2項）。委員会の諮問機関として，**ICOMOS**▷4，**IUCN**▷5などの専門家による団体があり，世界遺産登録についての助言，評価，調査活動を行っている。

世界遺産は，その内容から，文化遺産（歴史上，芸術上又は学術上顕著な普遍的価値を有する記念工作物，建造物群，遺跡），自然遺産（鑑賞上，学術上，保存上，顕著な普遍的価値を有する生物，地形，景観，またはそれらを含む地域），複合遺産（文化遺産と自然遺産の両方の価値を併せ持つ遺産）に分けられ，2024年8月現在，世界中で文化遺産952，自然遺産231，複合遺産40，計1223の物件が登録されている。世界遺産には，さまざまな国や地域が誇る貴重な文化財や自然環境が多数登録されているが，なかには，**アウシュヴィッツ＝ビルケナウ強制収容所**▷6や，広島の原爆ドームなど，悲劇的な歴史の傷跡を残すものも含まれている。

また，世界遺産委員会は，「危険にさらされている世界遺産一覧表 (*List of World Heritage in Danger*)」（通称「危機遺産リスト」）の作成も行い，登録された世界遺産のうち，遺産保存にあたって重大な脅威にさらされているものを審議，公表している（第11条4項）。危機遺産リストに登録された物件のうち，脅威が去ったと審議されたものはリストから除外される。また，世界遺産としての価値が失われたものは，登録自体から抹消される可能性もある。実際，ドイツのドレスデン・エルベ渓谷，イギリスの海商都市リヴァプールは，景観を害する橋梁や再開発を理由に，世界遺産リストから削除されている。したがって，登

162

録された後も，世界遺産としての価値を存続させるためには，保全活動を続けていく必要がある。

❷ 文化遺産と文化財

日本には，「文化遺産」の類義語として「文化財」がある。文化財という語は，昭和25（1950）年の文化財保護法制定以前にもあったが，それが普及し，定着するのは，法の制定後のことであった。法立案時に，英語の cultural properties の訳語として採用され，戦時中の国家総動員下で使われた「生産財」に対して，精神文化的な意味で用いられたものであった。

しかしながら，同法における文化財は，「我が国にとって歴史上又は学術上価値の高いもの」（2条4項），「わが国の歴史，文化等の正しい理解のために欠くことのできないもの」であり，あくまでも日本にとっての遺産が対象で，国民の文化的向上に資することを目的としたものであった。これは，世界遺産が，世界の人々にとっての遺産，人類共通の宝であるという考え方とは異なる。同時に，明治30（1897）年制定の古社寺保存法において，特別保護建造物と国宝が「社寺ノ建造物宝物類ニシテ特ニ歴史ノ徴証又ハ美術ノ模範トナルヘキモノ」と定義されたように，文化財は，歴史的，芸術的価値の高いものが中心であった。このような国家主義的，芸術的「文化財」の考え方は，1970年代以降，世界遺産の思想が普及し，さらに，日本が条約を批准したことにより，世界的な「文化遺産」の考え方へと拡大してきている。

❸ 世界遺産と観光

日本の世界遺産は，1993年に法隆寺地域の仏教建造物，姫路城，屋久島，白神山地が登録されて以降，2024年までに，計26件が登録されている（文化遺産21件，自然遺産5件）。

今日，世界遺産は，本来の意義を超越し，ブランド化が進んでいる。世界遺産に登録されると，テレビ番組で何度も取り上げられ，さらには，パックツアーの観光目的地に選ばれ，「世界遺産をめぐる旅」といったタイトルにもうたわれ，その結果，大勢の観光客が押し寄せている。しかし，急激な観光客の増加は，自然を破壊するとともに，騒音，ゴミ処理の問題，落書きなど観光客による非常識な行動によって，地域社会にも深刻な影響を与えている。また，かつて地元の人々が生活のために自由に出入りしていた場所への立ち入りが，世界遺産登録によって制限されるといった問題も生じている。

世界遺産条約成立から40年が経過したいま，もう一度，世界遺産の本来の意義を考えてみる必要があるだろう。

（工藤泰子）

vation of Nature and Natural Resources）。1948年設立。自然資源と環境保全を図るための調査研究や啓発活動を行う国際的な団体。絶滅の危機にある野生動物を記録した『Red Data Book』を発効している。1948年設立。本部はグラン（スイス）。

▷6 アウシュヴィッツ＝ビルケナウ強制収容所
第二次世界大戦中，ナチスドイツによってつくられたホロコーストを象徴する強制収容所。ドイツ占領下におけるポーランド南部の都市 Auschwitz と，隣接する村 Birkenau に位置する。アウシュビッツの第一収容所は，当初，ポーランド人の政治犯を収容するための施設であったが，すぐにソ連兵捕虜や，大勢のユダヤ人，ジプシー，障害者，同性愛者などを収容するようになり，施設不足を補うために，ビルケナウの第二収容所がつくられた。ナチスはこれらの施設で百数十万人もの人々を殺害し，その大部分が罪のないユダヤ人であった（殺害された人数は諸説ある）。

（参考文献）
塚本學, 1991,「文化財概念の変遷と史料」『国立歴史民俗博物館研究報告』35：pp. 273-295。
鈴木良, 2002,「文化遺産の世界史と自国史——柳宗悦と木下杢太郎」『歴史科学』170：pp. 12-22。
鈴木良, 2002,「近代日本文化財問題研究の課題」鈴木良・高木博志編『文化財と近代日本』山川出版社。
UNESCO, 1972, "Convention Concerning the Protection of the World Cultural and Natural Heritage-Adopted by the General Conference at its seventeenth session Paris, 16 November 1972-" (http://whc.unesco.org/en/conventiontext/).
社団法人日本ユネスコ協会連盟, 2016,「世界遺産とは」(http://www.unesco.or.jp/isan/about/)。

X 観光社会学の舞台

1 秋葉原・池袋・日本橋
「おたく」趣味の観光パフォーマンス

1 「趣都」の観光地・秋葉原

　現在，秋葉原は「おたく」▷1のメッカとして知られている。特にこの場所につどう「おたく」たちは，アニメ，フィギュア，美少女ゲームなどを愛好する人々が多く，このまちにあるショップをめざしてやってくる。JR秋葉原駅正面口を出ると，すぐ真正面にラジオ会館があり，その4階には「海洋堂ホビーロビー東京」が店をかまえている。このショップには，美少女やロボットのフィギュア，ガレージキットが所狭しと並べられている。ラジオ会館を出て中央通りに出て，地下鉄銀座線末広町駅方向へ歩いていくと，アニメ雑誌やマンガの専門店がたくさん目につく。なかでも「とらのあな」は，「おたく」たちがよく行くショップのひとつである。市販されているマンガばかりではなく，同人誌なども手に入れることができる。同様に「まんだらけ」も有名店のひとつである。さらに「アソビット」「ソフマップ」では，数々のゲームソフトを手に入れることができる。このように，秋葉原はアニメ，フィギュア，美少女ゲームを愛好する「おたく」たちのメッカとなっており，ビルのネオン広告や吊り広告，看板，ポスターなどにも，「おたく」趣味の絵があちらこちらに描かれている。秋葉原では，都市がまるで「おたく」の個室のように飾られ，「おたく」趣味という個人的な趣味が，都市のスカイラインや風景のあり方を導いている。森川嘉一郎はその著『趣都の誕生――萌える都市アキハバラ』▷2において，パブリック（公共的）な都市空間がプライベート（私的）な趣味によって形成されている都市のあり方を「趣都」と名づけている。この点からすると，秋葉原は「趣都」そのものだといえよう。

2 趣味の観光パフォーマンス

　「おたく」たちが愛好する美少女アニメの分野には，幼くて可愛い女の子がメイドとなって男性に仕えるストーリーのものがある。この種のストーリー設定は「おたく」たちの間で人気が高く，メイドの格好をしたウェイトレスがいる，メイド喫茶といわれる喫茶店がつくられるまでになった。メイド喫茶は次第にその数を増やし流行現象となった。数年前からは，メイド喫茶で働いている女性たちがまちに出てビラを配ったり，宣伝活動をしたりする際にポーズをとるようになり，それを観光客である「おたく」たちが写真におさめるという

▷1　1980年代前半に中森明夫たちは，アニメ，マンガ，ゲーム等の熱狂的ファンを「おたく」と呼んだ。その後，アニメ，マンガ，ゲームをはじめとする日本のポップカルチャーは市民権を獲得するようになっていくが，「おたく」は侮蔑的なニュアンスもこめて「オタク」「オタ」「ヲタク」等表記されるようになる。

▷2　森川嘉一郎，2008，『趣都の誕生――萌える都市アキハバラ（増補版）』幻冬舎文庫．

X-1 秋葉原・池袋・日本橋：「おたく」趣味の観光パフォーマンス

現象が現れはじめた。これがいまや，秋葉原という観光地の風景を演出するためになくてはならないものになっている（図X-1-1）。

演者（パフォーマー）である女性たちがメイドを演じ，観客（オーディエンス）たちがそれを見る。それは，まさに「パフォーマンス」ともいうべきものである。こうしたパフォーマンスこそが，現在，秋葉原という観光地の風景をつくっているのではないだろうか。パフォーマンスによって，演者（パフォーマー）と観客（オーディエンス）が共同作業として観光地の風景をつくりだす。これを「観光パフォーマンス」と呼ぶことにしたい。「おたく」趣味を素材として，秋葉原という場所をパフォーマンスによって観光地にふさわしく演出する。「趣味の観光パフォーマンス」ともいうべきことが，ここでは行われているのである。そのとき演者（パフォーマー）である女性たちと観客（オーディエンス）である観光客（「おたく」）は，共同作業しながら秋葉原の風景を形成しているといえる。

秋葉原はどちらかといえば，男性の「おたく」中心の観光地である。「趣味の観光パフォーマンス」にあっても，男性の視線が女性であるメイドを欲望の対象にしている。そのためもあって女性の「おたく」たちは自らの聖地を秋葉原以外にも池袋の「乙女ロード」という場所に形成している。この通りには「アニメイト」「K-BOOKS アニメ館」「まんだらけ」といったアニメグッズの専門店が数多く存在している。特に美少年同士の同性愛を描くボーイズ・ラブ系の同人誌マンガやアニメが豊富で，「おたく」女性たちの人気を集めている。ここにはメイド喫茶の代わりに執事カフェというものがある。若い男性が執事の格好をして，「おかえりなさいませ。お嬢様」と女性たちを迎えてくれるのだ。ここでも，演者（パフォーマー）である男性と観客（オーディエンス）である観光客（女性の「おたく」）が，共同作業しながら乙女ロードの風景を形成している「趣味の観光パフォーマンス」が展開されているのである。

こうしたパフォーマンスは，東京の秋葉原や池袋だけではなく，大阪の日本橋でも展開されている。大阪の南海難波駅から地下鉄堺筋線恵美須町駅にかけて広がる日本橋筋商店街の界隈に「オタロード」と呼ばれている通りがある。ここにも，「とらのあな」をはじめアニメ，フィギュア，美少女ゲームの専門店が出店しており，それとともにメイド喫茶ができている。秋葉原と同じように，ウェイトレスたちがメイド服を着て通りに出てビラ配りをしている。観光現象は，こうした「パフォーマンス」を軸にして分析することも可能である。

（遠藤英樹）

図X-1-1 秋葉原の風景
出所：筆者撮影

▷3 V-8 も参照。

▷4 京都の風景もまた，観光パフォーマンスによって形成されているといえないだろうか。舞妓パフォーマンスを演じる女性たちを観客（オーディエンス）である観光客が見ることによって，京都の風景が形成されているのである。

▷5 「趣味の観光パフォーマンス」もまた，企業，地域住民，観光客等の社会的せめぎ合いや，社会的交渉によって構築されているのだとすれば，構築主義（V-14）の視点を用いて，これを考えることもできる。

165

第4部　事例を読み解く

X　観光社会学の舞台

2　沖縄
海のイメージ，観光のまなざし

1　戦争・基地・政治性と結びついていた沖縄観光

2000年の九州・沖縄サミットや2001年のNHKドラマ「ちゅらさん」などを契機に，沖縄の全国的な知名度は急速に高まった。2000年代には空前の沖縄ブームが到来し，観光客数は年間500万人を越えるまでに成長した。だが，今日「リゾートと癒しの島」で知られる沖縄のイメージは近年形成されたものであり，時代をたどれば，沖縄イメージは大きく姿を変えてきたことがわかる。

戦後27年間，沖縄は米軍の占領下にあった。戦後の沖縄観光は，戦争遺族の慰霊参拝から始まった。日本復帰前の1960年代には早くもゆるやかな沖縄観光ブームが高まり，観光は砂糖・パインと並ぶ3大産業に成長した。南部戦跡が観光地化し，ドル経済圏を生かした舶来品ショッピングが目玉となった。横文字が並ぶ米兵向けの歓楽街さえ，観光のまなざしの対象だった。またこの時期の旅行者は，ベトナム戦争や沖縄返還運動の最中で政治意識が強かった。

沖縄本島最南端の摩文仁は，沖縄戦の終戦地だった。一方，最北端の辺戸岬は，当時の国境最前線だった。鹿児島県最南端の与論島が見えたため，60年代には「日本が見える岬」として固有のナショナルな意味をもつ場所だった。これらの場所を訪れた当時の旅行者は，沖縄で「日本」を強く意識していたのである。

だがこの時期の戦跡参拝と舶来品ショッピングは，沖縄戦と米軍統治という，沖縄固有の状況による「自然発生的」なものだった。沖縄の観光業者は，これらと海の美しさだけでは続かないとの危機感から，積極的な観光開発を望んだ。彼らは沖縄を「日本のハワイ」といった明るいイメージで売り出すことで，「戦争の悲惨さ」という沖縄に根強く貼りついたイメージを変えたいと考えた。

まもなく，沖縄に本格的な観光開発の波が押し寄せる。69年11月の復帰決定と，70年1月の通産省の海洋博構想である。本土資本は一斉に沖縄に注目し始めた。ここから沖縄観光の方向性は海洋博と密接にリンクし，その枠組みに組み込まれていく。具体的には政府のインフラ整備と，本土大手資本の巨大レジャー開発である。地元関係者たちの「脱・自然発生的観光」戦略は早くも実現したが，それは皮肉にも，主導権を本土側に明け渡す形においてであった。

2　海洋博と〈青い海〉の沖縄イメージ

実際，72年の日本復帰後，沖縄観光は一挙に拡大していく。その起爆剤は75

▷1　戦後の日本本土からの典型的な沖縄イメージは，1953（昭和28）年公開の大ヒット映画『ひめゆりの塔』の「戦争の犠牲になった悲劇の島」だった。

▷2　復帰前の沖縄は，本土にとってまだ「外国」だった。沖縄へ行くには身分証明書と入域許可証を総理府から発行してもらう必要があり，外務省発行のパスポートとビザをもっていく「海外旅行」に近かった。

X-2 沖縄：海のイメージ，観光のまなざし

年の復帰記念イベント・沖縄国際海洋博覧会であった。関連公共事業として国道58号線が整備され，沖縄本島を縦断移動する速度が一挙に高まり，利便性と視覚性の両面で，観光は拡大した。道路沿いには多数の亜熱帯植物が植え込まれ，道路自体が海と亜熱帯のロードパーク，沖縄らしさのディスプレイ装置と化した。この風景の変容は，広大な米軍基地の存在と両立しえた。基地とリゾート，二重の現実を成り立たせ，海と亜熱帯の沖縄イメージを前面に押し出したのが海洋博であった。

図X-2-1 現在の美ら海水族館から見た伊江島

だが海洋博が沖縄に与えた影響は，道路などのインフラの面だけではない。博覧会空間が体現した〈青い海〉のイメージ世界自体が，沖縄観光のモデルとなった。海洋博の会場は，沖縄本島北部の本部(もとぶ)半島に置かれたが，周辺の美しい海と離島はそのまま，会場展示のオブジェと化した。従来の万博で遊休地を大加工した手法とは異なるが，海洋博誘致で本部の海の風景は，たしかに変質をとげた。伊江島は，海洋博会場に入ると正面に見える構図にあった。島の中央の起伏部には，地元では船の安全や健康，豊作への祈りが捧げられてきたが，このローカルな文脈と無関連に，伊江島は海洋博の視覚的なオブジェと化した。

もちろん生活空間としての伊江島の実態は，美的なオブジェには程遠く，むしろ逆だ。沖縄戦での激戦以来，米軍と住民の闘争が激しく展開してきた島で，いまなお島の面積の約35％が米軍基地だ。島にある反戦平和資料館では，米軍の弾丸や模擬爆弾，戦争中の生活用具など，戦争と基地被害の証拠品や写真が生々しく並べられ，手で触れられる。この展示品との触覚的な近さは，海洋博においてオブジェと化した伊江島の視覚的な遠さとは対照的だ。島内の濃密な三次元空間は，本部半島から見る伊江島の二次元の前景へと引きはがされ，博覧会では抽象空間が構築されていく。海洋博とともに伊江島は「前景／島内空間」「イメージ／実際」へと，リアリティを二重化された。「戦争」「基地」などの現実領域とは別次元の，「青い海」「観光リゾート」の沖縄を，幻想領域において構築することが，海洋博の主題であるなか，伊江島は，沖縄全体の方向を濃縮した形で示していた。観光のまなざしが場所を変えていく作用の典型である。

70年代の沖縄観光は，60年代の戦跡観光を受け継ぎながらも，少しずつ脱戦争・脱基地・脱政治・脱ナショナルを進めていく。海洋博とともにその役割を果たしたのが，戦跡や基地の風景のない八重山諸島であった。石垣島の美しい珊瑚礁の海，竹富島の伝統集落の景観と星の砂，国立公園・西表島の大自然。ゆったり時が流れる南の島々に，観光客は古きよき日本の失われた姿へのロマンを見，癒された。特に77〜79年，宮崎から南下してきた新婚旅行ブームと航空会社のキャンペーンは相乗効果をなして，「日本の最南端のトロピカル」という沖縄の位置づけを，一気に自明視させていったのである。

（多田　治）

▷3 会場跡地は国営公園となり，2002年にオープンした沖縄美ら海（ちゅらうみ）水族館は一大観光地として連日にぎわっている。海洋博公園から眺める本部の海と伊江島は絶景で，最近では沖縄へ旅行する人の多くがここを訪れる。

参考文献

多田治，2008，『沖縄イメージを旅する――柳田國男から移住ブームまで』中公新書ラクレ。

多田治，2004，『沖縄イメージの誕生――青い海のカルチュラル・スタディーズ』東洋経済新報社。

アーリ，J．，加太宏邦訳，1995，『観光のまなざし――現代社会におけるレジャーと旅行』法政大学出版局。

第4部　事例を読み解く

X　観光社会学の舞台

3　京都
庭園，文化遺産

1　京都という都市イメージと観光

　国内外にその名を広く知られ，首都・東京と並び立つ日本の観光都市として不動の位置を築いている都市，京都。しかし，東京が，江戸情緒を残しつつも，それと同時にファッションや食のみならずマンガ，アニメ，ゲームと多岐に渡る現代日本文化の先進地として機能しているユニークな都市と捉えられる傾向が強いのに対し，京都は古き日本の伝統文化を継承・体現する代表的な都市とみなされる傾向が強く，両者に付随するイメージは大いに異なる。

　桜の咲く春と紅葉の秋には必ずといっていいほど組まれる国内雑誌の京都特集では，社寺や古い街並み，老舗の食事処や伝統工芸に焦点を当てた構成の紙面が大半を占める。さらに世界最大の旅行ガイドブック専門出版社，ロンリー・プラネット社発行の"Japan"の京都案内は，冒頭，次のような一文から始まっている。"Kyoto is the storehouse of Japan's traditional culture and the stage on which much of Japanese history was played out"。これらの事象は，日本の国内外を問わず，京都の「外」の人たちが抱く京都イメージはほぼ共通して「日本の伝統文化の宝庫」である，ということを端的に示しているといえよう。

　ここで重要なのは，このような京都イメージがいつから，そしていかなるプロセスで構築されてきたのか，という点である。事実，京都はかつての日本の都であり，数々の有名な歴史の舞台となってきた。しかし，その性格を敢えて意識的に前面に出し，残存する多くの文化遺産を活かした「歴史都市」として自らを「演出」するようになったのは，都としての機能を喪失した明治期に入ってからのことである。以後，まちの復興のための自己演出と，それに誘引され着実に増加していった国内外観光客のまなざしとの相互作用の積み重ねのなかで，京都イコール「日本の伝統文化の宝庫」という，現在に繋がるイメージが確固たるものとして定着していったと考えられる。

2　京都と「日本庭園」

　さて，このような京都が担っている「日本の伝統文化」の代表格に，「日本庭園」が挙げられる。現在数多発刊されている京都のガイドブックのなかには，庭園にテーマを特化しているものも少なくない。例えば英文ガイドブック"A

▷1　Rowthorn, Chris, Ray Bartlett, Andrew Bender, Michael Clark and Matthew D. Firestone, 2007, *Japan*, 10th edition, Lonely planet.

▷2　詳細は，京都大学人文科学研究所共同研究「近代京都研究班」による一連の成果に詳しい。丸山宏・伊従勉・高木博志編，2008，『近代京都研究』思文閣出版；丸山宏・伊従勉・高木博志編，2008，『みやこの近代』思文閣出版。

▷3　田中まり，2002，「『京都』における『日本文化』の発見」『北陸学院短期大学紀要』33：pp. 245-258。

Guide to The Gardens of Kyoto"、若者層を主たるターゲットとした『らくたび文庫』No.002枯山水庭園編およびNo.015池泉庭園編等々、いずれも美しい写真と工夫を凝らした解説によって構成され、このテーマに対する需要の幅広さを物語っている。

　ここで注目すべきは、「日本庭園」といえば京都、という図式がいつの間にか成立しているという事実である。都であった約1100年の間、一貫して文化の先進地として機能し続けてきた京都では、庭園文化においても同様に、常に時代の流行をつくり出してきた。その現物の多くがいまも残っており、この意味において、京都という都市は日本を代表する庭園遺産の集積地だと指摘できる。しかし、江戸期における政治の中心地であり、その後首都となった東京もまた、庭園文化の中心地として機能した時代があった。それにもかかわらず、京都の印象のほうが圧倒的に強いのは、先述したように、庭園を含む多くの文化遺産を積極的に保全・活用し、歴史都市として自らを演出するようになった京都の近現代の歩みによるところが大きい。その演出に誘引された観光客は、この地に集積している庭園遺産を代表的な「日本の伝統文化」のひとつと捉える。このような営為の蓄積が、京都の庭園が日本を代表する庭園だ、という意識を広く一般に浸透させることになったと考えられる。

3　更新される「日本の伝統文化」

　この意識は、同時に日本の庭園文化そのものに対する価値観にも大きな影響を及ぼすこととなった。例えば、現在でこそ日本庭園の代表的様式として定着している「枯山水」であるが、室町期に主として京都の禅宗寺院で流行した後は、むしろ特殊な様式と位置づけられていた。しかし国内観光の発達期である大正から昭和初期にかけて、京都にある龍安寺石庭や大徳寺大仙院といった「枯山水」様式の庭園遺産が、志賀直哉、室生犀星ら国内文化人によって注目・紹介されるようになり、次第に光が当たり始める。さらに戦後、欧米人観光客が増加する1950～60年代には、特に欧米のアーティストを中心に日本独自の優れたモダン・アートとして評判を呼ぶようになり、この頃から、日本庭園様式のなかに「枯山水」が重要な存在として組み込まれ、定着していくことになるのである。一方で、諸大名を中心とする大規模な池庭が流行した江戸の庭園は、当時の庭園史家の間で、きわめて低い評価のもとに置かれることとなる。このような「日本庭園」観を、白幡洋三郎は近代的感性による視覚偏重のまなざしがもたらしたものと分析しているが、その背景には、自己演出と観光のまなざしの相互作用がもたらした、京都にあるものこそが「日本の伝統文化」である、という意識構造の影響もまた非常に大きいと考えられる。庭園のみならず、現在私たちが自明のものとして捉えている「日本の伝統文化」を冷静に読み解くテクストとして、京都という都市は、実に魅力的な舞台である。　　　（井原　縁）

▷4　Treib, Marc and Ron Herman, 2003, *A Guide to the Gardens of Kyoto*, Kodansha International (Revised edition).

▷5　桜風舎・らくたび編、2007、『らくたび文庫No.002京の庭NAVI枯山水庭園編』コトコト。

▷6　桜風舎・らくたび編、2007、『らくたび文庫No.015京の庭NAVI池泉庭園編』コトコト。

▷7　枯山水
水のある池や流れを作らず、石組を主として白砂・コケや植栽により、自然風景を象徴的に表現する庭園技法・様式。

▷8　鈴木誠、1998、「ランドスケープ・デザインにおける『枯山水』の考察」『ランドスケープ研究』、61(5): pp. 413-416。

▷9　1960年、代表的な石庭（枯山水）としてNYブルックリン植物園に龍安寺石庭のレプリカが創られたのは、そのことを端的に示す事例である。

▷10　白幡洋三郎、1997、『大名庭園——饗宴のための装置』講談社選書メチエ。この文献をはじめ、近年では江戸の大名庭園に対する評価は払拭傾向にある。

▷11　白幡洋三郎、2000『庭園の美・造園の心——ヨーロッパと日本』日本放送出版協会。

X 観光社会学の舞台

4 高知・札幌
鏡の中の地域アイデンティティ

1 高知市「よさこい祭り」

「よさこい祭り」は毎年8月9日（前夜祭），10日，11日（本番2日），12日（後夜祭・全国大会）の4日間，高知市内の競演場・演舞場で，山車に華やかな飾りつけをして，鳴子をもった踊り子がおどる土佐のカーニバルである。この祭りは，1954（昭和29）年8月に商店街振興をうながすため高知商工会議所が中心となり発足した。1954年の第一回の参加人数は750人，参加団体は21団体であったが，その後，1984年の第三〇回時には踊り子人数1万人を突破するほどの規模となった。それに伴って次第に，音楽，髪型，衣装も派手さを増し，振り付けもサンバ調，ロック調，古典の踊りと工夫を凝らし，多くの観光客を呼ぶ高知県を代表する祭りとなっている。▷1

2 札幌市「YOSAKOIソーラン祭り」

「YOSAKOIソーラン祭り」は，高知県のよさこい祭りと北海道のソーラン節がミックスされて生まれた祭りである。高知県で「よさこい祭り」を見て感動したひとりの学生が，自分たちの地域にもこうした祭りをつくろうと仲間に呼びかけたのが，始まりとされている。第一回YOSAKOIソーラン祭りは，1992（平成4）年6月，10チーム1000人の参加者，20万人の観客に支えられ開催され，2009（平成21）年第一八回YOSAKOIソーラン祭りでは316チーム，3万3000人が参加し，観客動員数は178万7000人を数えている。この祭りは毎年6月に開催され，北海道・札幌の初夏を彩る行事として定着してきている。▷2

3 観光における「伝統の転移」：転移する地域アイデンティティ

「YOSAKOIソーラン祭り」の事例では，本来，北海道札幌市に内在する地域の文脈に根づき，表象・創造されるべきであったイベントが，高知の地域アイデンティティとして表象されている「よさこい祭り」の形をとって現れている。ある地域の伝統行事に投影される人々の想いや思惑が，他地域の伝統行事に投影される人々との想いや思惑の形をとって現れる。私は，こうした観光現象を「伝統の転移」と呼んでいる。▷4

そもそも「転移」とは，ジクムント・フロイト▷5やジャック・ラカン▷6をはじめとした精神分析学者たちが中心に据えた概念で，自己の感情や想いが他者の感

第4部　事例を読み解く

▷1 「高知商工会議所よさこい祭り」ホームページ（http://www.cciweb.or.jp/kochi/yosakoi/yosakoi_top.html：2010.09.22アクセス）を参照した。

▷2 「YOSAKOIソーラン祭り」公式ホームページ（http://www.yosakoi-soran.jp/：2010.09.22アクセス）を参照した。また以下の著書も読んでもらいたい。坪井善明・長谷川岳，2002，『YOSAKOIソーラン祭り──街づくりNPOの経営学』岩波アクティブ新書。

▷3 V-14 も参照してもらいたい。

▷4 遠藤英樹，2006，「観光における『伝統の転移』──『よさこい祭り』を中心とした考察」総合観光学会編『競争時代における観光から地域づくり戦略』同文館，pp. 17-28；遠藤英樹，2007，『ガイドブック的！観光社会学の歩き方』春風社。

▷5 ジクムント・フロイト（1856-1939）オーストリア生まれで，精神分析学の創始者として知られている。近代社会において「無意識」を発見した彼の功績には，計り知れないものがある。

情や想いとシンクロナイズ（同調）する現象をいう。フロイトやラカンの理論を用いて精神分析学を日本で展開している新宮一成はその著『ラカンの精神分析』で，自らがあつかった症例から，「イギリスへ留学したい」という自己の欲望が，治療の過程で「フランスへ留学したい」というクライエント（患者）の想いとシンクロナイズ（同調）して転移し，新宮自身は結局フランスへ留学することになり，クライエント（患者）はイギリス文化論へと専攻を変更した事例について述べている。クライエント（患者）が父親に対する愛情や憎しみを，精神分析を行う者に転嫁させるのも，感情や想いがシンクロナイズ（同調）した現れである。「自己の欲望は他者の欲望である」というラカンの有名なテーゼに引き寄せるなら，私たちは自らの想いや思惑や欲望が自分の内から自然と湧きあがってくるように思っているが，それは，自分の内からではなく，他者からもたらされたものなのである。私たちが言葉によって媒介される社会のなかで相互に他者と結ばれている限り，他者の想いや思惑や欲望を自分のものとして自らの中にとりこんでしまう。「転移」という現象もこのことと深く関わるものなのである。

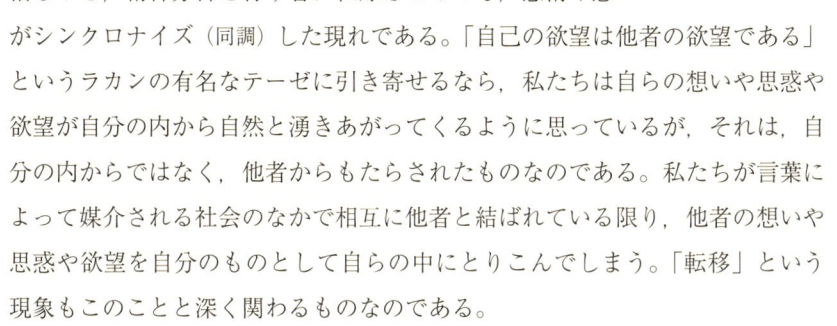

　地域アイデンティティにおいても，これに類似したことが生じているのではないか。北海道や奈良という地域の伝統行事に投影される人々の想いや思惑が，高知という他地域の伝統行事に投影される人々の想いや思惑とシンクロナイズ（同調）し，他地域の伝統行事を自分たちの地域のアイデンティティとして考えてしまう。私たちが地域の伝統行事に投影している想いや思惑は，私たち自身の内にその起源をもっているかのように見えながら，実はそうではなく，他者や，他地域の人々によって形づくられたものなのである。2006年（平成18）年度の「よさこい祭り」に出演していたあるチームは，そのことを象徴的に表現していた。そのチームは香川のチームであったが，徳島の阿波踊りの振付けをしながら，高知で「よさこい」を踊っていたのだ。

　もちろん他地域に移植された伝統行事が逆に，本来存在していた地域の伝統行事に影響を与え，そのあり方を変えることもある。例えば北海道の「YOSAKOIソーラン祭り」が，高知の「よさこい祭り」のあり方に影響を与えたりもしている。「伝統の転移」にあっては，地域アイデンティティが，まるで合わせ鏡に映る「鏡像」のように形成されているのだ。観光現象を通して考えてみると，地域アイデンティティは「鏡像」の中にこそ存在するのだとわかる。

（遠藤英樹）

図X-4-1　高知市「よさこい祭り」香川チームの踊り
出所：筆者撮影

▷6　ジャック・ラカン（1901-1981）
現代思想に多大な影響をあたえたフランスの精神分析学者・哲学者である。ここでは特に「人の欲望は他者の欲望である」という彼のテーゼに注目している。

▷7　新宮一成，1995，『ラカンの精神分析』講談社現代新書，pp.14-17。

▷8　「伝統の伝播」「伝統の模倣」という言葉ではなく，精神分析学の用語を借りて「伝統の転移」という言葉を私が用いている理由は，ここにある。地域アイデンティティが「鏡像」のなかにのみ存在し，つねに／すでに"ゆらぎ"を含みこんだものでしかないということを表現する言葉，それが「伝統の転移」なのである。

第4部　事例を読み解く

X　観光社会学の舞台

5　遠野
ふるさとイメージと語り部

① 『遠野物語』と「ふるさとイメージ」

「日本のふるさと」「民話のふるさと」といったキャッチフレーズが岩手県遠野市の観光には常に掲げられている。「〜のふるさと」という表現は日本各地で一般的なものであるが，遠野においては，その「ふるさとイメージ」がとりわけ大きな力を発揮している。これにはふたつの要因が考えられる。ひとつは1910年（明治43）に刊行された『**遠野物語**』◁1の存在であり，もうひとつは地元の語り部の存在である。

遠野を舞台とする民間伝承が**柳田国男**◁2によって『遠野物語』という形にまとめられ，日本民俗学出発の書と称されるようになったのは，ある意味では偶然である。しかし他方で，遠野が結果的に日本民俗学出発の地として選ばれることになる要因も存在していた。『遠野物語』第2話には「以前は七七十里とて，七つの渓谷各七十里の奥より売買の貨物を聚め，その市の日は馬千匹，人千人の賑はしさなりき」と記されている。遠野は馬の背に荷物を乗せて運ぶ駄賃付けの重要な中継点であり，さまざまな人と情報が交錯する場所であった。そのことが，遠野を話の集積場としていったと考えられる。それを山間の孤立した村の伝承であるかのように思わせていったのは，『遠野物語』の文学としての力と相まって，読者がそこに郷愁（ノスタルジア）の思いを仮託して「ふるさとイメージ」をつくり上げていったからであった。

また一方，遠野市でも，1970年代から行政主導で，『遠野物語』を観光資源として活用する方向で地域づくりがおこなわれるようになった。◁3 市立博物館や伝承園（野外展示施設），とおの昔話村などが建設されることによって，「ふるさと観光」を推進するためのハードが整備された。高度経済成長が終わり，田園風景が懐かしさの対象になる状況のなかで，『遠野物語』がふるさとイメージを喚起するシンボル的な存在になるとともに，その現場を「日本のふるさと」「民話のふるさと」として訪ねる観光客が急増していった。このようにして遠野は，ふるさとイメージの着地点として機能するようになっていったのである。

② 語り部の登場と観光昔話

とはいえ，田園風景と観光施設というハード面だけでは「ふるさと観光」の魅力として十分ではない。遠野観光の魅力はふれあいだといわれることがある

▷1　『遠野物語』
柳田国男が，岩手県遠野出身の青年佐々木喜善から聞き取った口頭伝承を記録した書物。しかし，その題材の取捨選択や記述する文体には柳田の文学的センスが働いている。都会の読者を意識して，山の怪異などの話が多い。

▷2　柳田国男（1875-1962）
日本の民俗学を確立した人物。その著作は民俗学のほとんどの分野に及び，土着の思想や自立の拠点を求めて，現代においても読み直しが繰り返されている。

▷3　川森博司，1996，「ふるさとイメージをめぐる実践——岩手県遠野の事例から」清水昭俊他編『岩波講座文化人類学12　思想化される周辺世界』岩波書店。

172

が，実際，遠野の観光には「ふるさとイメージ」を補強する人との出会いが準備されている。その代表的な存在が昔話の語り部である。昔話の語り部は，もちろん「ふるさと観光」以前から存在した。しかしながら，現在の語り部は，とおの昔話村や駅前の観光案内所やホテル・民宿等で観光客を相手に昔話の語りをおこなっている，観光の場の語り部である。このような語り部のあり方は「ふるさと観光」が始まった1970年代以降に誕生したものである。

　観光の場では，『遠野物語』を題材にした昔話が語られる。ところが，もともと『遠野物語』は昔話集ではない。実名で登場する人物の体験や不思議な出来事が実際にあったこととして単刀直入な形で記録されている。それを語り部たちは「昔々あるところに……」という，ふくらみをもった昔話の形式へと移行させているのだ。したがって，現在私たちが遠野で聞くことができる河童やザシキワラシの話は，聞き手が観光客に代わったというだけではなく，その内容と形式の結びつきも新たにつくられた「観光昔話」なのである。といっても，まったくゼロからつくられたものでは決してなく，祖父母や父母から聞き覚えた方言の語りのリズムのうえに「観光昔話」は構築されている。その意味で，遠野という土地の伝承であることは間違いない。実際，方言による語りの魅力が，観光客の「ふるさとイメージ」を満足させる役割を果たしているのである。

　それにしても，高度経済成長とともに日本各地から消え去っていった昔話の語りが遠野でいまも引き継がれていることには，理由がなければならない。現在の語り部たちの多くは，先輩たちの語りを学習することによって語り部になっていっている。1970年代に登場した観光の語り部の第一世代は，耳に残っていた祖父母や父母の昔話の語りをもとに，自力で自分の語りを組み立てていくことができた。しかし，現在，観光の語り部の主力になりつつある第二世代は，方言のリズムは身体化しているものの，昔話の語り自体は家庭内で受け継いでいないケースが多くなっている。したがって，意識的な努力をしなければ，観光客に「自然な伝承」と受け取られる語りをすることはできないのである。幸い遠野では，先輩の語り部たちが観光客に語る場があり，そこに同席することによって語りを学ぶことができる。また，先輩の昔話が書物やCD，DVDなどになっているので，そこから語りを学んでいくという回路が成立している。しかし，このような側面は，観光客からは見えないところにある。そのことによって，ブルーナーが「**観光リアリズム**」と名づける効果が生み出されることになる。つまり，観光客たちは，現代社会の急速な変化のなかでも遠野においては自然な昔話の語りが脈々と受け継がれているという実感を得て，期待していた「ふるさとイメージ」を満足させることができるのである。

　このような現象は一種のすれ違いでもあるが，生産的な意味ももっている。ノスタルジアを着地させる観光の場は，ストレスの多い現代社会において必要であり，遠野はそのような場を適切につくり出しているのである。　　（川森博司）

▷4　▷3の文献。

▷5　**観光リアリズム**
注意深い演出によって民族誌的現在を構築し，地元民のパフォーマンスを，観光客が期待するイメージに沿った，ごく自然なものに感じさせる技法（ブルーナー，E.，安村克己他訳，2007，『観光と文化──旅の民族誌』学文社）。

X 観光社会学の舞台

6 奈良
古代イメージの卓越

紀伊半島のほぼ真ん中に位置する奈良県。「奈良」という言葉は，近年，東大寺や奈良公園がある「奈良市平野部」と，法隆寺や飛鳥，吉野までを含めた「奈良県全体」のふたつの地域を指すものとして用いられる。◁1 奈良県は，3世紀後半から8世紀まで都が置かれた。また，歴史の古い大社寺が多数現存し，県南部には，吉野杉や桜でも有名な吉野山や大峯の修験道山岳地域が広がっている。こうしたことから奈良は，「古代」・「大寺院」・「自然」といった限定的かつ強いイメージを有する観光地となった。

1 平城京「離都」後の奈良

京都に都が移ってからの奈良は，有名社寺が残ったこともあり，宗教都市として特有の発展を遂げた。中世に入ると興福寺・東大寺といった大寺院を中心に南都七郷と呼ばれる都市が形づくられた。さまざまな職種も発達し，郷民と呼ばれる市民による自治も行われ，16世紀には奈良惣中という全市規模の自治組織が形成された。祭・風流など民俗行事も盛んで，繁栄を謳歌した。近世に入って奈良はいっそうの発展を遂げる。◁2 17世紀末の奈良町は，3万5000人が生活する大都市となっており，赤膚焼，奈良団扇，墨，奈良漆器，奈良晒，奈良人形など，起源はそれぞれ古く，現在までつながる奈良の伝統工芸が著しい発展を遂げた。1709年の東大寺大仏殿の再建の際には諸国から多数の来訪者が奈良に溢れた。現在のガイド本にあたるものもこの頃には出されるようになり，観光都市奈良の始まりを近世にみることもできる。

2 近代観光の典型としての「奈良」

近代に入っても奈良は，観光研究において無視できない歴史をたどっている。明治20年代には鉄道が敷かれ，同40年代にはホテルなどの宿泊施設ができ，近代観光地としての基盤が整備されはじめた。また大正末から昭和に入ると，近鉄が「あやめ池遊園地」を建設し，さらに生駒山に日本初となるケーブルカーを敷設，主として大阪都市圏からの行楽客を鉄道と社寺，そして遊園地や公園へと運ぶ，近代レジャーの典型が奈良に形成されたのである。◁3

3 表象される「古代」

上記のように，中世・近世そして近代まで，歴史面，そして観光面でみる

▷1 奈良県全域を指す言葉としては元来「大和」が用いられ，奈良市平野部を指す「奈良」と明確に使い分けされていた。

▷2 安田次郎, 1989,『中世の奈良──都市民と寺院の支配』吉川弘文館。

▷3 遠藤英樹, 2005,「観光という『イメージの織物』──奈良を事例とした考察」須藤廣・遠藤英樹『観光社会学──ツーリズム研究の冒険的試み』明石書店, pp. 93-116。

べき特徴が多いにもかかわらず、それらをイメージ上から捨象してしまうほどの強い古代表象力が働いているのが奈良の特色である。戦後も修学旅行生を多く受け入れてきた奈良であったが、こうした方向を決定づけたのは、1972年高松塚古墳（明日香村）における極彩色壁画発見に端を発する古代史ブームであろう。古代の史跡をたくさん有する奈良において「古代」のイメージが突出したのは理由のないことではなかった。

しかしこうした古代表象が圧倒的に立ち上がる過程には、例えば文人、写真家、学者たちによる「奈良＝古代」の表象実践が繰り返し行われてきたことに目を向けなければならない。文人では、志賀直哉、滝井孝作、武者小路実篤、森鷗外、会津八一らが小説・随筆・短歌といった文字情報で古都奈良のイメージをさかんに「生産」した。さらにイメージをつくりだすうえで大きな影響力をもったのが写真であろう。奈良市生まれの写真家・入江泰吉は、奈良大和路の社寺や自然風景を多数撮影し、写真集も多数出版され展覧会も各地で行われた。奈良イメージの強化において学者が果たした役割も大きい。なかでも哲学者和辻哲郎が奈良の古寺を紹介した随筆『古寺巡礼』は、社寺を中心とした思索的巡礼地としてのイメージを奈良に与えた。

❹ 表象のジレンマ

『万葉集』の一句が詠まれた場所だとして歌碑がたてられたとたん、何の変哲もなかった田園風景が観光スポットに変貌する、といった現象が実際に奈良では起こる。こうした、「実態」より「物語性・コンテクスト性」が現実の観光地を「生産」するという奈良のありかたは、近年観光研究において注目をあびる、メディア表現と地域イメージ生成の関係、またコンテンツ・ツーリズムの原型ともいえるだろう。

しかし、こうしたイメージが観光地奈良の大きな利点であった一方、その表象力は、イメージから外れる「奈良」の多様な発信＝観光地としての多様な展開、を阻害してきたともいえる。

もちろんこうした強いイメージを人々がただ受け入れてきただけではない。歴史や自然は「癒し」へ、仏像は「キャラクター」へと、観光客は奈良の文物を「読み替え」、そこに自分たちの求めるものを見いだしてきた。また、地元の人々も、今井町（橿原市）や奈良町の観光地化にみられるように、街並み保存やまちづくりの運動を繰り広げることで、奈良に新しい魅力を再創造してきたといえる。

ともあれ、観光地が希求する強いイメージと、それを得たがゆえのジレンマ、それを超える地域の人々の実践——奈良研究の魅力はここにあるといえる。

（寺岡伸悟）

▷4 氏の写真の多くは、現在奈良市写真美術館（奈良市）に展示され、それ自体が観光スポットのひとつとして、典型的な奈良イメージ生産の役割を果たしている。

▷5 和辻哲郎、1979、『古寺巡礼』岩波文庫。

▷6 新たな視点から奈良を捉える試みとして、奈良女子大学文学部なら学プロジェクト編、2009、『大学的奈良ガイド——こだわりの歩き方』昭和堂。奈良市以外の観光まちづくりの取り組みについては、例えば、山上徹・堀野正人編著、2003、『現代観光へのアプローチ』白桃書房。

X 観光社会学の舞台

7 由布院
まちづくりの批判的読み解き

1 観光地のアクター

　観光地を構成しているアクターの必要条件は（「自然」を除いて考えれば），大きく分けて観光者と観光業者の二者である。テーマパークはこの二者だけで成立しているが，既存の集落や都市が観光地として成立するためには，ここに観光地住民が加わる。観光が住民主体の「まちづくり」に対して一定程度長期的かつ十分機能するためには，この三者のベクトルが同じ方向を向いている必要がある。「まちづくり」の成功例とされる町は概ねこの特色をもつ傾向があるが，実際の観光地発展のライフサイクルのなかでは常にそうであるわけではない。

2 「内発的」観光地づくりと町の「俗化」という魔物

　ここで取り上げる由布院温泉は観光と「まちづくり」を両立させた優れた例としてよく知られている。1950年代のダム建設反対運動に始まり，1970年代のゴルフ場やサファリパーク等の建設反対運動と自然保護運動，1975年の地震災害からの復興運動としての音楽祭，映画祭の立ち上げ，1980年代の反リゾート開発運動（この運動は1992年に「潤いのある町づくり条例」として結実する）等，旅館経営者主導ではあるが，常に住民が主体となって，反対運動をバネにした「運動型」のまちづくりを積み重ねてきた。この歴史を振り返ると，由布院の運動は，町外からの開発業者，観光資本の流入を阻止し，「内発的発展」を意図したものであることがわかる。「癒し」の時代の風潮にも助けられ，由布院温泉は，少なくとも2000年頃までは，内発性を何とか維持しながら，全国的に名の知られる「観光地」になっていった。わずか100軒あまりの旅館しかないこの町は，2000年には年間約400万人（内宿泊数約90万人）の観光客を迎えるまでになっていたのである。

　こうして，内発的発展とコントロールされた観光開発が両立してきた由布院温泉も，皮肉なことに「潤いのある町づくり」条例が施行された頃から，町の「俗」化に悩まされるようになる。例えば，この温泉の象徴でもある金鱗湖に向かう街道には，他の観光地にもよくあるように，東京の表参道のようなキッチュな店構えのみやげ物商店街が形成されていった。この条例は大型の外部資本を排除するものであったが，同じく外部資本による小型の開発までは排除で

▷1　観光を推進するのに大きな力をもつのは，住民の意志を「代表」して権力を発動する「行政」諸機関なのであるが，ここでは省略した（特に，由布院温泉では行政が大きな力をもってはこなかった）。

▷2　2003年11月にはNHKの番組「プロジェクトX」において，「湯布院，癒しの里の百年戦争」と題され，運動の過程が紹介されている。また，2005年には，同じくNHKの朝の連ドラ「風のハルカ」において，由布院のまちづくりそのものが「物語」として放映された。

きなかったためと考えられる。

　しかし，ここでの問題は「開発」が「内から」であるか「外から」であるかということだけではない。アーリがいうように，そもそも観光には雑踏という邪魔の入らない「自然美」が対象となるような「ロマン主義的まなざし」と，他者の集合を前提とするカーニバル的な「集合的まなざし」が存在する。このことは，観光地が日常から離れた非日常性を追求する「虚構」を「商品」として提示する以上，避けて通ることができない。約1万人の人口，100軒を超える旅館，数多くの観光客向け商店をもつ由布院温泉は，「集合的まなざし」を排除し「ロマン主義的なまなざし」だけを管理して成りたつほど，小さなまちではない。また，高速道路を使って日帰りができる圏内に500万人近い後背地人口をもつまちでもある。筆者の調査によれば，由布院温泉は高級志向の観光者の「ロマン主義的」まなざしだけで成立しているわけではない。

3 アクター間，アクター内の葛藤

　筆者の調査によれば，高級志向の観光者は観光地の「俗化」を非難する傾向にあるが，彼らとて通りに人がいなければ「寂しい」と言う。観光客個人のなかでさえ葛藤はある。まちで観光業を営む人々のなかにも「集合的まなざし」をどう受け入れるかをめぐって温度差があり葛藤がある。また，住民の聞き取り調査からは「俗化」批判の矛先を，「心ない」観光者に向けるのか，「外部」から来た観光業者に向けるのか，観光そのものに向けるのか，葛藤が存在していることがわかる。こういった葛藤は観光客の数が頭を打ち「発展」が止まった時に噴出する。

　由布院温泉の個性は，「外」の勢力からまちを「守る」という運動の「テーマ」があったからこそ形づくられたものである。だがこの住民参加型まちづくりも，「外」から移住してきた住民の数が増えたいまでは，彼らの参加なしにはやっていけない。

　このまちは，観光がもたらすさまざま問題を凝縮した形で経験してきた。そして，それらの問題の解決には，観光を全否定するのではなく，自らが作り上げた観光のあり方を主体的に提示することで対処しようとしてきた。その過程で，ニューカマーも含めた住民たちがまちづくりに主体的に関わる「伝統」が形成され，そのための人材が育成されてきた。このような人的・文化的資源は，今後も新しい観光のあり方に活用されてゆくだろう。

　観光まちづくりとは，住民のアイデンティティづくりも含めた，住民主体のまちの「虚構」作りのことである。さまざまな利害をかかえた住民が，どのような「虚構」づくりに合意するのか（そして，その「虚構」が観光客の欲望と合致するのかどうか），ニューカマーも含めたイメージづくりの「政治」が試されている。

（須藤　廣）

▷3　アーリ, J., 加太宏邦訳, 1995, 『観光のまなざし——現代社会におけるレジャーと旅行』法政大学出版局。

▷4　須藤廣・遠藤英樹, 2005, 『観光社会学——ツーリズム研究の冒険的試み』明石書店。

▷5　由布院温泉の場合，2005年の市町村合併をめぐって，観光に対する住民の姿勢の葛藤が表面化した（須藤廣, 2008, 『観光化する社会』明石書店参照）。

X 観光社会学の舞台

8 横浜
創られる観光の都市空間

1 ウォーター・フロント再開発と観光地化

横浜では「みなとみらい21」地区を中心に、ウォーター・フロント再開発が進んでいる。その結果、商業・文化・娯楽などの諸施設の複合的な集積が進み、同地区はこうした機能を対象とする都市観光地の性格が強まってきた。1980年代以降の日本における大都市再開発は、近未来的な建築や装飾的な景観で構成されるポストモダンの都市空間を生み出し、その観光地化を推し進めた。横浜ではランドマークタワーから海際のホテルにかけての空間がそれにあたる。しかし同時に、依然として他の都市との差異は開港以来の歴史的背景をもつ港町であることによって表出されるし、むしろ横浜の港町らしさの演出は観光地化とともに強化されてきたともいえる。"ミナト横浜"という観光の都市空間はどのようにつくられ、何をもたらしているのだろうか。

▷1 Ⅳ-4 参照。

2 近代産業遺産の観光対象化

横浜では1990年代以降、近代化の過程で形成されたいくつかの産業施設が保存・活用され、観光対象となってきた。例えば、ランドマークタワーの下に位置する旧横浜船渠2号ドックを解体、復元したオープンスペースである「ドックヤードガーデン」や、臨港鉄道の廃線跡を整備したボードウォークの遊歩道である「汽車道」がある。最も強い集客力をもつ「赤レンガ倉庫」は、明治末～大正初頭に建設された税関の倉庫であるが、2002年にショッピングを中心とする複合施設となった。これらは、近代化の遺産として保存されると同時に、港を連想させる観光上の記号としての役割を担っている。

このように、近代の建築物や施設が文化遺産として残されたわけだが、それは本来の産業的機能を失うとともに、観光による活用によって"ミナト横浜"を演出する文化装置へと転換されている。

▷2 Ⅳ-3 参照。

3 港の記号の創出

文化遺産化した産業施設はオリジナルで希少な「本物」である。しかし、"ミナト横浜"は、そうした「本物」ではない「作り物」や「借り物」によっても成り立っている。みなとみらい21地区の「ぷかり桟橋」は、海沿いに観光スポットを結ぶシーバスの旅客ターミナルだが、洋館を模した外観となってい

▷3 ただし、この「本物」も社会的に構築されたものである。Ⅴ-6 参照。

る。再開発の埋め立てによってつくられた臨港パークには，1989年の横浜博覧会開催時に設けられた碇のモニュメントがいまも置かれている。山手イタリア山公園には，明治末年に建築された「外交官の家」と呼ばれる洋館（旧内田邸）が保存展示されているが，これはもともと渋谷にあった建物を移築復元したものである。近くには当時の古めかしい感じを再現した電話ボックスが設置されているし，開港時からの名前を残す関内の馬車道にはガス灯が再現されている。このように，港町の一部の表象によって全体を連想させるような換喩的な記号が随所に創出されている。

図X-8-1　ぷかり桟橋

　こうした空間的記号の創出は，都市行政が関わる公共的な空間やモニュメントに限られるわけではない。伊勢佐木町で開業していた「横濱カレーミュージアム（2001～2007年）」は大正時代の横浜港をモチーフとしたフードテーマパークで，内部は山積みになった荷物や起重機やキャビンのドアなどで船内の雰囲気が演出されていた。中央には防波堤の赤灯台を真似たレプリカが置かれ，擬似的につくられたまちには諸々の楽しい演出が施されていた。

　横浜につくられたミナトの記号空間は，目の前の実在の横浜港を参照するというよりも，メディアによって用意されている客船，文明開化，異国情緒，洋館といった抽象化された港町のイメージから生み出されている。しかも，そのイメージは現実の港町を脱臭し，美しくあるいは面白く誇張と脚色を加えたものであった。

4　観光の「消毒作用」とその自覚

　現在，観光スポットになっている場所は，高度経済成長期までは多くのタグボートやはしけ船が集積し，港湾労働者が危険な作業に日々従事していた場所であった。しかし，観光地としての"ミナト横浜"の生成は，こうした歴史的事実を前景化することはない。むしろ，「おしゃれな」「エキゾチックな」「レトロ風の」といったイメージと適合しない事象は，排除され隠蔽されてしまう傾向がある。いい換えれば，地域の文化遺産の観光化は，ある種の「消毒作用」を伴っている。

　横浜は，いわばイメージとしての「港」を具象化し続けている。それは観光の要件である非日常の楽しい差異としての「港」が有効である限り続けられるだろう。しかし他方で，私たちは"ミナト横浜"という観光空間の虚構性を承知したうえで楽しむこともできれば，そこから逸脱して土地の歴史を垣間見ようとすることも可能である。空間のステレオタイプを揺るがす，そうした観光のありようも視野に入れておかねばならない。

（堀野正人）

▷4　荻野昌弘, 2002,「文化遺産へのアプローチ」荻野昌弘編『文化遺産の社会学』新曜社, p. 25。

第4部　事例を読み解く

X　観光社会学の舞台

9 インド
聖地巡礼，聖—俗—遊

1　インドの多様性と宗教

　インドを語る際のキーワードのひとつは「多様性」である。地域性，多民族，多言語に加えて，多宗教世界としての特徴がインドに独特の多様性を与えている。インド起源のヒンドゥー教，仏教，ジャイナ教[1]のほか，外来宗教のイスラーム教やキリスト教などもインドには存在する。これらの宗教は中世までは相互に交渉し混じり合う一方で，近代以降には互いを峻別し純化する過程を経験するなど，常にダイナミックな展開を示してきた[2]。インドの諸宗教にはそれぞれの聖地や宗教施設があるが，首都ニューデリーにある高名なイスラーム聖者ニザムッディーンの廟のように，宗教の垣根を越えて巡礼対象となっているケースもある。

2　ヒンドゥー教の聖地と巡礼

　一般に巡礼とは「聖地・霊場を参拝してまわること」（広辞苑第6版）を意味する。人口の8割を占めるヒンドゥー教においては，聖地は浅瀬や水辺の階段を意味する「ティールタ」，聖地巡礼はこれに巡行を意味する「ヤートラー」を付加してティールタ・ヤートラーと呼ばれる。聖地巡礼の目的は善を積みけがれを祓うことと現世的な利益を得ることである。聖地となるのは，河川・海など水に臨む特定の場所，山岳・森林など人里離れたところ，宗教・宗派の神や先師ゆかりの地などであり，多くの場合そこに寺院や礼拝堂がつくられている[3]。ヒンドゥー教は各地の土着的な要素を取り込みながら拡大発展し，中世から近代にかけてはさまざまな宗教運動が興隆したことで，多様な神観念，神話，宗教哲学を有する多神教となり，数多くの聖地が各地に成立した。

　ヒンドゥー教では，中世の時代までに巡礼が普及していたとされるが[4]，本格的な普及と大衆化は近代以降である。インド研究者のフラーによれば，「巡礼は常にヒンドゥー教のきわめて重要な部分をなしてきたが，近代においてこそ，それはより顕著であった。今日では，マス・メディアや教育の向上が一般の人々のヒンドゥー教の聖地についての知識や，そこへどう到達するかについての知識を高めてきた。巡礼はまたより安全となった。巡礼の拡大における最も重要な要因は，長距離の旅行をより早くより安価にした交通機関の発展である。交通は19世紀にめざましい発展を開始した。ここ2, 30年のうちに，道路によ

▷1　**ジャイナ教**
ジャイナ教はブッダと同時代のマハーヴィーラを開祖とする宗教で，厳格な不殺生主義で知られる。

▷2　インドの多宗教世界については，中谷哲弥，2010，「多宗教世界」田中雅一・田辺明生編『南アジア社会を学ぶ人のために』世界思想社，pp. 92-103を参照のこと。

▷3　辛島昇他監修，2002，『南アジアを知る事典』平凡社。

▷4　Brockington, J.L., 1981, *The Sacred Thread: A Short History of Hinduism*, Oxford University Press.

る巡礼も拡大した」。中世までの巡礼は苦難と危険に満ちていたが，近代以降には大量輸送機関や情報の普及によって，巡礼は格段に容易となり，一般民衆に普及していった。このことは，近代以降の交通機関の発達によって世界各地で観光が拡大し，マス・ツーリズム化していった過程と重なり合う。観光と巡礼はインフラを共有しており，このことで今日のインドでも観光コースのなかには必ずといってよいほど聖地や宗教施設が含まれ，一方巡礼においても途中で観光地に寄ることが一般的となっている。

▷5 Fuller, C. J., 1992, *The Camphor Flame: Popular Hinduism and Society in India*, Princeton University Press.

❸ インドの国内観光と巡礼

ところで，インドでは2002年に国立応用経済研究所によって，初の本格的な国内観光調査が実施されている。その報告書によれば，2002年の国内観光者総数は5億4940万人であった。4つにカテゴリー化された目的別では，友人・親族訪問，結婚，生誕・死去などに伴う「社会的目的」が6割以上を占めていた。これに次ぐのが「宗教・巡礼」の15％で，「ビジネス・商業」や「レジャー・ホリデー」はともに5％前後にすぎなかった。インドでは楽しみ目的のいわば純粋な観光は，全体的に見るとまだまだ未発達である。大都市では中間層以上の人々は，昨今急速に存在感を増すオンライン旅行会社を通じてすべての旅行の段取りをつけて旅行を楽しむ一方で，地方を含む一般の人々の多くは旅行会社ではなく，「あそこにはあの人がいるから」と，遠方の友人や親族を頼って旅行したり，親族の結婚式などの機会にバスを仕立てて移動している。このような「社会的目的」と「宗教・巡礼」がいまだに全体としてみると8割近くを占めているのである。巡礼は家族や個人単位でも行われるものの，先達的な人物や信仰する教団の主催で聖地を訪れたり，近隣集団や職場でバスを仕立てて聖地と観光地をあわせて訪問したりというツアーも行われている。

▷6 中谷哲弥, 2010,「新興国における中間層の拡大と観光——インドにおける国内観光の動向を中心として」『地域創造学研究』（奈良県立大学研究季報）20（3）: pp. 127-155。

❹ 拡大する宗教と観光

21世紀に入り，インドの経済成長は大きな注目を浴びてきた。経済成長に伴い，今後は遊び，レジャー，ホリデー目的の観光も増加していくことはまちがいない。しかしインドでは，経済成長とともに社会が世俗化し，宗教離れが進むのではなく，逆に豊富な資金が巨大な寺院建設などに投入されていくなど，宗教が活性化していることも注目に値する。海外にも支部を有するスワーミー・ナーラーヤン教団によって，2005年に首都ニューデリーに完成したアクシャルダーム寺院は，壮麗な寺院建築と教祖の人生をたどる映像施設，屋内を船で進みながらインド文明を紹介する施設などを備え，家族や友人との旅行，遠足の学校団体などで賑わっている。伝統的な聖地とはまた一風変わった形で，宗教が新たなエンターテイメントとして，観光の領域に参入しているのである。

（中谷哲弥）

X 観光社会学の舞台

10 韓国
分断の観光化

1 朝鮮半島の分断と「安保観光」

「板門店」を舞台とした『JSA』（2000年，日本での公開は2011年）や『シルミド』（2003年，日本での公開は2005年）をはじめとする韓国映画に描かれる南北分断の悲劇や葛藤，それに近年の日本映画『亡国のイージス』（2005年）や『ミッドナイト・イーグル』（2007年）などで表象される「危険な他者」としての北朝鮮は，南北関係の変化とは無関係に，日本において人気の高い文化商品となっているようである。ここでは，朝鮮半島分断と，北朝鮮をまなざしの対象とした，韓国における観光について紹介していく。

韓国には，「安保観光」と呼ばれる観光がある。「安保観光」とは，韓国と北朝鮮を分ける軍事境界線と，その両幅約2kmの非武装地帯およびその近郊が主なコースとなっている。なかでも日本人観光客には，軍事境界線上に位置する「板門店」への観光がよく知られている。「板門店」は北朝鮮側からも訪問できるため，「敵対双方の観光化」▷1 という言葉で表現されてもいる。

▷1 崔吉城，2000，「朝鮮半島の南北分断と『敵対双方』の観光化」『アジア社会文化研究』1。

1948年，それぞれソ連とアメリカの後押しを受けた朝鮮民主主義人民共和国（北朝鮮）と大韓民国（韓国）が成立する。軍事境界線と非武装地帯は，両国間で起こった朝鮮戦争（1950年-1953年休戦）の際，武力衝突を避けるための緩衝地帯として設定されたところである。現在でも「分断」状態は政治的葛藤を伴うため，「安保観光」では，訪れる人々に分断の悲劇や韓国の国家安保の重要性を伝えることが目的のひとつになっている。また，対立状態からもたらされる緊張も，この観光の「目玉」である。とりわけ，「板門店」観光の際に，参加者全員に署名が要求される「訪問者（見学者）宣言書」には，「敵の行動（活動）によっては危害をうけるまたは死亡する可能性がある」との文言が含まれている。

「安保観光」地にはこの他，1975年に鉄原市の北方で発見された第2トンネル，朝鮮労働党舎跡等がある中部戦線地域「鉄の三角地帯」，第3トンネル等がある。

2 朝鮮半島の「統一」へ向けた観光の出現

さて，非武装地帯周辺では，近年，「統一」指向的な観光も試みられた。「安保観光」の対立的ニュアンスとは異なり，和解的，平和的指向の観光である。

北朝鮮と韓国の現代グループの話し合いにより開発が進められた金剛山への観光が1998年にスタートしたが，これはその端緒であり，当時の金大中政権が推し進めた**太陽政策**の一環であった。NGOの活躍や民主主義の発展等，韓国におけるさまざまな変化により，1990年以前の国家中心パラダイムが優勢だった状況から，民族中心パラダイムが台頭しはじめたことにより可能となった観光だといえる。最初は海路を利用していたが，2003年からは南北の間に横たわる非武装地帯を陸路によって越えて行く観光が始まった。また，北朝鮮の開城への観光も2007年から本格的にスタートした（2008年11月に中断）。

金剛山は北朝鮮の東海岸に位置しており，古くからその美しさで有名である。「安保観光」同様，観光中の規制事項は多いが，筆者がこの観光ツアーに参加した際には，行きのバスの中で『ソウルから平壌まで』等の南北統一を願う歌を合唱したりもした。もっとも，北朝鮮の案内員と話す際には金日成や金正日を呼び捨てにせずに肩書きを付けて呼びましょうとの注意もあった。

金剛山観光は，2008年に韓国人観光客が北朝鮮兵士に射殺された事件を受け，2010年現在，中断されているが，このような観光が一時的にせよ可能となったこと自体に，韓国の対北姿勢の変化がうかがわれる。

❸ 分断と記憶の観光化とグローバル化

非武装地帯周辺の観光の場には，分断の歴史や記憶が色濃く反映されている。そして，こうしたローカルの歴史・記憶は，グローバルな文化商品となり，異なる社会・文化的背景をもつ観光客によって消費される。

ここで指摘しておかなければならないのは，安保観光の場のひとつである「板門店」に韓国人が訪問する際には一定の手続きが必要であり，その訪問は「見学」の意味合いが強いのに比べ，外国人である日本人の場合には「観光」とされており，パスポートさえあれば事前に電話一本で申し込みが可能であるという点である。つまり，韓国の見学者と日本からの観光客では，それぞれにとっての分断という現実や北朝鮮への立ち位置，さらにそこへのまなざしが異なるのである。

金剛山観光についても同様のことがいえる。板門店を訪れる日本人観光客の数は，2007年には約2万5000人と，外国人観光客全体の約8割弱となっているのに比べ，朝鮮半島の統一指向的な金剛山観光に参加した日本人観光客は，外国人観光客に金剛山観光が開放された2001年から2007年末までの期間を合わせても約1,300人にすぎない。この数字は，ツアー参加の際の手続きの問題や，首都ソウルからの距離の違いも関係していると思われるが，日本における北朝鮮へのまなざしとも無関係ではないだろう。

非武装地帯への観光には，朝鮮半島分断や北朝鮮に対するイメージ，ものがたりが少なからず影響を及ぼしているといえよう。

（平田由紀江）

▷2 太陽政策
太陽政策とは，金大中，盧武鉉政権の時に韓国が採用した対北朝鮮政策であり，武力に訴えずに平和的，友好的に対北外交を行い，和解を図っていくというものである。

▷3 2006年1月29日〜31日に参加した金剛山観光ツアーでのフィールドワークに基づく。

参考文献
小田川興，2008，『38度線・非武装地帯をあるく』高文研。
Kim, Ki-jung, and Park, Jae-Min, 2000, "Paradox of Dismantling the Cold War Structure: Domestic Barriers after the Summit Talk", C-I Moon et al. eds., *Ending the Cold War in Korea: Theoretical and Historical Perspectives*, Yonsei University Press, pp. 319-336.

X 観光社会学の舞台

11 グアム
マス・ツーリズムの「楽園」

1 なぜ日本人はグアムへ行くのか

　淡路島とほぼ同じ面積のグアムには，毎年100万人の観光者が訪れる。そのうち約8割，ときには9割ちかくが，日本人だけで占められている。

　日本の海外旅行先では人気ベスト10に入り，旅行広告では常に目玉商品のひとつに挙げられる。なぜ，これほど多くの日本人が，グアムへ行くのだろう。

2 島の長い歴史と複雑な現状

　知られるように，グアムは「日本から最も近いアメリカ」である。しかし，この島は，ずっとアメリカ合衆国の領土だったわけではない。

　グアムの先住民チャモロ人の祖先は，紀元前1万5000年頃に東南アジアからカヌーで渡来したという。1521年にマゼラン隊がグアムを含むマリアナ諸島を「発見」し，1565年にレガスピ隊が同諸島をスペイン領土に「編入」した後も，この島のチャモロ人は，独自の伝統と習俗のなかで生きていた。

　だがスペイン出身の宣教師，サン・ヴィトレス神父が1668年に来島したとき，大きな変化が訪れた。キリスト教の価値観を強要した神父がタモン湾でチャモロ人に殺害されると，スペイン軍によるチャモロ人への弾圧が始まり，かつて5万から10万もいたとされるチャモロの人口は，18世紀には約5000人まで激減したという。

　220年あまり続いたスペイン統治は，チャモロ人をスペイン化した。いまではサントスやラミレスなど，典型的なスペイン名を持つチャモロ人が大半で，住民の約85％がカソリック教徒である[1]。

　1898年，スペインとアメリカの戦争（米西戦争）の末，スペイン領グアムはアメリカ合衆国へ委譲された。さらに1941年12月8日，真珠湾攻撃と同じ日にグアムを攻撃した日本軍は，戦闘の末に同島を占領し，「大宮島」と名づけて統治した。2年7ヶ月に及ぶ「大宮島」の時代，グアムの子どもたちは学校で日本の習俗や言葉を習い，大人たちは日本軍の統治に協力することを強制された。

　1944年にアメリカ軍がグアムへ再上陸し，2万を超える戦死者を出した日本軍との戦闘の末，グアムは再びアメリカ領土になった。やがて1960〜70年代のベトナム，1990〜2000年代のイラク，そして現在のアフガニスタンへ，兵士と物資を供給する「太平洋の天然要塞」となり，21世紀のいまも島の土地の3割以上がアメリカ軍の基地に占拠されているのが，グアムの現状である。

▷1　グアムのチャモロ人の歴史は，中山京子・ラグニャ，R.T., 2010,『グアム・チャモロの歴史と文化』明石書店が詳しい。

こうした島の歴史と現状と出会うため，日本人はグアムを訪れるのだろうか。

❸ 「グアム抜きのグアム観光」

グアム政府の統計（2009年）によれば，日本人観光者の93％が4泊以下の滞在で，同じく90％がパッケージ・ツアーを利用してグアムを訪れるという。こうして9割を超える日本人が，同じようなスケジュールで，リゾート・ホテルと免税店が林立する，タモン湾に滞在する。▷2

島の西岸に位置するタモン湾は，青い海と白い砂浜が広がる美しいビーチだ。ほとんどの施設には日本人か，日本語を話す従業員がいる。日本円で買い物ができる店も多く，レストランには日本語メニューがある。まるで日本国内を旅行するのと同じ感覚で「海外旅行」できるのが，グアムのタモン湾である。

ただし東京ディズニーリゾートとほぼ同じ広さのタモン湾は，グアムの面積の1％に過ぎない。ほとんどの日本人観光者はタモン湾に滞在し，なかには一度もタモン湾から出ないで「グアム観光」を終える人もいる。こうしてグアムを訪れる日本人は，タモン湾の外に広がる，長い歴史と複雑な現状を抱えた99％のグアムと出会わない，「グアム抜きのグアム観光」を行っている。

グアムが日本人に人気を博してきた理由は，ここにある。グアムを訪れる日本人観光者の多くは，島に固有の歴史や文化と出会うためではなく，「青い海と白い砂浜」を手軽に楽しめる"海外"へ行きたいのだろう。それはグアムでもどこでもよい。──そうした日本人の求めに応じてつくられてきた「グアム抜きのグアム観光」は，日本のマス・ツーリズムの「楽園」である。

❹ マス・ツーリズムを問うために

マス・ツーリズムは，近代社会において一定の役割を果たしてきた。多くの人々に，自らの楽しみのために移動する「観光」という体験を提供し，関連産業の発展を促がしてきた。マス・ツーリズムの歴史を全否定すべきではない。

問題は，マス・ツーリズムが行き過ぎた市場原理で進展した結果，観光旅行の画一化が進み，現地社会とは無関係な消費的観光が独走して，他の観光の可能性を見えなくさせたことにある。グアムを訪れる日本人は，この島の歴史や現状を「無視している」のではなく，「見えない」のだ。

そうした現在のマス・ツーリズムの傾向を通時分析し，その問題を明らかにし，新たな観光の可能性を考える現場として捉えるならば，「グアム抜きのグアム観光」は観光社会学において独自の価値をもつ。もちろん「グアム」だけではない。例えばバリやハワイやプーケットそして沖縄など，マス・ツーリズムの光と影が，さまざまな社会現象を生み出している地は少なくない。▷3

ただ批難するためではなく，いまの問題を明らかにし，次の観光の形を考えるために，マス・ツーリズムの歴史を問う研究が待たれている。　　（山口　誠）

▷2　タモン湾の開発とグアムの日本人観光の現状については山口誠，2010，『グアムと日本人──戦争を埋立てた楽園』岩波書店などを参照。

▷3　マス・ツーリズムは，常にどこでも同じ作動原理で動くわけではない。それぞれの土地が有する歴史や文化などの「文脈性」と密接な関係を取り結びつつ，また資本やメディアとも結びついて作動するため，「マス・ツーリズム」を過度に一般化せずに，それぞれのフィールドに根ざした調査と研究を進めることが必要かつ重要である。

X 観光社会学の舞台

12 タイ
トレッキング・ツアー,エスニシティと観光

1 観光のアイロニー

今日,世界システムの周辺におかれている第三世界や第四世界の人々の生活文化が,急速に観光資源化されるという状況が生じている。そこには,近代の言説によって周辺化されてきた人々のエスニシティや文化が,その周辺性ゆえに観光の文脈においては「注目」されるという観光のアイロニーが見てとれる。

世界システムの周辺に位置している人々のエスニシティや文化が商品化されるプロセスや,その過程でどのような社会変化が生じているのかを考えることは,観光社会学の主要なテーマのひとつである。ここでは,タイ北部の山地民社会を舞台に,観光化のなかで何が起こっているのかを考えてみたい。

2 山地民の観光資源化

タイ北部の山間部には,国内の多数派民族集団(ethnic majority)であるタイ系民族とは異なる「山地民(チャオ・カオ)」と呼ばれる少数民族が数多く居住している。歴史的にみると,山地民の多くは,まだタイにおいて実効性のある国境統治が存在しなかった19世紀末から20世紀初頭にかけて,隣国ビルマ(ミャンマー)やラオス,あるいは中国西南部から山の尾根伝いに南下し,現在のタイの領土に移住してきた。そして1950年代後半までは,タイ・バンコクの中央政府からの干渉をさほど受けることなく,焼畑耕作を中心とした比較的自律した生活を送っていた。

しかし,ビルマ(ミャンマー)やラオスの政情不安などを背景として,タイ北部の国境地帯の政治的重要性が増すなか,1950年代後半にタイ政府は事実上の放任政策から,山地民をタイ国民へと統合していく「山地民政策」へと方向転換してきた。

それ以降,さまざまな政治的・開発的介入が山地民社会に浸透し,タイという近代国民国家に包摂されていく一方で,1970年代以降,その他者性ゆえに観光資源化されるというアイロニカルな状況が進行してきた。特に,色とりどりの民族衣装をはじめとする山地民の生活文化に惹かれた欧米をはじめとする先進諸国のツーリストの間で,山地民集落を訪ね歩くトレッキング・ツアーと呼ばれる観光が注目されるようになった。

トレッキング・ツアーとは,山間部をトレッキングしながら,山地民集落を

▷1 山地民と一言でいっても,その内部は一様ではなく,カレン・アカ・ラフ・リス・モン・ヤオなど,言語や文化も異なる複数の民族集団がいる。

訪れ，実際にその村に宿泊したりする観光形態である。1泊2日のツアーから，長いものでは1週間程度のツアーまであり，山地民集落の訪問の他，象乗りやラフティングなどのアクティビティを含む場合も多い。

トレッキング・ツアーは，道路などの山地へのインフラが徐々に整いはじめる1980年代以降，急速に発展し，最盛期には年間10万人以上ものツーリストがこの種のツアーに参加したともいわれている。[2] 若干下火になった感は否めないが，今日でもタイ北部の観光都市チェンマイやチェンライには，トレッキング・ツアーを運営する旅行会社やゲストハウスが軒を並べている。

3 トレッキング・ツアーの構造

しかし，こうしたトレッキング・ツアーは，山地民自身によって始められたものではない。それを独占的に運営してきたのは，支配的な民族集団である平地のタイ系住民である。[3] それゆえ，トレッキング・ツアーは，(1)ツーリスト＝先進諸国，(2)観光を受け入れる人々＝第四世界，(3)仲介者（ガイドや観光業者）＝国内の多数派民族集団という，P. ヴァン・デン・バーグが「エスニックな労働分業（ethnic division of labor）[4]」と呼ぶ，不均衡な力関係を内包している。

例えば，平地タイ人のガイドや観光業者は，山地民の生活文化について無知である場合が多く，ツアー中に山地民の生活文化を説明する際には，タイ社会に流布しているステレオタイプなイメージに基づいて語る傾向が強い。それに対して，当の山地民が自らの生活文化について語る機会は限られている。[5] つまり，平地タイ人のガイドや観光業者が，山地民の文化を一方的に語るという権力を行使してきたわけだ。

このような文化表象をめぐる不均衡のほか，観光収益の分配という経済的側面においても，不均衡な力関係がみられる。J. ミショーの調査によれば，ツーリストが支払ったツアー代金のうち，ホストである山地民に還元されるのは1.5％にすぎない。[6] つまり，観光収益の多くは，仲介者であるガイドや観光業者の手に渡ってしまい，ホストである山地民社会には十分に分配されることはないのである。

4 権力構造に対する抵抗・交渉

しかし，こうした観光を通じて（再）生産される権力構造に対して，近年一部の山地民の人々は，NGO等と協働でコミュニティ・ベースド・ツーリズムと呼ばれる新たな取り組みを行っている。このような観光実践は，山地民の人々自らが観光を企画・運営し，自らの解釈で，自文化をツーリストに向けて発信していくという試みであり，従来的なトレッキング・ツアーが抱える不平等な力関係に対する抵抗・交渉と考えることができよう。

（須永和博）

[2] Dearden, Phillip and Sylvia, Harron, 1994, "Alternative Tourism and Adaptive Change," *Annals of Tourism Research*, 21(1): pp. 81-102.

[3] Cohen, Erik, 1996, *Thai Tourism: Hill Tribes, Islands and Open-Ended Prostitution*, White Lotus.

[4] van den Berghe, Piere L., 1992, "Tourism and the Ethnic Division of Labor". *Annals of Tourism Research*, 19(2): pp. 234-249.

[5] 豊田美佳, 1996,「観光と性」山下晋司編『観光人類学』新曜社, pp. 131-140。

[6] Michaud, Jean, 1997, "A Portrait of Cultural Resistance: The Confinement of Tourism in a Hmong Village in Thailand," Picard, Michael and Robert, Wood E. eds., *Tourism, Ethnicity, and the state in Asian and Pacific Societies*, University of Hawai'i Press, pp. 128-154.

第4部　事例を読み解く

X　観光社会学の舞台

13 ニューヨーク
場所のパフォーマンス

1　パフォーマンスする街ニューヨーク

　華麗なブロードウェイの舞台はニューヨーク観光の看板だが，ひとたび地下鉄の構内に降りると，クラシックのヴァイオリンから，いくつものポリバケツを逆さに並べたお手製のドラムスまで，さまざまな楽器をさまざまなスタイルで演奏する，（時には当局の規制に反した）個性的なミュージシャンたちに出会うことができる◁1。ニューヨークはまちそのものがパフォーマンスしている◁2。近隣のチャイナタウンの勢いに押されて，かび臭い雰囲気を漂わすリトル・イタリーも，守護聖人**サン・ジェナロ**◁3を祝う祭りでは活気を取り戻す。10月のハロウィーンの晩にダウンタウンで行われるパレードと，11月にセントラルパークから5番街を南下するサンクスギヴィングのパレードは対照的だ。前者では派手な仮装をしたゲイの一群に一瞬どきっとさせられることも多いが，後者はおなじみのキャラクターをあしらった巨大なフロートと星条旗に彩られ，老人から子どもまで楽しめる公的文化の一部になっている。ニューヨークでは，アメリカ合衆国の伝統を強調する規範的パフォーマンスと，規範からはみ出した，時に対抗的なパフォーマンスが混在し，拮抗している。

2　9・11と世界貿易センタービル

　フランスの思想家ミシェル・ド・セルトーは，今はなき世界貿易センタービル110階の展望室からの眺めを，一望監視的な管理者の視線とし，はるか下界を行く歩行者たちの実践と対比させる◁4。セルトーによれば，前者が体系としての言語（ラング）ならば，後者は個人の発話（パロール）であり，「歩行者が地理システムを自分のものにするプロセス」である。

　世界貿易センタービルの跡地には合衆国独立宣言の1776年にちなむ高さ1776フィート（541m）の高層ビル「フリーダム・タワー」と，記念碑の建設が進んでいる。設計初期の段階では文化の多様性を称揚するミュージアムが入る予定だったが，慰霊だけを求める遺族の反対で廃案になった。2010年にはグラウンド・ゼロから2ブロック先の場所に，モスクを含む「イスラム文化センター」建築計画が起こり，世論を二分する論争が闘わされた。「反アメリカ」を連想させるものは，聖地「グラウンド・ゼロ」に相応しくないという主張は強い。ここでも，規範的／対抗的パフォーマンスが拮抗している。

▷1　タネンバウム, S. J., 宮入恭平訳, 2009, 『地下鉄のミュージシャン――ニューヨークにおける音楽と政治』朝日新聞出版。

▷2　V-8 参照。

▷3　サン・ジェナロ
聖ジェナロ（San Gennaro）はナポリの守護聖人で，ニューヨークのイタリア移民たちの信仰を集める。9月中旬の約2週間，ダウンタウンのマルベリー・ストリートを中心とする「リトル・イタリー」は屋台で埋め尽くされ，大勢の人で賑わう。祭りの中心は9月19日の聖ジェナロの祝日で，この日には輿に乗せた聖人の像が教会から出され，まちを練り歩く。

▷4　ド・セルトー, M., 山田登世子訳, 1987, 『日常的実践のポイエティーク』国文社, 第7章。

③ エリス島

　セルトーが描写した展望室からは眼下のニューヨーク港に立つ「自由の女神」がよく見えた。隣接するエリス島にはかつて政府の入国管理施設が置かれ，合衆国に移民する人たちの審査が行われていた。いまは建物の一部が修復保存され，国立の「移民博物館」として公開されている。エリス島では規範的な場所のパフォーマンスによって，合衆国の公的な歴史が演出，再現されている。

　硬貨に刻印されたラテン語の「E Pluribus Unum（多からなる一）」は合衆国では馴染みある標語である。元々は独立時の13州がひとつの連邦国家を形成したことを示したが，いまでは，民族，宗教，言語などを異にする多くの集団がひとつの国民を形成するという意味で解釈されることが多い。移民たちの通過点エリス島は，「多からなる一」を強調するのに都合のよい場所だが，合衆国市民のすべてが移民だった訳ではない。先住民もいれば，暴力的に連行されたアフリカ系奴隷もいた。エリス島の入国審査は，主に19世紀末から第一次大戦にかけてヨーロッパから到着した，三等船客が対象だった。エリス島は，（一部で全体を表わす）換喩と呼ばれる修辞学的手法を使って，アジア系やアフリカ系，さらに中南米出身者など，エリス島を通過しなかった人たちも含めた国民の統一性を強調する，場所のパフォーマンスである。

④ エスニック・ネイバーフッド

　2006〜08年の国勢調査局の資料によれば，ニューヨーク市住民の37％が外国生まれで，家庭で英語以外の言語を話す人は48％に達するというから驚く。民族の多様性はハーレムやチャイナタウンを擁するマンハッタン島でも感じられるが，周辺地区ではより顕著になる。例えばタイムズ・スクエアから地下鉄Aトレインでクィーンズへ向かうと，50分ほどで終点のレファーツ・ブールヴァードに着く。この辺りは，カリブ海に接する南米のガイアナやトリニダード・トバゴから入ったインド系住民が多く，「リトル・ガイアナ」と呼ばれている。イギリス植民地時代に年季奉公人として南米に海を渡ってきた人たちの子孫が，今はニューヨークに暮らしている。駅周辺には食品店が軒を連ね，魚の種類ではチャイナタウンにひけをとらない。ココナツやマンゴなど熱帯の果実とインド産の香辛料の混在が不思議な香りを醸している。ロティというインドのパンとカリブ料理が売り物のレストラン経営者は，黒のドレスに黒の帽子という洒落たいでたちで，植民地生まれの貴婦人のようにも見える。私の訪れた日，一般住宅を改装した近くのヒンズー寺院で結婚式があった。さまざまな民族のパフォーマンスは，英語，プロテスタント系キリスト教，アングロサクソン民族をベースに成立した「アメリカ合衆国」というカテゴリーに包摂されることを拒む文化の交渉（ネゴシエーション）でもある。

（高橋雄一郎）

▷5　三等船客
エリス島での入国検査の対象となったのは三等船客のみで，一等・二等船客には船がニューヨークに入港する前に乗船した検査官による，ごく簡単な検査が行われた。合衆国政府は感染の危険がある病人や，反体制的思想を持つ活動家などの入国を最も警戒していたが，高額の船賃を支払える上・中流階級の入国者には，そのような心配はない，という発想があった。

第4部　事例を読み解く

X　観光社会学の舞台

14 ベトナム
文化の商品化

1 観光地ベトナム

　ベトナムは、国際観光市場において比較的新しい観光地である。ドイモイ▷1路線が採択される1986年以前、外国人旅行者の受け入れは、旧ソ連など一部の社会主義諸国に限定されていた。

　1990年代に入り、ベトナム政府は、工業や農業などの諸分野に続く外貨獲得手段として観光に着目し、観光目的の外国人の本格的な受け入れを開始した。その結果、1990年に約18万人であった外国人旅行者の数は、2008年には約425万人を記録している▷2。旅行者の出発地として多いのは、陸路でも入国可能な隣国中国、次いで在住者の多いアメリカ、そして韓国、日本、台湾、オーストラリア、かつての宗主国フランスの順に続く。また、ベトナム人の国内観光も、経済発展とともに国際観光をしのぐ勢いで急速に成長している。

　南北に細長いベトナムの国土の各地には、ハノイやホーチミン市などの都市をはじめ、多様な自然や文化を資源とした観光地が存在している。その多くが、1990年代初頭までは外国人観光客がほとんど訪れることがなかった場所であり、政府による積極的な観光開発の結果、観光地となった場所である。2000年以降も観光開発の速度は衰えず、中部から南部の海岸沿いには、外国資本を導入した大型リゾートホテルの開発が目覚ましい。

2 多様な「ベトナムの文化」

　観光開発が進むなかで、「文化」は、ベトナムの魅力を構成する重要な要素となっている。ただし、観光客に供される「ベトナムの文化」は、その内容をみるときわめて異種混交的である。

　長年にわたる支配の歴史により、中国文化の影響は、ベトナムの文化を考える場合に無視することはできない。一方で、インドシナ半島東岸を北から南へと領土拡大していった経緯から、中部南部には現在の多数派民族キンによる支配▷3以前の遺構も数多い。現在でも、人口の約86％を占めるキン族以外に、全土には政府が公認するだけで53の少数民族が暮らしており、彼ら独自の文化も、エスニック・ツーリズムを通じて観光客向けの商品となっている。

　また、19世紀以降の植民地経験は、フランスの文化的要素をベトナムにもたらしている。フランス風の建造物や食文化などは、植民地支配の歴史それ自体

▷1　ドイモイ
1986年12月の第6回ベトナム共産党大会で宣言された政策方針。以後、政治面ではベトナム共産党一党体制を維持しつつも、経済発展のために資本主義経済への移行をめざすなど対外開放が進められた。

▷2　Vietnam National Administration of Tourism, 2010, "International visitors to Vietnam in December and 12 months of year 2008" (http://www.vietnamtourism.gov.vn/).

▷3　10世紀の唐代末に中国から独立したベトナムは、その後勢力範囲を紅河デルタから南へと拡大（南進）し、18世紀末フエに都をおいた（西山）阮氏が現在の国土とほぼ同様の地域を支配下におさめるに至っている。

とともに観光客に消費されている。観光の文脈において商品化される文化の多様性は，そのままベトナムにおける文化の多様性を反映したものであり，これは，食や手工芸品など衣食住に関わる生活文化においても同様である。

❸ 「文化の商品化」の複数の帰結

　観光は，経済的な利益を生み出す源泉ではなかったさまざまな文化を観光「資源」へ，観光客向け「商品」へと変換する。そして，「商品化」の過程では，多様な文化的要素が個別の政治的経済的背景のもと取捨選択され，編集される。

　国家が推薦の主体となる世界遺産は，当該の文化をめぐるベトナム政府の思惑や，保存のための技術的資金的な協力を行うフランスや日本といった国々との関係と無縁ではない。一方少数民族観光は，多民族国家ベトナムの国民統合をめぐる政策と密接な関わりを有している。「ベトナムの文化」は，政治的文脈によって特定の側面が強調され，他方で別の側面は不可視化される。そして同時に，「商品たりえるか否か」が峻別されているのである。

　また，商品化の過程とは，多様な文化を特定の市場に適合的な形態へと成形する過程でもある。そのため，商品化される文化的要素がいかなる市場において流通・消費されるかは，その変化の帰結に大きな意味をもつ。

　例えば，600年以上の歴史をもち北部を代表する陶器生産地であるハノイ近郊のバッチャンは，ベトナムの「伝統文化」を伝える場所としてガイドブックでもたびたび紹介される場所であるが，この「伝統文化」を商品化する方法は，各生産者が対象とする観光客によって大きく異なっている。

　欧米人観光客が好む商品は，インテリア用の大型の壺などである。それらは，中国文化の影響を反映した竜などの図柄が，派手に彩色されていることが多い。欧米人観光客は，バッチャン焼製品を「東洋美術」として位置づけており，バッチャンの「伝統」は広い意味での「東洋文化」の一部とされる。

　それに対し，日本人観光客が求めるのは，「手作り」の「ベトナム雑貨」である。中心になる商品は，「バッチャンならでは」とされる図柄が取り入れられた普段使いの食器類である。ここでは，大型の「美術品」ではなく，小型の「日用品」こそが，「ベトナムの伝統文化」を表象する。

　「美術品」と「日用品」，どちらを生産するのかは，製陶事業者の自由である。したがって，生産者による「欧米向けか日本向けか」という市場の選択は，同時に「バッチャン／ベトナムの伝統文化」をめぐる解釈の選択であり，観光客向け商品化は，「伝統文化」の再構築に複数の帰結をもたらしているのである。

　観光開発が進むベトナムでは，多様な文化が特定の政治経済的状況のなかで，特定の観光客市場に合わせて変化する途上にある。それゆえ，観光による文化の商品化は，ベトナム文化の現代的位相を考察するうえで，きわめて興味深い切り口を提供してくれるのである。

（鈴木涼太郎）

▷4　2010年に世界遺産登録された北部ハノイのタンロン遺跡などに先駆けて中部フエの建造物群が世界遺産登録された背景には，国家統合のシンボルとしての役割や中部地域開発への期待が垣間見られるほか，日本人町があったホイアンの世界遺産登録には，日本の技術協力が大きな役割を果たしている。

▷5　欧米人を中心とした観光客でにぎわう北部の山間地域と異なり，2001年2月に少数民族暴動が発生した中部高原地域では，一部観光客の立ち入りが制限されていた地域もある。

▷6　このほか，2010年のハノイ遷都1000年に合わせて，「1000年前の技法によるバッチャン陶器の再現」をめざす試みも行われている。資本主義経済への移行と製品自由化は，多様な「伝統の創造」をもまたバッチャンにもたらしている。

第4部　事例を読み解く

X　観光社会学の舞台

15 香港
ポスト・コロニアリズム，ホテル

1 「観光地」としての香港

　香港の観光において日本という市場は一定の大きなプレゼンスをもってきたといえるが，香港を観光で訪れるのは日本人ばかりではない。香港がグローバルレベルでもつ結節機能を考えれば，香港は全世界からの訪問者を受け入れていることは明らかである。また，特に近年，中国大陸からの観光訪問者数が大幅な伸びを示していることも特筆すべき事実である。しかしながら，ここで考えてみたいのはいわゆる香港観光論ではなく，香港という磁場と観光という社会現象との関わりについてである。そこで，日本人の香港への観光を介した関わりを手がかりに香港という場所のもつ意味をまずはあぶり出してみよう。

　1964年，日本において観光目的による海外渡航が自由化された際，香港はその人気旅行先のひとつであった。それは，海外への観光旅行自体が高価であったことに加え，海外渡航が自由化されたとはいえ，外貨持ち出しに厳しい制限が設けられているような状況のなか，イギリス植民地[◁1]であったがゆえ遠くの西洋に行かずとも憧れの「外国＝西洋」的雰囲気が味わえたことや，日本国内での入手が高価であったり，困難であったりする「舶来品」が自由貿易港であるため日本より安価かつ容易に購入できたことなどによっていた。

　しかし，その後日本における海外旅行の大衆化の進展に伴って，日本人観光者の関心は，より遠くへ，未知の世界へ，珍しい経験へと向いていったため，香港への観光旅行は，次第に通俗的観光の代名詞と捉えられるようになっていった。[◁2]

　このような状況に大きな変化が見られたのは，1984年の中英共同声明の発表により香港が1997年にイギリスから中国へ返還されることが明らかとなってからである。返還後の香港は「一国両制」政策によって中国の特別行政区として50年間その社会経済制度が維持されることは約束されたが，返還後の不透明さは必ずしも払拭されず，むしろそのことが「イギリス植民地としての香港を見るならいまのうち」という香港観光の大きな動機を生み出し，「返還ブーム」とでもいいうる空前の香港観光ブームを巻き起こした。

　しかし，返還後の2003年にはSARS（重症急性呼吸器症候群）の拡大によって香港への観光客は激減した。2005年には香港ディズニーランドが開園したが，すでに東京ディズニーランドを経験済みの日本の観光者にとってそれは必ずし

▷1　イギリス植民地
1842年の南京条約で香港島が永久割譲，1860年の北京条約で九龍半島南部が追加割譲され，さらに1898年，新界地区および周辺島嶼部が99年間の期限付き租借地となった。

▷2　通俗的観光地としての香港を逆手にとり，その社会文化の成立の特殊性に鋭い分析を加えた古典的名著として山口文憲，1979，『香港旅の雑学ノート』ダイヤモンド社（新潮文庫，1985）がある。

も香港観光の大きな動機とはなっておらず，日本人にとって香港の観光地イメージは不透明な状態にある。

❷ 「コロニアル」という商品

このような日本人の香港観光から見えてくる香港という場所を大きく意味付けてきたひとつの重要な要素は，「植民地」という点にあるといえる。植民地主義と観光との関連は広く一般に議論されており，近代観光の発展過程が植民地主義の展開と平行していたことや，ポストコロニアルといわれる現代的状況においてもなお観光が植民地主義的営為であることへの批判もなされている。しかし，ここでの「植民地」とは，その政治性が脱色され，記号として機能することによって観光消費の対象，すなわち商品を生み出す要素のことである。

▷3 Ⅴ-12 参照。

香港におけるこのような商品の典型は，おそらく「コロニアル・ホテルのティー・ラウンジで楽しむアフタヌーン・ティー」であろう。この「コロニアル・ホテル」とは，ほとんどの場合，香港の九龍半島の突端部にビクトリア・ハーバーを隔てて香港島を眺める位置にあるペニンシュラ・ホテルを意味する。1928年に開業し，現存して営業を続けるホテルとしては香港最古のこのホテルは，1994年に旧館の後ろに30階建ての現代的なタワー棟を増築したが，香港の代表的な植民地遺産の一部を構成している。このような「コロニアル・ホテル」に宿泊することもさることながら，それが叶わないより多くの観光者にとって，このイギリス風の習慣を植民地時代に建てられた歴史のある豪華なホテルで優雅に経験することこそは，脱植民地化し，中国の特別行政区となった今日でも依然としてきわめて「香港＝植民地」的な観光経験として大きな商品価値をもち続けているのである。

❸ 香港の境界性と観光

香港は，中国の一部に位置するイギリス植民地であったことからしばしば「東洋と西洋が出会う場所」と表現されてきた。そして，1949年の中華人民共和国の成立以降は，「資本主義世界と社会主義世界の接点」としての意味合いが香港には付与されるようになった。いずれにしても，香港がこれまで人々の移動や交流の結節点となってきた背景には，この場所が帯びてきたさまざまな意味での境界性の存在を指摘することができるだろう。境界性を帯びた場所であるがゆえ，そこには多様な背景をもった人々を受容する文化的許容性や複数性，そしてそれらの混淆性が存在する。

▷4 Ⅷ-1 参照。

参考文献
大橋健一, 2007,「文化装置としてのホテル」山下晋司編『観光文化学』新曜社, pp. 98-102。
Vins, Stephen, 2002, *Colonial Hong Kong: A Guide*, Form Asia Books.
山口文憲, 1979,『香港旅の雑学ノート』ダイヤモンド社（新潮文庫, 1985）。

香港の「コロニアル・ホテル」が観光者を惹き付けるのも，香港という場，そしてそもそもホテルという空間の境界性が生み出す文化的混淆性に由来するのかもしれない。そして，このことは，観光という経験や現象じたいがもつ境界性の問題とも深く結びついているに違いない。

（大橋健一）

XI 研究者紹介

1 ダニエル・ブーアスティン

1 ブーアスティンの履歴

　ブーアスティン（1914-2004）は，観光研究における先駆者のひとりとされている。1914年にアメリカで生まれ，ハーバード大学でイギリス史・イギリス文学を学んだあと，法律学の学位を得るかたわらアメリカ史の研究も始めた。1944年シカゴ大学教授になり，以降25年間アメリカ史を講じる。1969年スミソニアン博物館の歴史・技術館の館長になり，1975年にはアメリカ議会図書館の館長となった。

2 『幻影の時代』の構成

　ブーアスティンを観光研究史における不可欠の人物としたのは1962年に出版された『幻影の時代（原題 The Image）』である。この著作は，近代以降のアメリカ社会の変容，人々が経る経験の変容を，直接体験ではない経験や現象（これは「擬似イベント」と呼ばれる）の増大という観点から語ったものである。その考え方は各章のタイトルによく表れているが，氏によれば，新しい現実の創造というべき現象がアメリカ社会を徐々に覆っていったという。

　例えば，かつて新聞記者によって事実を取材するものであったニュースが，マスコミによって製造されるものへと変容していく（1章）。また，かつては歴史を動かした英雄こそが有名人になりえたが，現代アメリカ社会では，テレビ俳優・スポーツ選手などの有名人が，かつての英雄の位置を占めるようになったという（2章）。

　観光論の古典として引用されるのは，第3章である。氏によれば，そもそも旅行とは，どこか未知の場所へ行きたいという欲求によるものだった。想像力が刺激され，驚きや喜びを発見し，自分たちの生活とは異なる生活やものの考え方があることを理解する経験が旅行であった。しかし，アメリカにおける旅行は，鉄道やガイドブック，さらにガイドつきの団体旅行の登場によって大きく変質する。それまで主体的・能動的な経験であった旅行が，上記の旅行産業によってお膳立てされた事柄をただ見てまわるだけの受け身な観光へと変容する。観光客は，旅行先の場所そのものを直接に体験するのではなく，もっぱら営利を目的に準備されたモノや場所などの観光商品（擬似イベントの一種）を経験しているにすぎないのだ。

▷1 『幻影の時代』の目次は以下のようなものである。
序章　とほうもない期待
1章　ニュースの取材からニュースの製造へ——擬似イベントの氾濫
2章　英雄から有名人へ——人間的擬似イベントの氾濫
3章　旅行者から観光客へ——失われた旅行術
4章　形から影へ——形式の分解
5章　理想からイメジへ——自己実現の予言を求めて
6章　アメリカの夢からアメリカの幻影へ？——威信のもつ自己欺瞞的魔術

❸ ブーアスティン批判とその誤解

こうした氏の観光論は以後の観光研究において必ず引用されるものとなった。しかもそれらが，氏による現代観光の否定的な描き方への批判・改訂という形でおこったことは興味深い。そのなかには，まず観光客の主観的視点から観光現象により迫るべきだと考えたマキャーネルや，観光客のより詳細な分類を試みたコーエンらがいる。

❹ ブーアスティンの社会論

しかしながら，なぜここまで擬似イベントを批判したのか，その背後にどのような社会変動があるのかについて『幻影の時代』は語ってくれない。そのヒントを得るためには数多い彼の著作をみることが必要となろう。例えば『アメリカ人』(下)のなかでは「時間と場所の均一化」というテーマを掲げ議論を展開し，それは技術が場所やものを人間世界の下におくことを可能にした帰結だという。例えば，カメラ（写真）・録音機などの発明・普及が，本来流れをもった歴史時間を断片化し，「瞬間（現在という時間のこと：引用者）を大量生産した」のである。また別の著作では「情報の商人たちが，……情報をきりもなく私たちに浴びせてくる……」という表現がみえ，情報や技術が時間・空間感覚を変容させた過程に注目していることが伺われる。

❺ 歴史家ブーアスティン

ある著作で，氏は20世紀になって発展を始めた社会科学に歴史家として批判的な言辞を記している。曰く「法則」を発見しようとする社会科学は規範的，定量的，専門分化的になってしまうという。こうした傾向に対して歴史家の仕事はどうだろうか。氏はいっこうに古びない古典古代についての歴史著述をひきながら「一言でいえば，歴史家はつねにわれわれのことを書いているのである。それは社会科学の『法則』を推測しているからではない。そうではなくて，人びとのために人びとのことを書くからであり，人間ほど興味にあふれ不可解なものはないのである」と述べる。氏にとって歴史家の使命とは「人間と場所と事件の独自性を発見することである」。

氏自身はこうした立場を歴史家ならではの姿勢と考えた。これが『幻影の時代』における擬似イベントへの批判的なニュアンスとなって表れているといえるだろう。しかし，この揺らがぬ立脚点からこそ，観光社会学の古典ともいえる社会科学的知見が生み出されたことに私たちは目を向けたい。ブーアスティンが憂えたような情報化の進展やリアリティ感覚の変容が進む現在，観光社会学はこうした揺るがぬ分析の地点をどこに求めるのか。ブーアスティンの学問がなお多くの示唆を与えてくれるに違いない。

（寺岡伸悟）

▷2 なお，高岡文章はこうしたブーアスティンへの批判を再検証し，それらが自説を展開するためにブーアスティンの議論を一面化して捉えるきらいがあったことを指摘している。高岡文章，2001，「観光研究におけるD. ブーアスティンの再定式化――『本物の』観光をめぐって」『慶應義塾大学大学院社会学研究科紀要』53：pp. 69-78．

▷3 ブーアスティン，D. J.，木原武一訳，1976，『アメリカ人(下)――大量消費社会の生活と文化』河出書房新社，第五部。

▷4 ブーアスティン，D. J.，後藤和彦訳，1980，『過剰化社会――豊かさへの不満』東京創元社，p. 24．

▷5 ブーアスティン，D. J.，高橋健次訳，1991，『アメリカ人が知らなかった「アメリカ」』集英社，p. 37．

参考文献

ブーアスティン，D. J.，橋本富郎訳，1990，『現代アメリカ社会――コミュニティの経験』世界思想社
ブーアスティン，D. J.，星野郁美・後藤和彦訳，1974，『幻影の時代――マスコミが製造する事実』東京創元社。

XI 研究者紹介

2 ヴァーレン・スミス

1 履歴

ヴァーレン・L・スミス女史（1926-）は，現在，カリフォルニア州立大学チコ校の名誉教授である。◁1 1946年に地理学で学士号（UCLA），1950年に同じく地理学で修士号（UCLA）を修めたのち，1966年，文化人類学で博士号（ユタ大学）を取得する。

教職としては，ロサンゼルス・シティ・カレッジ（1947-1967年）やカリフォルニア州立大学チコ校（1967-1998年）で教鞭を取ってきた。現在もコグニザント・コミュニケーション社発行の『ツーリズム・ダイナミックス』シリーズの編集に携わっている。

2 著作

彼女の著作のうち，人類学と観光の接点を探る上で重要なものは，『観光・リゾート開発の人類学』◁2 と『新たな観光のあり方』◁3 である。

『観光・リゾート開発の人類学』の序論冒頭，彼女は観光を次のように定義する。「観光＝余暇活動＋可処分所得＋地域に根づいた道徳観」。経済が成長を遂げ，夫婦が共働きすることによって，たしかに家計と時間に余裕はできる。だがそれだけで観光は完結しない。どこへ，誰と，どれくらいの期間，どのような形態で赴くのかが重要なのである。つまり「道徳観」とは，観光を「商品」として捉えたときにいったい何を消費するのか，その動機づけのことだと理解できる。だがこの書の特色は，観光を一方的な消費活動としてのみ把握するのではなく，ホストとゲストの相互作用として複眼的に捉えた点にある。例えば観光と一口にいっても，一度に何百人もが押し寄せるマス・ツーリズムと，「秘境」を求めて奥地へと邁進するバックパッカーでは，その意味合いはまったく異なる。彼女は，大量の観光客（彼らの多くは自社会における快適さをそのままゲスト社会に期待する）が，小さな国の小さな観光地にやってきたときのインパクトを示唆する。観光客の持ちこむモノやカネや情報は，必ずしも現地の文化によい影響だけを与えるとは限らない（この点は同書の北米エスキモーの事例研究で，反対の傾向も含め，詳細に論じられている）。また地域によっては，固有の伝統文化を商品化する際，それは希釈された「ショー」になり，ステレオタイプ化された「みやげ物」になってしまう。だがそうした負のインパクトも重々承

▷1 経歴の詳細は彼女のホームページを参照（http://www.valenesmith.com/）。

▷2 スミス，バレーンL.，三村浩史監訳，1991，『観光・リゾート開発の人類学——ホスト＆ゲスト論でみる地域文化の対応』勁草書房。原著は Smith, Valene L. ed., 1977, *Hosts and Guests: The Anthropology of Tourism*, University of Pennsylvania Press. なお，日本語版は原著第2版（1989年）の翻訳。

▷3 スミス，バレーンL.，エディントン，ウィリアムR.，安村克己監訳，1996，『新たな観光のあり方——観光の発展の将来性と問題点』青山社。原著は Smith, Valene L. and Eadington, William R. eds., 1992, *Tourism Alternatives: Potentials and Problems in the Development of Tourism*, University of Pennsylvania Press.

知したうえで，それでも観光は悪であると容易に結論づけないところに，彼女の論の面白さがある。そしてそこにこそ，文化はそれほどやわなものではないという，彼女の人類学者としての確信があるのかもしれない。

『新たな観光のあり方』は，前著から15年後の1992年に上梓された。その間，観光をめぐる動向には大きな変化があり，国際経済における観光の重要性も以前とは比べ物にならないくらいに増大した。だがその反面，マス・ツーリズムによる弊害が喧伝されるようにもなっていた。観光による文化交流，経済発展，伝統保持という点を残しながら，何とか持続可能な観光の方向性を模索できないだろうか。そこで彼女が提起した概念が「オールタナティヴ・ツーリズム（新たな観光のあり方）」である。彼女がこの語を使用した当時，まだその含意するところは不明瞭で，ただ「マス・ツーリズムではないもの」という意味を漠然ともっているにすぎなかった。しかし現在では，自然環境，歴史的遺物，動植物，伝統文化の持続可能性をめざした観光という含意が明確になってきているし，また実際の観光あり方もそのようにシフトしている。そう考えると，1990年代初めからすでに大衆観光のインパクトを重要視し，現地社会に将来起こりうる問題を警告し，そしてあるべき観光の姿を提起した彼女らの慧眼は特筆に値する。

▷4 II-4 参照。

3 文化人類学と観光

このように彼女の目は常に現地社会におけるホストとゲストの力関係に向けられており，それは彼女が人類学者ゆえにもてる視点でもある。しかし，1970年代まで文化人類学と観光の関係は必ずしも親密なものではなかった。人類学者は，現地社会で伝統的なものを観察しようとするあまり，近代的なものや西洋的なものを研究対象から排除する傾向があったからだ。ゆえに現地社会に流入する観光客や，彼らが持ち込むカネ・モノ・情報は，民族誌に書かれてはいけないものだったのである。しかし文化とは，何も永久不変の伝統だけを指すのではなく，日々刻々と変化する柔軟なものだと捉えなおしたとき，観光という現象はいわば文化の活性剤と考えられるようになり，人類学にとって非常に興味深いテーマとして前景化することになった。

こうした反省も踏まえ，1974年，メキシコシティで開催されたアメリカ人類学会で観光をテーマとした大規模な国際シンポジウムがはじめて開催された。このシンポジウムの成果として編まれたのが，先にも言及した『観光・リゾート開発の人類学』なのである。このように人類学にとって観光は，比較的新しいテーマであるが，それまでむしろ「水と油」であった両者の関係を架橋したスミス女史の功績は非常に大きいといえるだろう。

（福井栄二郎）

参考文献
山下晋司編，2007，『観光文化学』新曜社。
橋本和也，1999，『観光人類学の戦略——文化の売り方・売られ方』世界思想社。
橋本和也・佐藤幸男編，2003，『観光開発と文化——南からの問いかけ』世界思想社。

第4部　事例を読み解く

XI　研究者紹介

3　ディーン・マキャーネル

1　プロフィール

　ディーン・マキャーネル（Dean MacCannell）は1940年，アメリカのワシントン州，オリンピアに生まれ，コーネル大学において農村社会学の研究で博士号を取得し，カリフォルニア大学デービス校で長らく教鞭をとった（同大学名誉教授）人物である。全米記号学会理事を歴任し，著書には *The Tourist: A New Theory of the Leisure Class*（1976）◁1や，*Empty Meeting Grounds*（1992）がある。現在は一線を退いたが，世界各地で講演を続けている。ここでは，人文社会科学の視点から観光研究の基礎を築いたとされる *The Tourist* の内容を紹介しよう。

2　近代社会とツーリスト

　マキャーネルは *The Tourist* において，観光は，複雑で不透明な近代の社会に対して，外側から全体像を見渡し，垣間見る方法なのだと主張する。近代社会は高度に細分化しているため，その様相は断片的でまとまりに欠けている。そのうえ，疎外，浪費，暴力，浅薄，不安定，非真正などの特徴も明らかである。人々の生活や意識をはるかに越えて発展・拡大してしまった近代社会のなかで，個人は，いま自分が生きる目の前の状況がリアルなものだという確証をもてなくなっていく。こうした日常生活のなかで多くの人々は，「ここではないどこか」にリアリティや真正なものがある（のではないか）と考えて，それを求めて探し歩き，覗き込もうとする。例えば，それは他の時代やよその文化であったり，もっと純粋でシンプルなライフスタイルであったりする。かくして近代の人々はツーリストとなるのだ。したがって，ツーリストとは単に観光する個人ではなく，近代という時代に生み出された，歴史的・社会的な存在なのである。

3　演出された真正性（オーセンティシティ）◁2

　観光で追求される真正性は，どのような社会構造によって生み出されているのだろうか。マキャーネルはE.ゴフマンの概念を援用し，ツーリストは観光の「表舞台（表局域：front）」ではなく「舞台裏（裏局域：back）」を求めているという。◁3つまり，ツーリストは，観光向けにつくられた場所や文化（表舞台）ではなく，現地の人々だけが知る本物の暮らし（舞台裏）を覗いてみたいのだと主張する。しかしツーリストの経験がはたして本物かどうかは，結局のとこ

▷1　*The Tourist* の目次は以下の通り。
1　近代性と観光経験の生産
2　観光と社会構造
3　パリの事例：疎外された余暇の起源
4　その他のアトラクション
5　演出された真正性
6　アクラクションの記号論
7　ツーリストのエスノメソドロジー
8　本物の，および偽物の構造
9　理論，方法および応用について
なお翻訳は安村克己他訳にて学文社より近刊予定。

▷2　V-6 参照。

▷3　正確には，単純な表舞台から完全な舞台裏までの6段階に分け，重層的で複雑な構造として把握している。

198

ろ確かめられはしない。真正な生活や文化だと思っていたものは，往々にして巧妙に演出された「舞台裏」である。このように，近代人であるツーリストが求める「リアリティ」は，観光のために設えられた「表舞台」の背後にある，生き生きとした人間関係に裏付けられた内密のリアルな「舞台裏」とそこでの神秘化された真正性の存在を想定することによって得られるのである。

4 アトラクションの生成

マキャーネルは，脱工業化段階にある近代社会は，それ自体がひとつのアトラクションになっており，産業や歴史や自然など，すべてが観光のアトラクションになる可能性があることを指摘した。彼はアトラクションを記号として捉え，その構造を分析した。アトラクションは，ツーリスト，見どころ（sight），マーカー（marker）の三者間に生じた経験的な関係によって成り立つ概念であるが，なかでも最も重要なのはマーカーである。マーカーとは，見どころに関する情報で，そこには旅行誌，博物館ガイド，訪問者の話，芸術史のテクストや講義，論文などが含まれる。マーカーがなければツーリストは見どころを認識できないし，見どころも観光対象となりえない。この構造において，見どころ自体がマーカーをつくりだすわけではない。必見の価値があると知らされ，それが社会的に伝播することで，見どころはつくられるのだ。また，ツーリストは実際の観光において，みやげをもち帰り，経験を語り，見どころを再びマークすることで，社会的なリアリティの生産に寄与する。したがって肝心なのは，社会とツーリストが見どころをマークするという過程なのである。

5 *The Tourist* の観光社会学における位置

The Tourist が，現在では一般的ともいえる分析視点を1970年代に提示していたことは特筆されてよいだろう。マキャーネルのいう真正性は，それが実在することを意味していない。彼は，ツーリストが求める「リアリティ」の存否は，表舞台と舞台裏という構造における真正性の演出効果に依拠していることを示したのだ。また，アトラクションはアプリオリに存在するのではなく，ツーリスト・サイト・マーカーの関係性のなかに社会的に構築されていくものであることを明らかにした。このように *The Tourist* では，単純な「現実」実在論や観光対象についての本質論が克服されている。しかし，*The Tourist* の最大の特徴は，観光現象を近代社会と密接に連関するものと捉え，その構造を把握しようと試みた点であろう。現代社会では日常の生活や産業の領域にもいよいよ観光が浸透し，我々の行動や意識に作用している。彼の議論は，すでに現在の「観光化する社会」という状況を見通した先駆的なものであったといえる。また，マキャーネルが真正性だけでなく商品化やポストモダニズムといった観光社会学の基本的なテーマを提示したことも見落とせない。　　　　（堀野正人）

▷4　須藤廣, 2010,「再帰的社会における観光文化と観光の社会学的理論」遠藤英樹・堀野正人編著『観光社会学のアクチュアリティ』晃洋書房, pp. 3-21.

▷5　V-15 参照。

▷6　それらは後に，コーエン，アーリらによって展開をみる。XI-4　XI-5 参照。

第4部　事例を読み解く

XI　研究者紹介

4　エリク・コーエン

1　エリク・コーエンの略歴

　エリク・コーエン（Erik Cohen）は1932年生まれで，ヘブライ大学で博士号（Ph. D）を取得し，現在，ヘブライ大学エルサレム校（Hebrew University of Jerusalem）の社会学・社会人類学部（Department of Sociology and Social Anthropology）における名誉教授（Professor Emeritus）に就いている。彼はディーン・マキャーネルやジョン・アーリらと並んで非常に早くから社会学分野において観光研究に着手し，観光社会学において基本となる数多くの非常に重要な業績を世に送り出している。その主なものとして，以下3つの研究をみてみよう。

2　観光者や観光経験の類型（タイプ）をめぐる研究

　観光者の類型（タイプ）を提示するうえで，コーエンは，「目新しさ（strangeness）—なじみ深さ（familiarity）」という軸を設定する。自分たちがまだ見たことも経験したこともない「目新しさ（strangeness）」を求めて旅する観光者から，自分たちがリラックスして楽しめる「なじみ深さ（familiarity）」を求めて旅する観光者になるにしたがって，①放浪者（drifter）→②探検者（explorer）→③個人参加型ツーリスト（individual mass tourist）→④団体参加型ツーリスト（organized mass tourist）へと移っていくのだという。▷1

　観光経験については，観光者の行う旅が，彼らの価値観・生き方の核心部分にどれくらい深くふれるものかによって5つの類型（タイプ）に分類している。それは，①気晴らしモード（diversionary mode），②レクリエーション・モード（recreation mode），③経験モード（experiential mode），④体験モード（experimental mode），⑤実存モード（existential mode）である。①気晴らしモード，②レクリエーション・モードは，観光客自身の生き方や価値観の根幹にふれる部分から遠い観光経験として位置づけられ，③経験モード，④体験モード，⑤実存モードは観光客自身の価値観・生き方の核心部分に大きくふれる観光経験として位置づけられている。▷2

3　観光における真正性（オーセンティシティ）の研究

　ディーン・マキャーネルによると，観光客は「真正性（オーセンティシティ）」を求めて旅をするのだとされる。マキャーネルはこのことを社会学者アーヴィ

▷1　I-2 も参照。Cohen, E., 1972, "Towards a Sociology of International Tourism," *Social Research*, 39 (1)：pp. 164-189；安村克己, 2001, 『社会学で読み解く観光——新時代をつくる社会現象』学文社, pp. 44-45。

▷2　V-1 も参照。コーエン, E., 遠藤英樹訳, 1998,「観光経験の現象学」『奈良県立商科大学研究季報』9 (1)：pp. 39-58。

▷3　XI-3 参照。

ング・ゴフマンの用語をかりて，観光客が「表舞台（表局域：front region）」ではなく「舞台裏（裏局域：back region）」を求めているのだと表現する。ただしマキャーネルが提示する「真正性（オーセンティシティ）」の考え方は観光客の経験に焦点を当てようとするもので，観光客はメディアにしかけられた偽りの経験をするだけなのか，それともうそ偽りのない本物の経験をしているのか，どちらにしても観光客の経験に焦点を当てていることには変わりはない。これに対してコーエンは，観光客だけでなく，観光客―地域住民，観光客―観光産業といった，ゲスト―ホスト間の相互作用に焦点を当てながら「真正性（オーセンティシティ）」を考えようとする。ある観光地で暮らす民族が自分たちの村落だけでずっと用いていた装飾品を，観光客の来訪を意識して"みやげ品"としてつくり換えるとき，装飾品には観光客と地域住民の間で新たな価値が付与されることになる。それは決して偽りのものではなく，どこかで「真正性（オーセンティシティ）」を帯びたものである。コーエンは，こうした「真正性（オーセンティシティ）」を「創発的真正性（エマージェント・オーセンティシティ：emergent authenticity）」と呼ぶのである。

④ 観光社会学の全体像を俯瞰する研究

これまでコーエンは，観光社会学をひとつの学問体系として確立させようと努力してきた。そのため彼には，観光社会学の全体像を俯瞰し，概念的に整理する業績が数多く存在している。そのなかに例えば「観光の社会学――そのアプローチ，問題群，知見」という論文があるが，その内容について概略してみよう。この論文においてコーエンはまず，観光を8つに分類する。それは，①商業化されたホスピタリティ産業としての観光，②誰でもがそれほど苦労することなく気楽に行けるようになった民主的な旅としての観光，③近代社会のレジャーとしての観光，④自分たちにとって大切な価値観・生き方を求めてさまよう巡礼の現代版としての観光，⑤文化の表現形態としての観光，⑥観光地の文化的変容のプロセスを生じさせるものとしての観光，⑦民族間の関係を表現するものとしての観光，⑧先進国と周辺国の関係を表すものとしての観光，である。これら8つの観光を分析する研究領域を，①観光客，②観光客と地域住民の関係，③観光というシステム，④観光が社会にもたらす影響の4つに設定し，この枠組みを用いてブーアスティン，マキャーネルをはじめとする既存の観光社会学の業績を整理していく。

これ以外にも，コーエンには，観光における文化の商品化をめぐる論考もある。人々の移動や観光が重要視されつつある現代社会において，彼の考察は社会学全体に寄与するところが少なくないだろう。

（遠藤英樹）

▷4 V-4 V-6 も参照。

▷5 I-2 も参照。安村克己，2001，『社会学で読み解く観光――新時代をつくる社会現象』学文社，pp. 76-77．

▷6 コーエンは，マキャーネルのように人々の耳目をひきつけるようなエキセントリックさに富んでいるわけではない。そのためもあってか，マキャーネル，アーリといった研究者と比べると，業績の重要性のわりに十分に注目されていない。だが論理的な筋道をしっかりとふまえつつ議論を展開し，それにより観光社会学を体系づけていこうとする志向性をもつコーエンは，翻訳などもふくめ，もっと積極的に紹介されていくべき研究者である。

▷7 Cohen, E., 1984, "The Sociology of Tourism: Approaches, issues, and findings," *Annual Review of Anthropology*, 10 : pp. 373-392.

XI 研究者紹介

5 ジョン・アーリ

1 略歴

1946年ロンドン生まれの社会学者。ケンブリッジ大学で経済学を専攻し，その後，1972年に同大学大学院で社会学の博士号を取得する。1970年からランカスター大学で講師，准教授，教授を歴任し，2011年現在は特別教授（Distinguished Professor）を務めている。

2 主要なアイディアと著書

アーリの研究上の関心は，主として以下の5つにまとめることができる。◁1

① 都市・地域調査における，社会と空間の関係性や，地域経済政策の発展可能性についての探究。
② 西洋の資本主義社会における経済や社会の変容に関する探究。
③ 現代の西洋社会において特に重要となっている消費サービス業や観光関連産業についての探究。
④ 現代社会における移動の性質の変化についての探究。
⑤ 社会科学における複雑性理論についての探究。

彼の観光社会学的研究は，これらのうちの主に③に関連して展開されており，その内容は②をはじめとする他の関心とも結びついている。最も有名なものは，観光客のまなざしに関する研究である。これは，『観光のまなざし――現代社会におけるレジャーと旅行』（加太宏邦訳，法政大学出版局，1995）と題して邦訳され，日本における観光社会学，さらには観光学全体で，頻繁に参照される書籍となった。◁3

また，1995年にRoutledgeから刊行された*Consuming Places*でも，後半部で観光現象を取り上げているが，そこには④の移動に注目した研究も収録されている。2000年Routledge刊行の*Sociology beyond Societies: Mobilities for the Twenty-First Century*でも，「旅行」に焦点をあてて移動が検討されており，④の問題が彼の近年の観光研究で注目されていることがわかる。

▷1 この5つの区分は，アーリについてのランカスター大学の紹介ページにおける記述を参考にした（http://www.lancs.ac.uk/fass/sociology/profiles/John-Urry/）。

▷2 Urry, John, 1990, *The Tourist Gaze: Leisure and Travel in Contemporary Societies*, Sage Publications Ltd. V-5参照。

▷3 アーリの観光客のまなざしに関する議論に注目した書籍として，遠藤英樹・堀野正人編著，2004，『「観光のまなざし」の転回――越境する観光学』春風社。

▷4 アーリ, J., 吉原直樹・大澤善信訳，2003，『場所を消費する』法政大学出版局。

▷5 アーリ, J., 吉原直樹監訳，2006，『社会を越える社会学――移動・環境・シチズンシップ』法政大学出版局。

3 アーリの観光研究の視座とその展開

「観光客のまなざし」に関しては、Ⅴ-5 において解説するので、ここではアーリによる観光についてのその後の議論を、彼の理論的関心と関連づけながら素描することにしたい。

アーリは、先に指摘したように、1995年に刊行された *Consuming Places*（『場所を消費する』）においても観光に関する検討を行っている。同書は「場所の消費における時間と空間」に関する章ではじまるが、そこでは主として1980年代以降に人文社会科学で注目を集めた「空間論的転回」と呼ばれる研究動向がまとめられている。アーリは1990年代に入ってから、地理学を中心とする諸分野で活発化した「空間」に焦点をあてた議論に大きな関心をもつようになり、そのなかで観光と場所の関係性に注目するようになっていたのである。

同書における観光についての検討は、主として第Ⅲ部「消費、場所、アイデンティティ」と第Ⅳ部「自然の消費」でなされている。そこに収録されている文章は1990年から94年の間に発表された論考であり、すべて1990年に発表された *The Tourist Gaze* 以後の観光研究である。具体的な内容を見ると、1990年初出の第Ⅲ部の第8章「ツーリズムの消費」は、場所についての言及はあるものの、基本的には消費の問題に注目した観光客のまなざし論であり、*The Tourist Gaze* に所収されていてもおかしくない内容である。しかしながら、1991年以降に発表された第9章から第14章では、空間論的な視座が盛んに援用され、場所についてもより理論的に言及されるようになる。また、1991年初出の第9章「ツーリズム、旅行、近代的主体」では、いくつかの時間—空間論を背景としながら、移動の問題に注目して観光と近代的主体の関係が問われている。空間論的な視座を経由するなかで、場所と同時に移動の問題が彼の観光研究において重要な論点になってきたのである。

アーリはこの移動について、2000年刊行の *Sociology beyond Societies: Mobilities for the Twenty-First Century*（『社会を越える社会学——移動・環境・シチズンシップ』）で、観光を含むさまざまな移動現象に注目して考察している。そして特に観光と移動については、ミミ・シェラーとジョン・アーリが編集して2004年に Routledge から発行された、*Tourism Mobilities: places to play, places in play* において、場所の問題にも注目しつつ議論されている。なお、ジョン・アーリがマイク・フェザーストンとナイジェル・スリフトとの共編で2005年に Sage Publications Ltd から刊行した *Automobilities* が、『自動車と移動の社会学——オートモビリティーズ』（近森高明訳、法政大学出版局、2010）として邦訳されている。「移動論的転回」と呼ばれるこうした研究動向について理解するために、併せて参照すると良いであろう。

（神田孝治）

▷6 空間論的転回については、Ⅶ-3 において簡単に説明しているので参照されたい。

▷7 第Ⅲ部は第8章「ツーリズムの消費」、第9章「ツーリズム、旅行、近代的主体」、第10章「地域文化の再解釈」、第11章「ツーリズム、ヨーロッパ、アイデンティティ」で、第Ⅳ部は第12章「観光のまなざしと環境」、第13章「湖水地方の形成」、第14章「社会的アイデンティティ、レジャー、田園」で構成されている。

第4部　事例を読み解く

XI　研究者紹介

6 エドワード・ブルーナー

1 エドワード・ブルーナーの略歴

　エドワード・ブルーナーは，1948年にオハイオ州立大学で学士号（B. A.）を，1950年に修士号（M. A.）を，1954年にシカゴ大学で博士号（Ph. D.）を取得した。1954年から6年間，イエール大学で人類学の助教授（Assistant Professor）を務めた後，1961年にはイリノイ大学アーバナ・シャンペーン校で人類学の准教授（Associate Professor），1966年には教授（Professor）のポストに就いた。その後もイリノイ大学文化人類学部名誉教授（Professor Emeritus at the Department of Anthropology in University of Illinois at Urbana-Champaign）として精力的な研究活動を続け，人類学の領域において非常に重要な数多くの業績を生み出している。

2 ポストモダン人類学へ

　エドワード・ブルーナーにとって，文化とは変化しない静態的なものではなく，動態的でダイナミックに生成変化するものである。彼が注目するのは，常に変化し，生成し続けている文化のありようである。ブルーナーは，そうした文化のありようを具体的なフィールドにおけるエスノグラフィー（民族誌）によってあぶりだそうとしてきた。
　ブルーナーが1984年に編集した『テクスト，プレイ，ストーリー（*Text, Play and Story*）』[1]や，ヴィクター・ターナーとともに1986年に共同で編集した『経験の人類学（*The Anthropology of Experience*）』[2]等をみると，彼が従来の人類学の枠組みを打ち破り，生成変化するものとして文化を捉える，解釈的，構築主義的，反省的な人類学を確立しようとしたことがよくわかる。このようにして彼が目的としていたのは，文化の存在そのものまでも否定してしまうような極端な形での人類学批判を回避しながら，新しいポストモダン人類学を展開することであった。[3]

3 『観光と文化——旅の民族誌』

　生成変化するもの，せめぎあい構築されるものとして文化を捉えようとする時，観光は避けて通ることのできない問題である。そのため彼は，観光と文化の関わりをこれまで一貫して追求し続けてきた。ブルーナーは，次のように述べる。「観光は，1980年代はじめ頃に西欧の社会科学や人文諸科学に生じた新

▷1　Bruner, E., 1984, *Text, Play and Story : The Construction and Reconstruction of Self and Society*, American Ethnological Society. (reissued, 1988, Chicago : Waveland Press.)

▷2　Bruner, E. and V. W. Turner, 1986, *The Anthropology of Experience*, University of Illinois.

▷3　ブルーナーがポストモダン人類学を展開しようとするにいたったのは，「文化人類学において"文化"を記述するとは一体どういうことなのか」を考察した，ジェイムズ・クリフォードらによる人類学の自己批判のながれと密接に関係している。ジェイムズ・クリフォードらによる議論については，以下の文献を参照してもらいたい。クリフォード，J.・マーカス，G. 編，春日直樹他訳，1996，『文化を書く』紀伊国屋書店。

たなポストモダンの流れを典型的にあらわしている。文化は，もはや完結した均質的な実体としては考えられない。……観光にあっては，限られた時間ではあるが様ざまな人びとが同じ場所で出会う。そこでは異なる利害関心，期待，他者理解のもとに，様ざまな人びとが邂逅する。かつて民族誌家による分析対象であった"共有された文化"など，観光にはない◁4」。

2005年にブルーナーは，観光という視点から文化の流動性に迫ろうとしてきた自らの研究成果を一冊の本にまとめた。それが，『観光と文化（Culture on Tour）』である。本書はその意味で，観光学者のみならず，人類学者，社会学者など文化を考察しようとするすべての研究者にとって非常に重要な研究である。本書にあっては，民族誌的な「実証的思考」と抽象的な「理論的思考」がみごとに融合し結晶化している。こうしたことは観光研究にかぎらず，社会科学の目指すべき一つの形である。その点でも，本書は私たちに様ざまなことを教えてくれるものだといえよう。

本書は次の9章から構成されている◁5。

1章　芝生の上のマーサイ
2章　マーサイとライオン・キング
3章　奴隷制と黒人ディアスポラの帰還
4章　せめぎ合う場所としてのリンカーンのニュー・セイラム
5章　オーセンティックな複製としてのエイブラハム・リンカーン
6章　対話的な物語とマサダの逆説
7章　バリという境界域
8章　タマン・ミニ
9章　再統合——スマトラ再訪，1957年と1997年

ブルーナーは，リアルかつ真正なオリジナルというものがあるという考え方を排除しており，観光のパフォーマンスがそのコピー，複製に過ぎないという見解をしりぞけている。彼は，文化が常に多様な社会的な立場の絡まり合いやせめぎ合いにおいて構築されてくるものであると考えている。ブルーナーにとって，観光はそうした文化のありようを端的に示してくれるものなのである。

（遠藤英樹）

図XI-6-1　エドワード・ブルーナー
出所：筆者撮影

▷4　ブルーナー，E., 安村克己・遠藤英樹・堀野正人・寺岡伸悟・高岡文章・鈴木涼太郎訳, 2007,『観光と文化——旅の民族誌』学文社, pp. 2-3.

▷5　XI-14 も参照。

第4部　事例を読み解く

XI　研究者紹介

7 バーバラ・キルシェンブラット-ギンブレット

バーバラ・キルシェンブラット-ギンブレットの専攻は民俗学，パフォーマンス研究，ユダヤ研究，ミュージアム研究。ニューヨーク大学芸術学部大学院パフォーマンス研究科教授。2011年にワルシャワに開館する「ポーランドのユダヤ人歴史博物館」の基幹展示開発チームを率いる。

1　つくられる観光の対象

「実世界という印象をつくり出すのが観光産業だ」，と構築主義の立場からキルシェンブラット-ギンブレットは主張する。バスの扉が開き，大勢のツーリストが他者の生活世界に吐き出される。ツーリストを迎える空間は，テーマパーク，ミュージアムやレストラン，みやげ物店などのアトラクションによって付加価値を与えられている。観光は「ロケーション（実在する場所）」を「デスティネーション（目的地）」に変えるパフォーマンスだといえる。行政や企業主体の大掛かりな取り組みはもちろんだが，例えば「これがパリの蚤の市です」「○○市のスラム街です」というツアーガイドの説明も，真正性という効果を生む十分なパフォーマンスになる。キルシェンブラット-ギンブレットによれば，ツーリストがもつ，私はいま，あの有名な場所に立っている，という感覚は，「ディスプレイ（見せること）の作用」により構築される。

2　ミュージアムと観光

キルシェンブラット-ギンブレットは，ミュージアムを観光の縮図と考えている。ミュージアムは多くの場合「順路」が設定されていて，入館者は歴史的，美術的に重要だとされる作品を，効率よく短時間で見てまわることができる。観光のデスティネーションは必ずしも地理的に隣接している訳ではないのが，パッケージ・ツアーなどは，史跡，景観，ショッピングなどをコンパクトに結んだ旅程で，短時間でヴァラエティ豊かな体験が出来るように仕込まれている。普段はなかなか目にはできない農作業風景や工芸品の製作過程も小奇麗に整備された観光村で公開され，生産者からは直に特産品の購入ができる。年に一度しかないはずのお祭りの踊りがショー・アップされてツーリストに披露されたりすることは，観光のミュージアム的な構造として捉えることができる。観光は，グローバリゼーションに特有な**時間・空間の圧縮**を演出として使うことによって，実世界をミュージアム化しているというのである。

▷1　V-14 参照。

▷2　V-8 参照。

▷3　IX-2 参照。

▷4　Kirshenblatt-Gimblett, Barbara, 1998, *Destination Culture: Tourism, Museums, and Heritage*, University of California Press.

▷5　VIII-2 参照。

▷6　時間・空間の圧縮
社会・地理学者デヴィッド・ハーヴェイの提唱する概念。『ポストモダニティの条件』（吉原直樹監訳，青木書店，1999）を参照。

❸ 文化遺産について

　キルシェンブラット-ギンブレットは文化遺産もまた「つくられたもの」であり、「過去に繋がりをもつ、現代における文化的生産の様式」であると考えている。遺産とは時代の変遷により使われなくなった施設の再評価、再使用であるが、例として産業構造の転換によって閉鎖された工場や鉱山の保存を考えるとわかりやすい。同じように、ニューヨークのエリス島も、入国管理施設として使われていた建物が、現在では移民の歴史を振り返る文化遺産になっている。
　ではユネスコの世界遺産はどうか。全人類の平和と繁栄のための共通の遺産という考えは、背景を異にする文化的な実践を等しく善として認める、文化多様性の思想に基づく。しかし、ある文化に固有の価値観が別の文化的価値観と対立し、遺産の選定が政治的闘争の場へと展開することもある。キルシェンブラット-ギンブレットは、日本の靖国神社や、**南部連合**の旗を州の議事堂に掲げていたアメリカ合衆国サウス・キャロライナ州などの例を挙げ、文化多様性の根拠となるべき普遍的人権が、一部の集団による独自の文化的権利の主張と衝突する危険性を指摘する。しかし、世界遺産の発想は、個々の文化、民族、国家の枠組みを超えた、メタ文化的で、グローバルな市民社会による批判や議論の場としての公共圏を成立させる可能性をもつと彼女は考えている。

❹ ポーランドのユダヤ人歴史博物館

　ナチの絶滅収容所が置かれたポーランドは、多くのユダヤ人たちにとって旅の目的地とされる。毎年ヨム・ハショア（ホローコースト記念日）には、アウシュビッツに若者たちが集合し、「**生者の行進**」に参加する。1000年の伝統を誇る活気あるユダヤ人文化は、ナチのポーランド侵攻により消えてしまったのではなく、現在も続く歴史の一部だと、キルシェンブラット-ギンブレットは考えている。しかしユダヤ人にとっても、またヒトラーの被害者であったと同時にユダヤ人迫害では共犯者にもなったポーランド人にとっても、ポーランドのユダヤ人の歴史を展示・表象することは、さまざまな意見の対立を含む難問である。
　自らユダヤ人であり、歴史博物館の建設に参画するキルシェンブラット-ギンブレットは、ユダヤ人の歴史を、ホローコーストとイスラエル建国に収斂する、目的論的な単一の物語として描くことに、反対の立場を取る。ポーランドを訪れるユダヤ人たち、地元のポーランド人たち、そして世界の他の地域からのツーリストたちを対象に公開されるミュージアムを「信頼の場」にしたい、と彼女はいう。「信頼の場」とは、偏りを避け、マクロ視点から歴史が物語られるだけでなく、ミクロ視点から、さまざまな時代を生きたさまざまな人々の声が、多声的に反響する空間であり、入館者を省察的な思弁と対話に誘う場所である。この博物館の将来を楽しみに見守りたい。

（高橋雄一郎）

▷7　X-13 参照。

▷8　IX-13 参照。

▷9　南部連合
南北戦争（1861-1865）の時、奴隷制の存続を主張して合衆国を脱退した南部11州の連合（南軍）のこと。南部の白人保守派の間では根強い人気を保つ。人種差別の象徴ともいえる連合旗を公共の場所に掲揚することは「あなたにとっての遺産は私たちにとっては奴隷制（Your heritage is my slavery）」のスローガンの下、アフリカ系市民たちから強い抗議を受けている。

▷10　生者の行進
ユダヤ人絶滅政策を掲げたナチス・ドイツ政権により虐殺された約600万の人たちを追悼し、自分たちの民族的アイデンティティを確認するために、高校生を中心とするユダヤ人が世界中からポーランドに集い、絶滅収容所跡などをめぐったのち、アウシュビッツからビルケナウまで3kmの道のりを歩く。参加者は年々増えており、その多くが「生者の行進」の後、イスラエルを訪問する。

人名さくいん

あ
アーリ, J. 8, 21, 41, 57, 60, 83, 117, 119, 148, 177, 202
会津八一 175
青木栄一 161
青木辰司 38
アダムス, K. 102
アドルノ, T. 137
石坂直行 98
イリイチ, I. 109
入江泰吉 175
イングルハート, R. 104
ヴァン・デン・バーグ, P. 187
ヴェーバー, M. 5, 19
宇田正 160
ウッド, R. E. 103
エーコ, U. 77
遠藤英樹 174

か
カイヨワ, R. 72, 105, 137
ギデンズ, A. 80
クック, T. 4, 21, 123, 140, 144, 152
クラング, M. 66
グリュックスマン, R. 120
グレイバーン, N. 114
コーエン, E. 8, 12, 47, 52, 200
コーエン, J. 35
コールマン, S. 66
小林恭二 137
ゴフマン, E. 62, 200
コント, A. 4

さ
サイード, E. 118
サン・ヴィトレス神父 184
サン・ジェナロ 188
ジェイムソン, F. 106
シェクナー, R. 66
志賀直哉 175
ジャファリ, J. 18
須田寛 41

す
スペンサー, H. 4
スミス, V. L. 8, 12, 16, 17, 68, 114, 196, 197
スミス, A. 122
セルトー, M. 188, 189
ソジャ, E. 118

た
ターナー, V. 46, 114
タウト, B. 142
高岡文章 195
多田治 35
チクセントミハイ, M. 137
ディズニー, W. 153
デュカ, E. 12
デュルケーム, É. 5, 116
ドクシー, G. V. 12

な
永井純一 155
中谷哲弥 44, 83

は
ハーヴェイ, D. 118
パーソンズ, T. 6
バウマン, Z. 155
橋本和也 70
バタイユ, G. 108
バトラー, R. W. 12
ピグー, A. C. 120
ブーアスティン, D. J. 9, 58, 62, 64, 68, 82, 108, 115, 194, 201
フーコー, M. 9, 60
フェザーストン, M. 106
ブライマン, A. 76, 77
ブルーナー, E. M. 78, 115, 173
ブルデュー, P. 56, 57
フロイト, S. 170
ベデカー, K. 144
ヘネップ, v. A. 114
ホイジンガ, J. 72, 104
ボードリヤール, J. 65, 77, 81, 106, 108
ホール, S. 116, 117
ポールマン, A. 120
ホックシールド, A. R. 54, 55
ホブズボウム, E. 70, 118
堀野正人 101
ホルクハイマー, M. 137

ま
マーシャル, A. 120
マキャーネル, D. 8, 40, 47, 62, 68, 81, 108, 115, 198, 200
マクルーハン, M. 83
増淵敏之 83
松尾芭蕉 143
マリオッティ, A. 120
マリネッティ, F. 137
マレー, J. 144
みうらじゅん 147
ミショー, J. 187
宮崎猛 39
モース, M. 147
森川嘉一郎 164

や
安田次郎 174
安村克己 38
柳田国男 160, 172
柳宗玄 144
山口誠 145, 185

ら
ラカン, J. 170
リーバー, N. 16
リオタール, J.-F. 106, 109
リッツア, G. 77, 133
ルフェーブル, H. 119
ロック, J. 122

わ
和辻哲郎 175

事項さくいん

あ
アートトリエンナーレ 129
ICOM 128
ICOMOS 162
アイデンティティ 67, 97, 107, 109, 117, 118, 147
IUCN 162
アゴン 105, 137
旭山動物園 131
安心院 39
遊び 72, 104, 108
アトラクション 137, 153, 199
アニメ 48, 49
　──グッズ 49
　──産業 49
アミューズメント
　──性 137
　──パーク 157
アメリカン・エクスプレス 123
アレア 105, 137
『anan』 82
ECTWT 24
IKEA 136
異種混淆の空間 119
伊勢参宮 21
痛絵馬 49
痛車 49
移動 80
　──性 61, 202, 203
　──論的転回 203
異文化 92
　──交流 49
イメージ 117, 147, 166, 167
　ふるさと── 172, 173
いやげ物 147
癒し 175
イリンクス 105, 137
岩倉遣欧使節団 122
インターネット 48, 82
インタビュー 110
インド 180
インドネシア
　──スラウェシ島 102
　──バリ島 103
インバウンド・アウトバウンド 121
上野動物園 130, 131
ウォーター・フロント 41, 178
裏局域 62
エイサー 70, 71
AGIL理論 6
エキゾチズム 143
エコツアー 32
エコツーリズム 15, 24, 30, 32, 63, 83, 87, 94, 109
エコミュージアム 128
SLブーム 161
エスニシティ 102
エスニック
　──雑貨 103
　──・タウン 103
　──・ツーリズム 102, 190
　──な労働分業 187
　──料理店 103
エスノグラフィー（民族誌） 204
エリス島 189
演出された真正性 9, 63, 64, 68, 81, 108, 115
応援のパフォーマンス 157
応答責任 109, 113
大きな物語 106, 109
オーディエンス 165
オーバーユース 33
大宮島 184
オールタナティヴ・ツーリズム 15, 19, 24, 30, 37, 57, 82, 83, 95, 197
沖縄 117, 166, 167, 185
「お客様」社会 159
『おくのほそ道』 144
お台場 42
おたく・オタク 48, 164
表局域 62
音楽ライブ 155
御師（おんし・おし） 140
温泉街 151

か
カーボンオフセットツアー 33
外国人観光客誘致 49
買春ツアー 97
ガイドブック 59
囲い込み 23
仮想市場評価法 121
過疎化 39
家族旅行 90, 91
価値自由 19
可動性 137
カルチュラル・スタディーズ 115-118
枯山水 169
環境
　──破壊 33
　──保全 32, 95
　──問題 13, 153
観光 4
　──客類型 10, 12
　──経験 52
　──芸術 129
　──公害 16, 22, 94
　──サテライト勘定 121
　──産業 49, 86
　──システム 16
　──の政治経済学 96
　──文化 11
　──昔話 173
　──リアリズム 173
　──リソース 136
　新しい── 7, 15, 19, 24
　アニメ── 30
　遺産── 41
　技術── 40
　教育── 36
　工場── 40
　体験型── 32
　着地型── 32
　都市── 30, 42
　廃墟── 107
　ふるさと── 172, 173
　文化── 84, 128
　ロケ地── 48
観光研究 8
　──の土台 18
観光客のまなざし 57, 60, 87, 97,

209

119, 202, 203
観光のまなざし　9, 86, 117, 148, 166, 167
観光立国　18, 22
　──推進基本法　99
　──宣言　55
感情労働　54, 55, 89, 159
観戦ツアー　157
記憶　75
疑似イベント　9, 58, 62, 64, 68, 108, 115, 194
汽車の巡礼本位　160
北のコナモン博覧会　139
気晴らしモード　52
キャラクター　136, 175
境界性　193
郷土料理　139
虚構　77, 106, 107, 177
巨大開発　94
儀礼　107, 147
近代性　127
近代世界システム　13, 23
近代レジャー　174
グアム　184
空間的記号　179
『空間の生産』　119
空間論的転回　118, 203
グラウンド・ゼロ　188
グランド・ツアー　36, 122
グランドホテル　126
グリーン・ツーリズム　30, 37, 87, 94
　日本型──　39
車いすヨーロッパの旅　98
黒石つゆ焼きそば　138
クローク型共同体　155
グローバリゼーション・グローバル化　33, 76, 96, 117, 118
グローバル化　76, 117
グローバル観光市場　97
グローバル社会　13
経験　75
　──の共有　147
　──モード　52
警告の土台　18
啓蒙思想　122
ゲーム　49
ゲスト　12, 16, 196, 197
『幻影の時代』　58, 194

現実空間　49
権力　118
行為者　12
公共空間　126
公共圏　109
広告装置　152
構築主義　79, 165, 204
交通バリアフリー法　99
行動展示　131
高度経済成長　172, 173
興福寺　174
高齢化　39
国際観光　96
　──研究アカデミー　8, 24
国立公園　32
国連環境開発会議　32
古社寺保存法　163
個人化　90, 91
個人旅行　150
コスプレ　49
ご当地キティ　147
粉もん　138
コミュニケーション　48, 147
コミュニタス　114
コミュニティ・ベースド・ツーリズム　15, 30, 34, 187
コロニアルホテル　75
コンヴィヴィアリティ　108
金剛山　183
コンテンツ　49
　──・ツーリズム　49, 175

さ

サービス　158
差異　119
財産権　136
サイト　199
作為　77
サステイナブル・ツーリズム　32, 101
サッカーW杯　152
サブカルチャー　136
産業
　──（企業）博物館　86
　──遺産　40, 86
　──革命　122
　──観光　30, 40
三大聖地　144
山地民（チャオ・カオ）　186, 187
サンティアゴ・デ・コンポステー

ラ　144
参与観察法　110
GPS　145
ジェンダー　88
シカゴ学派　5
思考実験　137
自己模倣　137
市場の失敗　120
自然　77
　──遺産　162
　──環境　32
持続可能
　──性　39
　──な開発　11, 15, 25
持続可能な観光　11, 13, 14, 17, 19, 25, 30, 63
実存モード　52
質問紙調査　110
地場産業　87
シミュラークル　65, 81, 106-108
市民運動　153
市民参加　153
市民マラソン　156
社会学　4
　観光──　8
　総合──　4
　特殊──　5
社会関係　12
社会システム　13
社会調査　110
社会的行為　12
修学旅行　175
宗教　92, 180
習俗　160
祝祭空間　157
宿泊施設　150
巡礼　46, 93, 107, 114, 160, 180
　──観光　30
　──記　49
　──習俗　161
　アニメ聖地──　48
障害者自立支援法　99
乗数理論　121
肖像権　136
象徴的要素　35
消費　75
　──行動　48
　ハイブリッド──　76
商品化　10, 68

事項さくいん

　　文化の―― 68, 69, 102, 191
情報化 195
　　――社会 137
　　社会の―― 48
情報
　　――環境 83
　　――空間 49
　　――社会 48
　　――通信機器 48
　　――ネットワーク化 82
　　――発信 48
殖産興業 152
食文化 138
　　――遺産 139
植民地 137, 192, 193
　　――支配 190
植民地主義 115
　　新―― 17, 23, 75
ショッピング・モール 132
新古典派経済学 120
真珠湾攻撃 184
心象地理 118
真正性 9, 62, 81, 136, 142
　　創発的―― 11, 201
人類学 114
　　観光―― 17, 69, 114
　　文化―― 115, 196, 197
水晶宮 152
水族館 130, 131
スペクタクル 137
スペシャル・インタレスト・ツーリズム 30, 31, 36
スポーツ・ツーリズム 156
聖 72
生活史法 111
政治 107, 177
聖-俗-遊 73
聖地 180
　　――巡礼ノート 49
世界遺産 94, 191, 207
　　――条約 162
　　負の―― 97
世界観光機関 15, 17, 20, 24, 30, 96
世界観光倫理規定 17, 25
石景山 65, 136
先住民 34
先達 140
総合保養地域整備法（リゾート法） 100

『贈与論』 147
ソーシャル・ツーリズム 98
俗 72
　　――化 177

た

タージ・マハル 97
体験モード 52
大衆 5, 20
　　――観光 57, 69
　　――消費社会 5, 21
太平燕 138
大量生産大量消費 147
他者 118
　　――性 77
脱埋め込み化 80
脱物質主義 104
WCED 15, 25
団体旅行客 150
地域
　　――アイデンティティ 170
　　――イメージ 175
　　――活性化 155
　　――振興 32, 150
　　――づくり 172
地域住民 49
　　――のアイデンティティ 101
小さな物語 109
地球サミット 15
『地球の歩き方』 145
知識の土台 19
地方博 153
著作権 136
ツアーガイド 206
通過儀礼 114, 142
通訳案内士 141
ツーリスティック・ソサイエティ 87
ツーリスト経験 142
出会い 119
帝国 137
　　――主義 137, 152
ディズニー化 76
ディズニーランド 37, 64, 81, 109, 133, 136
　　――化 76, 77
テーマパーク 136, 137, 153
　　――化 103, 135
　　――化する都市 64
適正の土台 19

テクノスケープ 86
デジタル化 155
デモンストレーション効果 14, 23
田園風景 172
伝統
　　――工芸 174
　　――の創造 70, 191
　　――の転移 170
　　――文化 168
　　創られた―― 70
ドイモイ 190
東京ディズニーリゾート 64, 185
東大寺 174
動物園 130, 131
東武鉄道 161
トマス・クック社 74
トレッキング・ツアー 186, 187
トロピカル 167

な

内的発展 176
ナショナリズム 152
奈良町 175
南部地方 139
南北問題 13, 75
日本庭園 168
ニュー・セイラム 78
ニューヨーク 188, 189
ネバーランド 136
農家民宿 38
農家楽 39
ノーマライゼーション 98
　　――化 99
ノスタルジア 172, 173
『non-no』 82

は

ハートビル法 98
博物館 115, 136, 137
　　――法 128
博覧会 167
八戸せんべい汁 138
バックパッカー 53, 196
パッケージ・ツアー 185
バッチャン 191
ハノイ 190
パビリオン 152
パフォーマー 165
パフォーマンス 66-68, 164, 188, 205, 206
　　――研究 66, 206

応援の―― *157*
バリ　*185*
　　――文化　*74*
バリアフリー新法　*99*
ハワイ　*166, 185*
板門店　*182*
B級グルメ　*87, 138*
PPT　*15, 26, 30, 35*
B-1グランプリ　*138*
ビジット・ジャパン・キャンペーン　*147*
非日常　*61, 156*
　　――性　*77, 119*
百貨店　*152*
表象　*75, 174*
ヒンドゥー教　*180*
フィールドワーク　*114*
フィルム・コミッション　*44*
フィルム・ツーリズム　*30, 44, 82, 87*
プーケット　*185*
フェミニズム　*118*
複合遺産　*162*
複製　*147*
　　――品　*136*
富国強兵　*152*
富士宮やきそば　*139*
舞台探訪　*48*
物質主義　*104*
フラヌール　*6*
フランス革命　*152*
ブランド　*136, 137*
フロー　*137*
ブローカー　*12, 16, 17*
プロプアー・ツーリズム→PPT
文化　*84, 85, 92*
　　――遺産　*162, 207*
　　――産業　*137*
　　――資本　*56, 57*
　　――仲介者　*140*
　　――的転回　*118*
　　――ブローカー　*17*
文化財　*162*
　　――保護法　*163*

米西戦争　*184*
ベトナム　*190*
　　――雑貨　*191*
ホーチミン市　*190*
ホスト　*12, 16, 196, 197*
ポスト・ツーリスト　*10, 37*
ホスト-ゲスト関係　*17*
ポスト・コロニアリズム　*118*
ポストコロニアル　*117, 193*
ポストモダニズム　*9, 41, 107*
ポストモダン　*104, 106, 204*
　　――論　*7*
ホスピタリティ　*55, 77, 88, 158, 193, 201*
ホテル　*126, 127, 193*
ボトムアップ　*49*
ホモ・ルーデンス　*105*
香港　*192, 193*

ま
マーカー　*199*
マーケティング　*88*
マウル
　　伝統テーマ・――　*38*
　　緑色農村体験――　*38*
マクドナルド化　*76*
マス・ツーリズム　*6, 8, 13, 14, 16, 18, 20, 24, 37, 68, 83, 101, 122, 123, 196, 197*
マスメディア　*48*
マゼラン隊　*184*
マダム・タッソー　*64*
まち歩き　*43*
まちづくり　*176*
　　観光――　*11, 15, 27, 100*
まなざし　*48, 93*
　　集合的――　*177*
　　ロマン主義的――　*177*
マラソンツアー　*156*
『万葉集』　*175*
見えざる輸出　*22*
ミシュラン社　*144*
みなとみらい21　*42*
箕面有馬電気軌道　*161*
ミミクリ　*105, 137*

ミミクリー　*105*
みやげ　*69*
　　――品　*201*
　　――物　*196*
『未来派宣言』　*137*
民芸　*69*
メディア　*48, 116, 117, 201*
模型文化　*129*
モダニズム　*106*
モバイル・ソサイエティ　*80*

や
野外フェスティバル　*154*
UNESCO　*12, 162*
湯布院　*70*
擁護の土台　*18*
余暇　*104*
よさこい祭り　*70*
4つのS　*20, 37*

ら
ラッフルズ　*74*
リアリティ　*83, 167*
リゾート
　　――開発　*94*
　　――法　*95*
　　――・ホテル　*185*
リミナル　*114*
リミノイド　*47, 114*
旅行
　　――記　*142*
　　――行動　*48*
　　――者　*48*
　　――代理店　*152*
『旅行用心集』　*144*
旅程管理主任者　*141*
るるぶ　*145*
レクリエーション・モード　*52*
レトロ　*43*
ローカリゼーション　*118*
ローカリティ　*83*
ロンドン万博　*123*
ロンリー・プラネット社　*145*

わ
ワンソース・マルチメディア　*137*

執筆者紹介 （氏名／よみがな／生年／現職／業績／観光社会学を学ぶ読者へのメッセージ）　＊は編著者

麻生憲一（あそう・けんいち／1956年生まれ）
帝京大学経済学部教授
「ストック消費と観光旅行需要——家計の金融資産保有額の視点から」『交通学研究2005年研究年報』2006年
『観光研究レファレンスデータベース日本編』（共編著，ナカニシヤ出版，2011年）
観光学の精緻化が社会学の分野において進みつつあります。本書を通じてその枠組をご理解いただきたい。

市野澤潤平（いちのさわ・じゅんぺい／1971年生まれ）
宮城学院女子大学現代ビジネス学部教授
"Reputational disaster in Phuket: The secondary impact of the tsunami on inbound tourism," *Disaster Prevention and Management*, 15 (1), 2006
"Economic anthropology of Bangkok go-go bars: Risk and opportunity in a bazaar-type market for interpersonally embedded services," *Research in Economic Anthropology*, 25, 2007
観光社会学は，いまだ未開拓の領域に満ちています。常識にとらわれず，楽しみながら取り組んで下さい。

井野瀬久美惠（いのせ・くみえ／1958年生まれ）
人間文化研究機構監事，甲南大学名誉教授
『植民地経験のゆくえ——アリス・グリーンのサロンと世紀転換期の大英帝国』（単著，人文書院，2004年）
『イギリス文化史』（編著，昭和堂，2010年）
歴史学の中の「観光」は転換期を迎えています。これまでの欧米中心目線を変えて，時間旅行を楽しんでください。

井原　縁（いはら・ゆかり／1975年生まれ）
奈良県立大学地域創造学部教授
「『国民公園』における場の性格の変遷に関する史的考察」『ランドスケープ研究』66(5)，2003年
「瀬戸内海地域における『花の景観』づくりの文化的価値に関する史的考察」『ランドスケープ研究』71(5)，2008年
「観光」は，様々な視座から読み解くことのできる研究対象です。その奥深さに触れる契機となりますように。

＊**遠藤英樹**（えんどう・ひでき／1963年生まれ）
立命館大学文学部教授
『ツーリズム・モビリティーズ』（単著，ミネルヴァ書房，2017年）
Understanding tourism mobilities in Japan（編著，Routledge，2020年）
「移動」を軸とした観光社会学の試みは，これまでにない新しい社会学をあなたに見せてくれるでしょう。

大橋健一（おおはし・けんいち／1961年生まれ）
立教大学観光学部教授
『観光のまなざしの「転回」』（共著，春風社，2004年）
『観光文化学』（共著，新曜社，2007年）
観光は現代社会の文化をめぐる論争と交渉のアリーナである。ここに観光への社会学的接近の意義がある。

岡田朋之（おかだ・ともゆき／1965年生まれ）
関西大学総合情報学部教授
『ケータイ学入門——メディア・コミュニケーションから読み解く現代社会』（共編著，有斐閣，2002年）
『私の愛した地球博——愛知万博2204万人の物語』（共編著，リベルタ出版，2006年）
博覧会というコンテンツは何でもありの世界。自分なりの切り口を見つけてアプローチしてほしいと思います。

岡本　健（おかもと・たけし／1983年生まれ）
近畿大学総合社会学部教授
『アニメ聖地巡礼の観光社会学——コンテンツツーリズムのメディア・コミュニケーション分析』，（単著，法律文化社，2018年）
『VTuber学』（編著，岩波書店，2024年）
皆さんが，本書を片手に社会の諸相に分け入って，新たな発見や疑問を取り出すことを楽しみにしています。

帯谷博明（おびたに・ひろあき／1973年生まれ）
甲南大学文学部教授
『水環境ガバナンスの社会学——開発・災害・市民参加』（単著，昭和堂，2021年）
『よくわかる環境社会学』［第2版］（共編著，ミネルヴァ書房，2017年）
「観光」という切り口を通して，現代社会のあり様と社会学の面白さを味わってみてください。

片岡佳美（かたおか・よしみ／1970年生まれ）
島根大学法文学部教授
「農村部における『家族の個人化』についての一考察」『家族社会学研究』19 (2)，2007年
『家族社会学の分析視角』（共著，ミネルヴァ書房，2001年）
「観光」は予想していたものを見て予定通りに終わりがちですが，「観光社会学」では冒険を楽しめます！

川森博司（かわもり・ひろし／1957年生まれ）
神戸女子大学文学部教授
『日本昔話の構造と語り手』（単著，大阪大学出版会，2000年）
『日本の民俗3　物と人の交流』（共著，吉川弘文館，2008年）
観光現象と民俗学の視点は相反するようだが，相反するものとの出会いから新しいものが生まれると信じている。

執筆者紹介 (氏名／よみがな／生年／現職／業績／観光社会学を学ぶ読者へのメッセージ)

＊は編著者

神田孝治（かんだ・こうじ／1974年生まれ）
立命館大学文学部教授
『観光の空間——視点とアプローチ』（編著，ナカニシヤ出版，2009年）
『レジャーの空間——諸相とアプローチ』（編著，ナカニシヤ出版，2009年）
観光という複雑な現象を多角的に検討するなかで，思考力を育んでください。

工藤泰子（くどう・やすこ）
大阪学院大学商学部教授
『近代京都研究』（共著，思文閣出版，2008年）
『観光と地域再生』（共著，海文堂，2010年）
専門は近代観光史です。戦前の観光振興やその担い手について研究しています。

工藤保則（くどう・やすのり／1967年生まれ）
龍谷大学社会学部教授
『カワイイ社会・学——成熟の先をデザインする』（単著，関西学院大学出版会，2015年）
『46歳で父になった社会学者』（単著，ミシマ社，2021年）
本書を読んでから街に出るのも，街に出てから本書を読むのも，本書を読みながら街に出るのも，どれもヨシ。

熊谷真菜（くまがい・まな／1961年生まれ）
食文化研究家，日本コナモン協会会長，食文化100年継承・鉄板会議実行委員会代表
道頓堀たこ焼連合会主宰，全日本・食学会理事，食糧新聞社第57回食品産業功労賞国際・食文化部門受賞
世界も注目の日本の食文化をおいしく楽しく伝えていきましょう！

敷田麻実（しきだ・あさみ／1960年生まれ）
北陸先端科学技術大学院大学先端科学技術研究科知識マネジメント領域教授
『地域資源を守っていかすエコツーリズム』（共著，講談社，2011年）
『はじめて学ぶ生物文化多様性』（共著，講談社，2020年）
観光社会学は，観光を通して個人と社会のかかわりを考える重要な分野です。この本で社会学を観光してみましょう。

杉本厚夫（すぎもと・あつお／1952年生まれ）
京都教育大学・関西大学名誉教授
『映画に学ぶスポーツ社会学』（単著，世界思想社，2005年）
『「かくれんぼ」ができない子どもたち』（単著，ミネルヴァ書房，2011年）
旅行すると必ず行く所がある。スタジアム，博物館，スーパーマーケット。そこに暮らす人々の臭を感じたいから。

鈴木涼太郎（すずき・りょうたろう／1975年生まれ）
獨協大学外国語学部教授
『観光文化学』（共著，新曜社，2007年）
『観光という〈商品〉の生産——日本～ベトナム 旅行会社のエスノグラフィ』（単著，勉誠出版，2010年）
観光を「浅薄」と批判するのは簡単ですが，その「浅さ」を解剖する作業は困難で奥深いものだと思います。

須藤　廣（すどう・ひろし／1953年生まれ）
法政大学大学院政策創造研究科教授
『観光社会学——ツーリズム研究の冒険的試み』（共著，明石書店，2005年）
『観光化する社会——観光社会学の理論と応用』（単著，ナカニシヤ出版，2008年）
観光社会学をとおして，現代社会そのものの特徴を捉える視点を獲得して欲しい。

須永和博（すなが・かずひろ／1977年生まれ）
獨協大学外国語学部教授
『国際的な人の移動と文化変容』（共著，ハーベスト社，2008年）
『観光社会学のアクチュアリティ』（共著，晃洋書房，2010年）
観光社会学は机上の勉強だけでは完結しません。様々な観光の「現場」にぜひ足を運んでみてください。

関戸明子（せきど・あきこ／1962年生まれ）
群馬大学共同教育学部教授
『近代ツーリズムと温泉』（単著，ナカニシヤ出版，2007年）
『草津温泉の社会史』（単著，青弓社，2018年）
近代のツーリズムにかかわるメディアに関心をもっています。当時の観光旅行を追体験してみませんか。

千住　一（せんじゅ・はじめ／1976年生まれ）
立教大学観光学部教授
『日本植民地研究の論点』（共著，岩波書店，2018年）
「1930年のおみやげ——帝国工芸会による関与とその意味」『観光学評論』6 (2)，2018年
よくわかりましたか？

高岡文章（たかおか・ふみあき／1975年生まれ）
立教大学観光学部教授
『観光社会学のアクチュアリティ』（共著，晃洋書房，2010年）
『現代人の社会学・入門——グローバル化時代の生活世界』（共著，有斐閣，2010年）
徐々にメジャー感を醸しつつある観光社会学ですが，かつてのB級感もそれはそれで大切にしたいもの。

執筆者紹介 （氏名／よみがな／生年／現職／業績／観光社会学を学ぶ読者へのメッセージ）　　＊は編著者

高橋雄一郎（たかはし・ゆういちろう／1957年生まれ）
獨協大学外国語学部教授
『身体化される知――パフォーマンス研究』（単著，せりか書房，2005年）
『パフォーマンス研究のキーワード――批判的カルチュラル・スタディーズ入門』（共編著，世界思想社，2011年）
パフォーマンスというレンズを通して観光にアプローチしています。

滝波章弘（たきなみ・あきひろ／1967年生まれ）
東京都立大学都市環境学部准教授
『遠い風景――ツーリズムの視線』（単著，京都大学学術出版会，2005年）
『〈領域化する空間〉――多文化フランスを記述する』（単著，九州大学出版会，2014年）
現代の日本や欧州フランス圏を例に，地域の観光・文化・社会・領域・景観・表象などを考えています。

多田　治（ただ・おさむ／1970年生まれ）
一橋大学社会学研究科教授
『沖縄イメージの誕生――青い海のカルチュラル・スタディーズ』（単著，東洋経済新報社，2004年）
『沖縄イメージを旅する――柳田國男から移住ブームまで』（単著，中公新書ラクレ，2008年）
観光と社会学の面白さは，見る自分・知る自分を反省的に問い直せる点にあります。タフにクールに楽しみましょう！

玉城　毅（たまき・たけし／1966年生まれ）
奈良県立大学地域創造学部教授
「兄弟の結合と家計戦術――近代沖縄における屋取の展開と世帯」『文化人類学』72（3），2007年
「歴史的人格との出会い――"柳生"をめぐる武道・歴史・社会」『地域創造学研究』20（4），2010年
社会・文化の研究は，他者理解と自己理解が相乗的に展開するスリリングな営みです。

近森高明（ちかもり・たかあき／1974年生まれ）
慶應義塾大学文学部教授
『ベンヤミンの迷宮都市――都市のモダニティと陶酔経験』（単著，世界思想社，2007年）
『フラット・カルチャー――現代日本の社会学』（共著，せりか書房，2010年）
デジカメやスマホカメラなど，より手軽に撮れるデジタル写真と観光の関係というのも興味深いテーマだと思います。

辻　泉（つじ・いずみ／1976年生まれ）
中央大学文学部教授
『文化社会学の視座――のめりこむメディア文化とそこにある日常の文化』（共編著，ミネルヴァ書房，2008年）
『男らしさの快楽――ポピュラー文化からみたその実態』（共編著，勁草書房，2009年）
昔から観光するのが大好きでした（特に鉄道）。身近なものの好きなものから社会を見つめ直してみてください。

＊寺岡伸悟（てらおか・しんご／1964年生まれ）
奈良女子大学文学部教授
『地域表象過程と人間――地域社会の現在と新しい視座』（単著，行路社，2003年）
『観光メディア論』（共編著，ナカニシヤ出版，2014年）
観光は，現代社会を研究する恰好の入り口です！

中谷哲弥（なかたに・てつや／1961年生まれ）
奈良県立大学地域創造学部教授
『観光社会学のアクチュアリティ』（共著，晃洋書房，2010年）
「新興国における中間層の拡大と観光――インドにおける国内観光の動向を中心として」『地域創造学研究』，2010年
観光社会学はまだまだ若い学問です。本書をきっかけにより深く学んでください。

橋本和也（はしもと・かずや／1947年生まれ）
京都文教大学名誉教授
『観光経験の人類学』（単著，世界思想社，2011年）
『旅と観光の人類学――「歩くこと」をめぐって』（単著，新曜社，2022年）
学際的な「観光学」が形成されつつあります。注目してください。

橋本佳恵（はしもと・よしえ／1959年生まれ）
共栄大学国際経営学部教授
『21世紀の観光学』（共著，学文社，2003年）
『観光学入門』（共著，晃洋書房，2006年）
他者の喜びを自分の喜びと出来る，多くのそのような方々に将来の観光（業）を担って欲しいと思っています。

馬場　清（ばば・きよし／1963年生まれ）
認定特定非営利活動法人芸術と遊び創造協会事務局長
『障害をもつ人びととバリアフリー旅行』（単著，明石書店，2004年）
『車いすでめぐる日本の世界自然遺産――バリアフリー旅行を解剖する』（共著，現代書館，2010年）
「旅は人権のひとつである」。このことばが現実のものとなるために，これからも考え，行動していきます。

執筆者紹介 （氏名／よみがな／生年／現職／業績／観光社会学を学ぶ読者へのメッセージ）　　*は編著者

平田由紀江（ひらた・ゆきえ／1973年生まれ）
日本女子大学人間社会学部教授
「人の移動と国家――ドイツへ渡った韓国人看護要員」（共著，『マテシス・ウニウェルサリス』12(1)，2010年）
『ソウルを歩く――韓国文化研究はじめの一歩』（共編著，関西学院大学出版会，2019年）
観光は奥が深い！　観光と社会の関係を考えることにより，さまざまなことが見えてくるでしょう。

福井栄二郎（ふくい・えいじろう／1973年生まれ）
島根大学法文学部准教授
『オセアニア――海の人類大移動』（共著，昭和堂，2007年）
『グローカリゼーションとオセアニアの人類学』（共著，風響社，2011年）
観光はさまざまな分野からのアプローチが可能です。本書で興味のあるトピックを探求してみてください。

藤本憲一（ふじもと・けんいち／1958年生まれ）
武庫川女子大学社会情報学部教授
『ポケベル少女革命――メディア・フォークロア序説』（単著，エトレ，1997年）
『戦後日本の大衆文化』（共著，昭和堂，2000年）
弁当や中食（mobile food）しつつ動く「ながらモビリズム」観光は，日本の代表文化。若手読者の参加を期待します！

古本泰之（ふるもと・やすゆき／1976年生まれ）
杏林大学外国語学部教授
『観光実務ハンドブック』（共著，丸善，2007年）
「日本における観光資源としての『美術』に関する文献についての時系列分析」『杏林大学外国語学部紀要』31，2019年
博物館・美術館を「観光」という視点から捉える研究には，まだ多くの展開可能性があると思います。

***堀野正人**（ほりの・まさと／1958年生まれ）
二松學舍大学文学部特別招聘教授
『「観光のまなざし」の転回――越境する観光学』（共編著，春風社，2004年）
『観光社会学のアクチュアリティ』（共編著，晃洋書房，2010年）
様々な領域に広く浸透していく観光。本書を手がかりにして観光化する現代社会を読み解いてみてください。

水垣源太郎（みずがき・げんたろう／1967年生まれ）
奈良女子大学文学部教授
『日本官僚制の連続と変化』（共著，ナカニシヤ出版，2007年）
『大学的なら学ガイド』（共著，昭和堂，2009年）
グローバル観光は，社会学が独自性を発揮できる新しい領域であり，社会学自身の発展を促す事例の宝庫です。

南田勝也（みなみだ・かつや／1967年生まれ）
武蔵大学社会学部教授
『ロックミュージックの社会学』（単著，青弓社，2001年）
『文化社会学の視座――のめりこむメディア文化とそこにある日常の文化』（共編著，ミネルヴァ書房，2008年）
音楽は観光の動機になり目的にもなります。歌詞に描かれた情景をめぐる旅などもしてみたいものですね。

***安村克己**（やすむら・かつみ／1954年生まれ）
せとうち観光専門職短期大学教授
『観光――新時代をつくる社会現象』（単著，学文社，2001年）
『観光まちづくりの力学――観光と地域の社会学的研究』（単著，学文社，2006年）
本書は，観光社会学の研究成果の全体像が初めて体系的に紹介されている書です。「観光」という社会現象の意味が，いかに奥深く広大なのかを学んでください。

山口　誠（やまぐち・まこと／1973年生まれ）
獨協大学外国語学部交流文化学科教授
『グアムと日本人――戦争を埋立てた楽園』（単著，岩波新書，2007年）
『ニッポンの海外旅行――若者と観光メディアの50年史』（単著，ちくま新書，2010年）
Lonely Planetや韓国・中国などの訪日ガイドブックを手に日本を旅すると，色々なニッポンが見えて面白いです。

やわらかアカデミズム・〈わかる〉シリーズ
よくわかる観光社会学

| 2011年4月25日 | 初版第1刷発行 | 〈検印省略〉 |
| 2025年2月20日 | 初版第8刷発行 | |

定価はカバーに表示しています

編著者　安村　克己
　　　　堀野　正人
　　　　遠藤　英樹
　　　　寺岡　伸悟

発行者　杉田　啓三

印刷者　坂本　喜杏

発行所　株式会社　ミネルヴァ書房
〒607-8494 京都市山科区日ノ岡堤谷町1
電話代表 (075) 581-5191
振替口座 01020-0-8076

©安村・堀野・遠藤・寺岡, 2011　冨山房インターナショナル・新生製本
ISBN978-4-623-06037-5
Printed in Japan

やわらかアカデミズム・〈わかる〉シリーズ

よくわかる社会学	宇都宮京子・西澤晃彦編著	本体 2500円
よくわかる家族社会学	西野理子・米村千代編著	本体 2400円
よくわかる都市社会学	中筋直哉・五十嵐泰正編著	本体 2800円
よくわかる教育社会学	酒井朗・多賀太・中村高康編著	本体 2600円
よくわかる環境社会学	鳥越皓之・帯谷博明編著	本体 2800円
よくわかる国際社会学	樽本英樹著	本体 2800円
よくわかる宗教社会学	櫻井義秀・三木英編著	本体 2400円
よくわかる医療社会学	中川輝彦・黒田浩一郎編著	本体 2500円
よくわかる産業社会学	上林千恵子編著	本体 2600円
よくわかる福祉社会学	武川正吾・森川美絵・井口高志・菊地英明編著	本体 2500円
よくわかる社会学史	早川洋行編著	本体 2800円
よくわかる現代家族	神原文子・杉井潤子・竹田美知編著	本体 2500円
よくわかる宗教学	櫻井義秀・平藤喜久子編著	本体 2400円
よくわかる障害学	小川喜道・杉野昭博編著	本体 2400円
よくわかる社会心理学	山田一成・北村英哉・結城雅樹編著	本体 2500円
よくわかる社会情報学	西垣通・伊藤守編著	本体 2500円
よくわかるメディア・スタディーズ	伊藤守編著	本体 2500円
よくわかるジェンダー・スタディーズ	木村涼子・伊田久美子・熊安貴美江編著	本体 2600円
よくわかる質的社会調査 プロセス編	谷富夫・山本努編著	本体 2500円
よくわかる質的社会調査 技法編	谷富夫・芦田徹郎編	本体 2500円
よくわかる統計学 Ⅰ 基礎編	金子治平・上藤一郎編	本体 2600円
よくわかる統計学 Ⅱ 経済統計編	御園謙吉・良永康平編	本体 2600円
よくわかる学びの技法	田中共子編	本体 2200円
よくわかる卒論の書き方	白井利明・高橋一郎著	本体 2500円

——— ミネルヴァ書房 ———
https://www.minervashobo.co.jp/